Bibliografische Information der Deutschen Nationalbibliothek:
Die Deutsche Nationalbibliothek verzeichnet diese Publikation in der Deutschen Nationalbibliografie; detaillierte bibliografische Dateien sind im Internet über http://dnb.de abrufbar.

Originalausgabe:
From Illusion to Enlightenment
Michael J. Roads
Six Degrees Publishing Group, Inc, 2017

Michael J. Roads
Von der Illusion zur Erleuchtung
ISBN 978-3-95781-055-7

Übersetzung: Elisabeth Karsten
Lektorat: Cornelia Krättli
Redaktion, Korrektur: Bettina Peters

Grafik, Satz, Typografie, Torsten Peters http://top-kreativ.com
Cover: Sascha Rossaint

1. Auflage Print November 2017
1. Auflage Epub Januar 2018 ISBN 978-3-95781-056-4

Hierophant-Verlag
Im Bollerts 4 - 64646 Heppenheim
http://www.hierophant-verlag.de

Von der Illusion zur Erleuchtung

Michael J. Roads

Inhalt

Widmung und Hommage

Dieses Buch ist eine Hommage an Khalil Gibran, als Zeichen meines Respekts und meiner Bewunderung für ihn. Er wurde am 16. Januar 1883 im Libanon geboren und starb am 10. April 1931 in New York City, nur wenige Jahre, bevor ich geboren wurde. Sein Körper wurde in seinem geliebten Libanon beerdigt.

Während der vielen Jahre meiner Suche nach spiritueller Erleuchtung inspirierte mich von den vielen Büchern, die ich las, keines mehr als sein großes Werk *Der Prophet*.

Er nährte meinen aufkeimenden Sinn für einen neuen Morgen. Sein Schreibstil, der Zauber seiner Poesie und die Schönheit und Wahrheit seiner Worte haben sich mir eingeprägt, seit ich sie zum ersten Mal las – vor über vierzig Jahren. Ich habe *Der Prophet* so oft gelesen, dass der Hauch seiner Prosa mich stetig durchweht wie eine laue Sommerbrise meinen Garten.

Als ob sein Schreiben nicht genug wäre, besitze ich noch immer und lausche gelegentlich der CD des großartigen Schauspielers Richard Harris (1930–2002), der mit der Unterstützung eines Chors und seiner wohlklingenden, wunderbar irischen Gesangsstimme eine musikalische Version des Propheten aufgenommen hat.

Seid außerdem versichert, dass ich in keiner Weise versuche, seinen Schreibstil zu kopieren oder zu imitieren. Ich könnte das gar nicht, selbst wenn ich wollte. Er ist unnachahmlich. Dieses Buch ist meine Hommage voll der Worte an sein dichterisches Genie … an die makellosen Schatten seiner wortlosen Weisheit. Ich bin geradezu überwältigt vor Bewunderung für die ihm eigene, zutiefst treffsichere Fähigkeit, mir WAHRHEIT zu vermitteln und sie in mir anzuregen, indem er an den Saiten meines Herzens zupft und mir so ermöglicht, mich mit meiner eigenen tiefseelischen Weisheit auf der Ebene des EINSSEINS zu verbinden.

Auf Gibrans Grabstein stehen die Worte: „Ich bin lebendig wie du und ich stehe neben dir. Schließe deine Augen und sieh dich um und du wirst mich vor dir sehen."

Obwohl Khalil Gibran zweifellos sein Leben weiterlebt und nicht an seinem Grab zu finden ist, sagt er doch, dass wir nicht im Tod nach jenen suchen sollen, die gegangen sind, sondern dass wir im Leben nach ihnen Ausschau halten sollen. Einem spirituell offenen Herzen und Geist ist alles möglich.

Würdigung und Dank

Es bereitet mir immer Freude, meine Wertschätzung und Dankbarkeit jenen gegenüber auszudrücken, die meinen Büchern mit dem Zauber ihrer eigenen Begabungen den Weg ebnen.

An der Spitze der Liste ist meine geliebte Frau Carolyn. Sie ist meine größte Kritikerin und glücklicherweise auch mein größter Fan. Sie ist die erste Leserin meiner Bücher, also ist sie die erste, die meine Wortfehler oder Ungenauigkeiten wahrnimmt. Ich fühle oft einen gewissen Stolz, was meine Fähigkeit angeht, einen recht poetischen Satz oder einen besonders klar formulierten Absatz bezüglich eines schwer zu vermittelnden Themas zu schreiben. Umso demütiger macht es mich, wenn sie mich auf ein paar Wortänderungen hinweist, die die gesamte Komposition dessen, was ich sagen wollte, wirklich verbessern. Und dies macht sie bei der ersten Lektüre eines meiner neuen Manuskripte laufend. Also danke, mein Liebling, für diese und die vielen tausend anderen täglichen Gründe, aus denen ich es LIEBE, dich in meinem Leben zu haben.

Mein aufrichtiger Dank gilt auch Brian und Theresa Longhurst für ihre hochgeschätzte Fähigkeit, meinen Gebrauch der englischen Sprache zu redigieren. Wie ein Schachgroßmeister die Figuren auf dem Schachbrett platziert und austauscht, so schlägt Brian das Weglassen und das Ersetzen mancher meiner Worte vor. Und Theresa, die Meisterin der zusammenhangbezogenen Grammatik und Zeichensetzung, entnimmt oder fügt all die Kommata, Anführungszeichen, Bindestriche, Abstände und dergleichen ein, wo sie richtigerweise sein oder nicht sein sollten, was auch immer gerade der Fall sein mag.

Mein tiefer und aufrichtiger Dank gilt außerdem der bezaubernden, hilfsbereiten, rücksichtsvollen, einsichtsreichen, gütigen und höflichen Denise von Six Degrees Publishing. Als meine englischsprachige Verlegerin und finale Korrekturleserin ist es außerdem äußerst hilfreich, dass ihr meine Texte so viel Spaß machen!

Für die deutsche Ausgabe dieses Buchs möchte ich mich bei Elisabeth Karsten für ihre brillante Übersetzung bedanken. Als eigenständige Autorin und enge persönliche Freundin ist Elisabeth bestens dafür ausgerüstet, die vollkommenste Übersetzung meiner recht eigenwilligen Ausdrucksweise und meines Schreibstils zu ermöglichen.

Auch meiner Tochter Tracey danke ich so sehr für ihre Geduld mit mir – bei all den vielen Malen, die ich aus meinem Arbeitszimmer die Treppe hinaufrufe: „Tracey! Hilfe! Ich habe ein Computerproblem!“ Immer bereit und unfehlbar löst sie jedes Problem.

Der sich stetig steigernden Anzahl von intelligenten und innerlich wachsenden Menschen, die meine Bücher lesen, ich danke euch. Ihr seid der Grund für mein Schreiben. Möget ihr gedeihen und erblühen und weiter meine Bücher kaufen und lesen!

Allen Menschen, die mir wahre Freunde und wichtige Katalysatoren in meinem Leben sind, eine Vielzahl an Dank in einer Vielzahl an Sprachen einer Vielzahl von Menschen in dieser ersten Hälfte meines sich stetig fortsetzenden Lebens!

Und zu guter Letzt, auch Pan und all den metaphysischen Wesen, die mit einem so geduldigen Lächeln auf mich schauen … mein unendlicher, unvergänglicher Dank.

Vorwort der Übersetzerinnen

In jeder Sprache gibt es bekanntermaßen Begriffe, die schwer oder gar nicht zu übersetzen sind, und der Übersetzer ist angehalten, wenigstens eine annähernde Lösung zu finden, damit die Lektüre verständlich und vergnüglich bleibt.

Texte von Michael Roads sind da insofern eine besondere Herausforderung, da er neben gewissen englischen Worten, die ohnehin schon schwer zu übersetzen sind, auch in seiner eigenen Sprache Begriffe und Konstruktionen erschafft, die nicht einmal in einem englischen Wörterbuch zu finden sind. Das erfordert dann höchstes sprachliches Fingerspitzengefühl und gelegentlich eine gewisse dichterische Freiheit.

Besonders hervorheben möchten wir an dieser Stelle, dass Michael den uns inzwischen durchaus geläufigen englischen Begriff des Timings umfassender verwendet, im Sinne eines perfekt orchestrierten Zeitpunkts oder Zeitraums, in dem eine Wahrheit als solche erkannt werden kann. Auch der Begriff der ‚Konsens-Wirklichkeit' zur Charakterisierung der Wirklichkeitserfahrung, die von einer Mehrheit bestimmt wird, ist inzwischen recht bekannt und wird nicht mehr nur von Michael benutzt.

Als metaphysisch Reisender, der er ist, hat er viel Erfahrung mit dem Wechseln von Dimensionen und Wirklichkeiten, die er begrifflich durch verschiedentlich erfahrbare ‚Realitäts- oder Wirklichkeitsrahmen' voneinander abgrenzt. Denn auch unsere vertraute dreidimensionale Wirklichkeit verfügt laut Michael Roads über mehr als einen Wirklichkeitsrahmen … Zu seinen eigenen Wortschöpfungen gehört außerdem der Begriff des ‚subemotionalen' und ‚submentalen' als Teil des Unterbewusstseins (engl.: subconscious). Das haben wir genauso übernommen.

Was nun die vielen Zitate von Khalil Gibran in diesem Buch betrifft, so haben wir uns auf Wunsch des Autors einer zeitgenössischen Übersetzung von *‚Der Prophet‘* bedient, nämlich der von Georg-Eduard Freiherr von Stietencron, die erstmals 1925 erschien.

Da dieses Buch viel autobiographisches Material von Michael Roads enthält, ist es uns noch wichtig anzumerken, dass öfter seine erste Frau Treenie Roads (1936–2006) Erwähnung findet. Treenie, die vielen seiner deutschen Fans noch persönlich bekannt sein dürfte, teilte ihr Leben über vierzig Jahre mit Michael Roads, bis sie 2006 verstarb. Sie ist also gemeint, wenn der Autor im Buch von seiner ‚damaligen Frau‘ spricht. Zwei Jahre später heiratete er seine jetzige Ehefrau Carolyn. Die Hintergründe zum Tod von Treenie und das sich erneute Verlieben und die Erkenntnisse, die ihm all dies bescherte, beschreibt er anschaulich und auf höchst berührende Weise in seinem Buch: *Durch die Augen der Liebe*.

Da im Englischen nicht zwischen Du und Sie unterschieden wird und dieses Buch vor allem eine Form der gezielten Wissensvermittlung beinhaltet, haben wir uns zum konsequenten Gebrauch des Du entschlossen, weil es dem Leser näher kommt.

Wir wünschen allen Lesern nun herzlich viel Vergnügen bei der Lektüre des vorliegenden Buchs!

Elisabeth Karsten, Berlin, Deutschland
Cornelia Krättli, Lenzburg, Schweiz

Einleitung

In vielen meiner Bücher geht es um meine metaphysischen Reisen. In diesem Buch verlasse ich dieses Thema. Es handelt von der Erleuchtung, der erleuchteten Lebensweise, obwohl es extrem schwierig ist, diesen schwer fassbaren Bewusstseinszustand zu beschreiben. Sobald ich sage, was er ist … ist er das nicht! Es ist ein wenig wie der Versuch, den Schatten ans Sonnenlicht zu pinnen. Wir wissen, was Sonnenlicht ist, und wir wissen, was Schatten ist, aber es nicht so leicht zu begreifen, dass es der Schatten ist, der uns erlaubt, das Sonnenlicht zu erkennen, und dass letztendlich Sonnenlicht den Schatten bestimmt. Sie erscheinen getrennt, aber sie sind eins. Obwohl Licht nicht die physikalischen Eigenschaften hat, einen Schatten zu werfen, ist es paradoxerweise jedoch das Licht, das den Schatten erzeugt. Ich habe beobachtet, dass das Licht metaphysisch tatsächlich einen Schatten wirft: je intensiver das Licht, umso tiefer der metaphysische Schatten.

Ich bin ein spirituell erleuchteter Mann. Ich glaube nicht, dass ich spirituell erleuchtet bin, ich weiß es. Dieses Buch ist das Ergebnis der immer wieder gestellten Frage: „Hast du ein Buch, in dem es um deine Lehre geht?“ Nein, tatsächlich hatte ich das nicht. Es war nicht etwas, das ich machen wollte … hauptsächlich wegen irreführender Worte.

Beispielsweise haben wir den sehr verbreiteten Begriff ‚erwacht‘. Eine Menge Leute, die behaupten, erwacht zu sein, sind jedoch noch fest in der Illusion verankert. Ich kann nur vermuten, dass dieser Begriff ‚erwacht‘ irgendwie ein Ersatz für oder eine Ergänzung zum Begriff ‚gewahr‘ ist. Sich seiner Spiritualität gewahr sein, sich gewahr sein, dass die Art und Weise, in der das Leben normalerweise wahrgenommen und erfahren wird, eine Illusion ist. Obwohl diese ‚wache' Wahrnehmung des Lebens viele Vorteile hat, ist sie doch weit von spiritueller Erleuchtung entfernt … wenn überhaupt etwas weit davon entfernt ist … was es nicht ist!

Verstehst du, was ich meine? Sobald ich schreibe, was spirituelle Erleuchtung ist oder nicht, verheddere ich mich im Spinnennetz der Worte. Wörter und Sprache wurden für eine Welt der Trennung erschaffen, für die Illusion, statt für eine ganzheitliche Weltwirklichkeit der Verbundenheit.

Trotzdem kann ich klar sagen, dass spirituelle Erleuchtung nicht im Geringsten etwas mit der Persönlichkeit zu tun hat. Und wenn du nur irgendeinem Glauben verhaftet bist, bist du unerleuchtet. Wenn du für deine Wahrheit streitest oder das Bedürfnis hast, anderen deine Worte zu beweisen, spielst du noch immer Spiele in den tiefen Schatten der Illusion.

Obgleich du in unserer linearen Zeit ein Datum festlegen kannst, an dem du erleuchtet wurdest, stellt es eine Illusion dar. Erleuchtung findet nicht in linearer Zeit statt, sie befindet sich im ewigen Augenblick. Erleuchtung ist niemals in deiner Vergangenheit, sie ist in deinem Jetzt. Wie die ewige Blume, symbolisiert durch den Lotus, entfaltet und drückt sich die Erleuchtung fortwährend im Augenblick aus, denn sie ist kein statischer Zustand. Der Mensch, der schrieb: ‚Bevor ich erleuchtet war, hackte ich Holz und trug Wasser; und nachdem ich erleuchtet war, hackte ich Holz und trug Wasser', versuchte den Eindruck zu vermitteln, dass sich nichts verändert … und doch tut es das … und tut es das nicht!

Ich denke, eine erleuchtetere Weise, dies auszudrücken, wäre: ‚Bevor ich erleuchtet wurde, hackte ich Holz und trug Wasser (tatsächlich tat ich das!). Nachdem ich erleuchtet war, hackte ich Holz und trug Wasser … mühelos! (Und so war es.) Für mich vermittelt dies, dass sich, während sich nichts ändert, alles verändert.

Da ich viele Bücher über meine metaphysischen Reisen geschrieben habe, möchte ich klarstellen, dass es dafür nicht erforderlich ist, erleuchtet zu sein. In diesem Sinne ist das metaphysische Reisen eigentlich kein Weg zur spirituellen Erleuchtung und war es auch nicht für mich. Dennoch war und ist für mich metaphysisches Reisen fast genauso natürlich wie physisches Reisen.

Meine metaphysischen Reisen, die meiner Erleuchtung vorausgingen, sind mit meinen gegenwärtigen Reisen als erleuchteter Mann nicht vergleichbar. Meine früheren Reisen führten mich so häufig in emotionalen Schmerz und viele schmerzhafte Konfrontationen mit meinen eigenen Unzulänglichkeiten.

Die metaphysischen Reisen, über die ich heutzutage schreibe und die in einigen meiner Bücher veröffentlicht sind, sind höchst lebensbereichernd.

Trotzdem muss ich hinzufügen, dass meine frühen metaphysischen Reisen wesentlich für meine eigene spirituelle Erleuchtung waren, denn sie drückten mein wahres Wesen aus. Einfach gesagt, dies war ich – ein Mystiker – auf meinem Weg.

Und natürlich, sobald ich ‚Weg' sage, weiche ich von der WAHRHEIT ab, mit Worten, die in der Illusion geschaffen wurden, denn es gibt keinen Weg und der Nicht-Weg führt nirgendwohin. Andererseits sind wir Nicht-Selbst auf dem Nicht-Weg, der nirgendwohin führt, also können wir genauso gut ein paar vergnügliche Illusionen unterwegs erschaffen. Okay, ich scherze.

Auf den Seiten dieses Buchs werfe ich einen Blick auf viele Themen, denen die Menschen in ihrem Alltag begegnen. Ich erläutere eine erleuchtetere Sichtweise dieser Dinge und biete meine Vorschläge an, wie man diese Hürden leicht bewältigt, denn dies sind Hindernisse, die vielen Menschen unnötig Schmerz und Traumata bescheren.

Wie immer in meinen Büchern, schreibe ich alle Worte in Großbuchstaben, die ich auf kraftvolle Weise betonen möchte. Offensichtlich gibt es einen riesigen Unterschied zwischen transformativer VERÄNDERUNG und dem Verändern der Bekleidung! Oder der WAHRHEIT des Lebens und der Wahrheit, die persönlich ist. Oder ‚ich LIEBE meine Frau' und ‚ich liebe mein Auto' und so weiter.

Als jemand mit einer dominanten rechten Gehirnhälfte mag ich Geschichten, also sind alle WAHRHEITEN und Einsichten, die zur spirituellen Erleuchtung führen, in eine sehr simple Erzählung eingebettet. Und, wer weiß, vielleicht wachsen wir alle im Prozess des Schreibens und Lesens? Wir werden EINS in der Zeitlosigkeit, denn indem sich die Leser mit dem Autor verbinden, verbindet sich der Autor mit den Lesern … mögen wir uns so alle mit der ewigen WAHRHEIT verbinden.

Michael J. Roads
Queensland, Australien

… EINS …

Die Kunst des Zuhörens

Du kannst dich nicht in den Augenblick hineindenken. Du kannst dich nur aus ihm herausdenken. Um zuzuhören, musst du bewusst im Augenblick verankert sein.

Michael J. Roads

Die Sonne ist von einer verwaschen blassen frühmorgendlichen Farbe, während ich langsam durch einen Teil meines Gartens gehe. Ich seufze. Heute könnte ein ziemlich anstrengender Tag werden. Ich erwarte einige Besucher, die mit mir über den Sinn des Lebens zu sprechen wünschen!

Leben! Ich kann mich daran erinnern, als mein Leben mein eigenes war. Aber etwas Schleichendes kam mit der Erleuchtung, etwas, das zu denken scheint, dass ich nicht länger mein persönliches Eigentum bin, etwas, das zu denken scheint, dass ich ein öffentliches Gut geworden bin … oder zumindest ist es die Öffentlichkeit, die sich für das interessiert, was ich lehre.

Mir wurde versichert, dass dies recht wichtige Leute seien – was immer das bedeutet. Während also meine Weigerung recht ungehobelt gewesen wäre, konnte ich immerhin wählen, wo wir uns treffen … in meinem Heim und Garten. Ich bin dafür bekannt, dass ich meine kostbare Zeit zuhause sehr genieße.

Meine Frau Carolyn und ich sind sehr beschäftigte Leute, wir reisen jedes Jahr in viele Länder, und so ist meine Zustimmung zu diesem Treffen recht ungewöhnlich. Ich habe ein sehr mitfühlendes Organisationsteam, das mich für einen ziemlich beschäftigten Mann hält. Angesichts der Zeit, die ich/wir mit Reisen und dem Präsentieren meiner fünftägigen Seminare in der ganzen Welt verbringen und dem Schreiben von Büchern, während ich zuhause bin, und dem gelegentlichen Webinar dazwischen denke ich, dass ich das wohl bin.

Nichtsdestotrotz ist beschäftigt zu sein ein Bewusstseinszustand, und ich habe nichts von dieser geschäftigen Verwirrung in mir. Während ich also fortwährend mit vielem beschäftigt bin, bin ich in Wirklichkeit innerlich sehr entspannt.

Trotzdem hoffe ich, dass sie keine oberflächlichen Menschen, voller Selbstgefälligkeit sind, denn wenn sie das sind, wird dies wahrscheinlich recht bald enden. Mir wurde versichert, dies seien sie nicht, also wähle ich, dieser Versicherung zu vertrauen.

Ein wehmütiges Lächeln umspielt meine Lippen, während ich die Ironie meines Lebens bedenke. Ich bin ein recht privater Mann, der irgendwie recht öffentlich geworden ist. Oh, es gibt niemanden, den ich beschuldigen könnte, nur mich selbst, und ich weiß, dass ich schuldlos bin. Das Leben nimmt seinen eigenen Lauf!

Ich bin ein Mann, der die Weisheit der bedingungslosen Liebe lehrt, also wähle ich, bedingungslos zu akzeptieren, wie der Tag sich entfalten wird. Inzwischen bleibt mir noch etwas Zeit vor ihrer Ankunft.

An unserem Seerosenteich stehend, beobachte ich die großen roten Libellen, wie sie die Wasseroberfläche kurz berühren, bevor sie sich auf einer Blüte niederlassen.

Die Oberfläche kurz berühren, sinniere ich. Das ist die Art, in der so viele Menschen ihre Leben leben ... sie berühren nur kurz die Oberfläche. Das ist Libellen dienlich, aber den Menschen nicht. Wir müssen die Tiefen ergründen.

Und das ist meine Leidenschaft, meine Spezialität. Ich liebe es, die tieferen Mysterien des Lebens zu erkunden, nicht so sehr, sie zu verstehen, aber sie zu erfahren.

In meinem metaphysischen Körper erforsche ich das Multiversum. Ich bin zu einem bewussten metaphysisch Reisenden geworden. Ich benutze den Begriff bewusst, einfach, weil alle nachts, während sie schlafen, in ihren Astralkörpern reisen, wenn auch vergleichsweise wenige dabei bewusst und sich des Geschehens gewahr sind.

Allerdings unterscheidet sich mein metaphysisches Reisen davon sehr. Mein physischer Körper ist währenddessen wach, nicht schlafend. Ich habe gelernt, mit der gleichen Leichtigkeit aus meinem physischen Körper auszusteigen wie physisch aus einem Auto. Ich lächle ... tatsächlich ist es noch leichter, als aus einem dieser neuen niedrigen modernen Stadtautos auszusteigen. Den Körper metaphysisch zu verlassen, hat eine tiefe Ebene bewusster innerer Entspannung zur Folge.

Viele Menschen denken, sie seien ihr Körper, aber das ist ein Irrtum. Wir sind nicht unsere physischen Körper, wir sind nicht einmal wirklich physisch, wir sind reine metaphysische WESEN. Ich erwäge, dass metaphysisch gesehen der durchschnittliche Mensch – wenn es einen solchen gibt – ungefähr dreimal so groß ist wie sein physischer Körper. Wenn ein Mensch spirituell hoch entwickelt ist, kann der metaphysische Körper sogar bis zu zehn Mal so groß sein wie sein physischer Körper.

Ich habe in der Schule gelernt, dass der Körper das Bewusstsein enthält, und bis zu einem gewissen Grad trifft das zu, aber es ist nicht die ganze Wahrheit. Genauer gesagt umhüllt, enthält und füllt der metaphysische Körper den gesamten physischen Körper mit seiner metaphysischen Substanz. Mit anderen Worten, wir sind keine inner-körperlichen Menschen, wie fast jeder zu glauben scheint, wir sind außer-körperliche Wesen, die eine inner-körperliche Erfahrung haben, die wir Leben nennen.

Was also ist das Leben? Das flüchtige Erlebnis, wie die meisten Menschen ihr Leben erfahren, ist nur ein kleiner Ausschnitt von etwas weit, weit Größerem. Wir sind vollkommen dafür ausgerüstet, eine weit größere Erfahrung des Lebens zu machen, als es die meisten Leute gegenwärtig tun, doch das Leben ist im Augenblick … und die Menschen sind selten in dieser exklusiven Zone der reinen, bewussten Schöpfung.

Ich werfe einen Blick auf meine Armbanduhr … hm, zehn Minuten vor acht, fast Zeit für meine Gäste.

Ich gehe hinauf zum Haus, über die Außentreppe zu unserer Veranda. Wieder einmal lächle ich vor Vergnügen. Vor langer Zeit habe ich unseren ehemaligen Swimmingpool zu einem Fischteich umgewandelt, und ich beobachte, wie eine überraschte Wasseragame ins Wasser stürzt. Das muss eine fremde sein, unsere sind ziemlich zahm. Vielleicht ist es ein Männchen auf Brautschau, das unsere Weibchen beäugt.

Dieser lebenserfüllte Teich mit seinen Goldfischen, roten Schwertträgern und anderen Fischen macht uns so viel mehr Freude als gelegentliches Schwimmen in einem sterilen Schwimmbecken. Wir züchten auch die australischen Wasseragamen, um sie an den verschiedenen Teichen freizulassen; pure Reptilienniedlichkeit … besonders die Jungen!

„Deine Besucher haben im Voraus angerufen und angekündigt, dass sie in ein paar Minuten da sein werden!“, teilt mir meine liebenswürdige Frau Carolyn mit, als ich ins Haus komme. „Wenn du möchtest, fülle ich den Wasserkocher, dann ist er bereit, wenn sie ankommen?“

Ich nicke: „Ja, bitte. Tee oder Kaffee scheint die traditionelle Weise zu sein, in der man Menschen begrüßt, also warum nicht. Das ist ein guter Eisbrecher.“

„Und Michael … sei nett“, sagt sie zu mir.

Ich schmunzle. „Es ist okay, ich habe mich meinem Schicksal ergeben."

Carolyn weiß ganz genau, dass wir beide unsere private Zeit zuhause genießen, wenn wir nicht gerade durch die Welt reisen, aber sie hatte das Gefühl, dass die Begegnung mit diesen Menschen wichtig sei. Ich vertraue ihrem Urteil, also stimmte ich zu. Die ‚sei nett'- Bemerkung war eine Mahnung, mich zu benehmen – da ich bekannt dafür bin, dass ich ein kleines bisschen heftig werden kann, wenn ich das Gefühl habe, dass der Anlass es erfordert. Mich haben Menschen noch nie beeindruckt, die mit der Behauptung um einen Besuch bitten, dass sie hören wollen, was ich über das Leben zu sagen habe, und dann während der vereinbarten Zeit ununterbrochen über sich selbst sprechen. Aber, wie ich bereits andeutete, geschieht dies selten.

Die Haustürglocke läutet energisch und ich lächle. Ich mag Menschen, die sich nicht scheuen, ihre Ankunft mitzuteilen. Dies geht einher mit einem starken Selbstbewusstsein. Manche klopfen mit ihren Fingerknöcheln sachte an die Tür oder läuten die Glocke nur einmal sanft. Für mich erzeugt das sofort den Eindruck von Scheu und Schüchternheit, einhergehend mit einem schwachen Selbstbewusstsein. Aber vielleicht, wie Carolyn schon oft gesagt hat, bedeutet es einfach, dass sie höflich sind!

Carolyn öffnet die Tür und bittet fünf Menschen herein, drei Männer und zwei Frauen. Ich nähere mich ihnen und sehe die eifrige Begeisterung in ihren Gesichtern, als sie mich begrüßen.

„Hallo, ich bin Todd, ich bin Phykologe ...", beginnt er, bevor ich ihm das Wort abschneide.

„Bitte, eure Namen reichen mir. Ich will wirklich nicht wissen, womit ihr euren Lebensunterhalt verdient."

Folglich schüttle ich zunächst Todd die Hand, ein kleiner Mann mit offenem Gesicht und eingebautem Lächeln, blondem Haar, blauen Augen und von stabiler Statur, wahrscheinlich Anfang vierzig. Als nächstes kommt Anita, eine schlanke Brünette mit einem fröhlichen Gesichtsausdruck und einer entspannten, einnehmenden Art. Sie ist Anfang zwanzig. Marsha, um die Dreißig, ist kräftiger gebaut, hat sehr dunkles Haar und ist ernster, während sie mir die Hand schüttelt. Bill wirkt sehr groß, sehr hager, während er mich überragt, mit ernstem Gesichtsausdruck und durchdringenden blauen Augen. Er ist in einem ähnlichen Alter wie Peter, dem dritten Mann, der wohl Ende vierzig ist. Peter ist auch groß, mit einem kräftigen Körper und einem eigensinnigen Zug um die Mundwinkel. Er hat eine etwas dunklere Gesichtsfarbe als die anderen und strahlt eine gewisse Unsicherheit aus.

Todd und Bill schütteln mir die Hand, als seien sie entzückt, mir zu begegnen, Peters Händedruck enthält ein starkes Zögern. Ganz anders bei den Damen, kräftiger Händedruck und breites Lächeln. Alles in allem haben sie einen guten Eindruck gemacht. Energetisch kann ich wahrnehmen, dass dies gut verlaufen sollte – das Potential ist groß.

Sobald Carolyn sich vorgestellt hat und während die anderen sich in ihrer liebevollen Energie entspannen, gehe ich, um den Wasserkocher einzuschalten. Wir wissen beide, dass Menschen sich bei Carolyn besser entspannen als bei mir. Es ist eine Sache der Energie. Meine Energie ist stark, offenbar anfangs zu stark für manche Menschen. Sie brauchen Zeit, um sich daran zu gewöhnen. Carolyn dagegen ist so gütig und liebevoll und entwaffnend und gastfreundlich, dass sie einen wütenden Bullen beruhigen könnte. Also führt sie die Gäste zu ihren Plätzen, während ich von der Küche aus Bestellungen für Tee oder Kaffee aufnehme.

Als alle mit ihrem Getränk in der Hand bequem sitzen, schenke ich ihnen allen mein leutseligstes Lächeln. „Also, was genau ist der Grund für diesen Besuch? Wie ich es verstanden habe, wollt ihr mich nach dem Unterschied fragen zwischen einer erleuchteten

Lebensweise und einem normalen alltäglichen Lebensansatz. Trifft das den Kern? Vielleicht könnt ihr das ein bisschen mehr erläutern."

Todd, der als erstes spricht und deutlich nicht durch mich eingeschüchtert ist – was mir gefällt – erklärt: „Ohne unsere Berufsqualifikationen mitzuteilen, lass mich zumindest sagen, dass wir alle Teil eines größeren Netzwerks sind, das uns befähigt, einer großen Anzahl von Menschen, deren Leben ein echter Kampf ist, zu helfen und sie zu motivieren. Wir geben ihnen all die übliche Unterstützung im Alltag, und das hilft auch, aber das Erforschen der Probleme anderer Menschen hat uns gezeigt, dass wir dieselben Probleme wie sie haben, wenn auch – glücklicherweise – in einem geringeren Maße. Einige von uns haben darüber diskutiert und entschieden, dass wir mit einem Menschen sprechen wollen, der über eine Innenansicht des Lebens verfügt, über Weisheit und Sehvermögen … und, äh, eine tiefere Erfahrung des Lebens, die uns eindeutig fehlt."

Anita meldet sich energisch zu Wort: „Wir wollen einen erleuchteten Einblick in das Leben bekommen. In das, was das Leben ist, was es bedeutet und vor allem, wie man es lebt. In dieser Absicht haben wir eine Liste von Themen gemacht, von denen wir gerne hätten, dass du über sie sprichst. Und, um ganz ehrlich zu sein, waren wir ziemlich aufgeregt, als du zugestimmt hast, dies mit uns zu machen. Also, großen Dank dafür. Und ich entschuldige mich dafür, dass die Liste jedes Mal länger wurde, wenn wir sie betrachteten und noch mehr hinzufügten."

Ich schmunzle. „In diesem Falle ist es gut, dass wir das nicht um eine weitere Woche aufgeschoben haben. Es wäre eine endlose Liste geworden."

„Oh, und hast du etwas dagegen, wenn ich es aufnehme?", fragt Marsha.

„Es ist wahrscheinlich auch gut, dass du das tust", sage ich. „Aber bitte erinnere dich daran, dass das, worüber ich spreche und was ich sage, nicht notwendigerweise das ist, was du hören wirst."

Marsha sieht genauso verwirrt aus wie die anderen. „Äh ... ich verstehe nicht, was meinst du?", fragt sie.

Ich lächle. „Okay, auf geht´s, die erste Runde beginnt."

„Aber, äh, wir haben noch gar kein Thema vorgeschlagen", sagt Peter und sieht dabei ziemlich verzweifelt aus.

„Nein ... habt ihr nicht. Aber zunächst einmal müsst ihr genau wissen, was ich meine, wenn ich euch darum bitte zuzuhören. Ich erwarte, dass ihr dem genau zuhört, was ich sage – und euch in Bezug auf meine Worte nicht auf das Aufnahmegerät verlasst.

Wenn ich mit euch spreche – wie gerade jetzt – spreche ich im Augenblick. Wenn ihr mir genau zuhört, denkt ihr nicht – und ohne jeden Zweifel, denkt ihr! Menschen denken, während sie zuhören, aber wenn sie dies tun, hören sie nicht wahrhaft zu, sie hören nur.

Lasst es mich so ausdrücken: du kannst dich aus dem Augenblick herausdenken, aber nicht in ihn hinein.

Wenn ich spreche, spreche ich nur im Augenblick. Das bedeutet, dass, wenn ihr mir zuhört, ihr innerlich still seid. Auf diese Weise verbinden wir uns.

Doch wenn ihr denkt, während ich spreche, verbinden wir uns nicht, also werdet ihr das meiste von dem vergessen, was ihr gehört habt, während ihr nicht zugehört habt."

Ich lächle sie an. „Dies gilt jedoch als normal. Vorsicht vor der Normalität."

„Aber ... sicherlich werde ich mich an deine Worte erinnern, wenn ich sie höre", protestiert Todd. „Das ist Teil meiner Ausbildung."

„Oh, bestimmt. Du wirst dich vielleicht gut an ein kleines Gespräch erinnern. Aber während einem meiner Intensivseminare spreche ich in anderthalbstündigen Sitzungen, so ziemlich den ganzen Tag, während fünf Tagen. Viele Teilnehmer sind am Ende des ersten Tages erschöpft, einfach weil sie keine Ahnung haben, wie man sich entspannt und zuhört. Das lehren sie nicht in den Schulen, und so wachsen Kinder mit einer grundsätzlich verfälschten Beziehung zu Wissen und Information auf. Selbst Erwachsene scheinen nicht zu begreifen, dass Information genau das ist, was das Wort bedeutet: in-Formation, ungeformt, unverwirklicht, noch nicht realisiert. Und alles nur wegen so etwas Einfachem wie Zuhören."

Peter nickt weise. „Okay, ich gebe zu, dass ich fast die ganze Zeit denke. Aber wie kann ich das stoppen? Wie komme ich von meinen Gedanken weg zum Zuhören?"

Ich schenke ihm ein breites Lächeln. „Nun, das, mein Freund, ist eine intelligente Frage. Zunächst einmal musst du akzeptieren, dass die meisten Menschen ununterbrochen Schlange stehende Gedanken haben. Sie rasen mit einer Geschwindigkeit von etwa zwei- bis dreihundert Wörtern in der Minute, bei einem geschäftigen Verstand noch schneller, was sich schließlich zu etwa sechzigtausend Gedanken am Tag von reinem unverfälschten Unsinn summiert. Tiere tun das nicht!

Noch schlimmer ist, dass die Gedanken, die Menschen heutzutage denken, fast denselben Inhalt an Ängsten, Sorgen und Kümmernissen haben, die sie schon vor tausend Lebzeiten hatten. Sicher, die Sprache ändert sich, aber nicht der grundsätzliche menschliche Inhalt. Die Gründe für ihre Sorgen und Ängste ändern sich, aber es sind noch immer dieselben alten Sorgen und Ängste ums Überleben, die die meisten Alltagsgedanken der Menschen füllen."

Marsha sieht nachdenklich aus. „Wie kann Zuhören das verändern?"

„Höre zu, Marsha, höre genau zu. Zuhören verbindet dich mit dem ewigen Augenblick. Im Augenblick ist bedingungslose Liebe. Im Augenblick ist bewusste Intelligenz. Im Augenblick ist Freiheit. Im Augenblick ist Frieden. Im Augenblick ist Vertrauen. All diese befinden sich im Augenblick ... und sie verlassen diesen nie.

Menschen sind nie im Augenblick, oder zumindest so wenig, dass es ein höchst seltenes Ereignis ist.

Kannst du dir eine Menschheit vorstellen, die bewusst im Augenblick verbunden ist? Ernsthaft, kannst du das?“

Marsha schüttelt den Kopf: „Nein, nicht bewusst verbunden, das kann ich mir nicht vorstellen. Es wäre ... unglaublich, folgenschwer.“

„Du hast Recht. Es wäre in der Tat folgenschwer.“

„Wenn du so sprichst, von etwas, das keiner von uns je in Betracht gezogen hat, dann sind ... nun dann scheinen die Themen all unserer Fragen ziemlich banal“, sagt Bill mit gesenkter Stimme.

Er scheint der stille, der bedächtige Typ, vielleicht der tiefsinnigere zu sein. Ich kann hoffen!

„Kümmert euch nicht darum. Lasst uns hier fair und achtsam sein. Dieser Körper hat ein Alter von achtzig Jahren. Ich wurde spirituell erleuchtet, als dieser Körper neunundvierzig Jahre und drei Monate alt war, also bin ich schon eine ganze Weile da und im Bewusstsein gewachsen. Und, ganz ehrlich, ich plane, noch für eine lange Zeit da zu sein. Für mich ist dieser Körper nur ein paar Jahre jenseits seines mittleren Alters. Für mich entspricht Alter der Weisheit, nicht der Gebrechlichkeit.

Also bitte, seid nicht schüchtern, was eure Themen angeht. Ich werde nicht darüber urteilen. Es ist möglich, dass ihr euch von dem überwältigt fühlen könntet, was ihr alles nicht wisst, aber das ist gut. Es macht demütig, und wir alle brauchen regelmäßige Dosierungen von Demut. Ich werde auf meinen Reisen durch die Welt zutiefst demütig, wenn ich erkenne, wie viele Menschen tatsächlich den Menschen wahrhaft LIEBEN, der ich bin ... mit allen Fehlern und Mängeln.“

Inzwischen haben sich die fünf Menschen entspannt, sie lächeln. Der Hauch von Furcht hat sich verzogen, und sie erkennen wahrscheinlich, dass mein Ruf schlimmer ist als die Wirklichkeit. Wie Carolyn oft sagt: ‚Er ist nur eine große Miezekatze.' Schnurr, schnurr!

Ich fahre fort. „Die gesamte NATUR lauscht. Jedes jagende Tier, jedes gejagte Tier, sie hören genau hin ... sie sind im Augenblick. Kein Tier kann sich aus dem Augenblick hinausdenken, dem Ort des Lebens, der Energie, der Kraft, seines größten Potentials. Wir sind genauso. Alles, was wir spirituell anstreben, ist bei uns im Augenblick. Durch das Zuhören verbinden wir uns."

„Woher wusstest du das und hast mit dem Zuhören angefangen, obwohl es kein verbreitetes Wissen ist?", fragt Bill.

„Ich hatte in Büchern über die Möglichkeit gelesen, die NATUR zu hören. Vor vielen Jahren wollte ich der Weisheit eines bestimmten Flusses lauschen.

Also wusste ich, dass ich das Zuhören lernen musste. Jeden Tag, mal für ein paar Minuten, mal für viele Stunden, saß ich am Fluss und tat mein Bestes, der Stille des Flusses zu lauschen.

Monate und Jahre vergingen, und alles, was ich hörte, war das spottende Echo meiner eigenen Gedanken. Ich hörte den unweit entfernten Verkehrslärm, Traktoren auf den nahen Weiden, Menschen, die einander etwas laut zuriefen, Vogelschreie ... alles, außer dem Fluss. Ein Jahr, zwei Jahre, drei Jahre und ich weigerte mich aufzugeben. Das war keine Option.

Während des vierten Jahres hatte ich flüchtige Momente der Verbindung, aber spät im fünften Jahr entfaltete sich alles. Der Fluss kommunizierte mit mir innerhalb der Stille und wurde dabei mein Lehrer. Im Laufe der nächsten Jahre lehrte er mich so viel."

„Wow! Was zum Beispiel?", fragt Anita. „Was in aller Welt könnte ein Fluss einen Menschen lehren?"

Ich lache. „Wenn ich damit anfange, dann schaffen wir es vielleicht nicht, eure lange Liste durchzugehen", erwidere ich.

Nach einem kurzen Blickwechsel entscheiden sie sich alle, dass dies wichtiger sei. „Bitte, lasst uns diesem Beispiel folgen und schauen, wo es uns hinführt", bittet Anita.

... ZWEI ...

Das Neue und das Gleiche

Versuche nicht, meine Worte in einer Weise für dich zu ordnen, die für dich einen Sinn ergeben. Bei diesem Prozess wird das Neue auf das Gleiche reduziert und das ist das, was die meisten Menschen tun. Das funktioniert nicht. Die Menschen leben Leben endloser Gleichheit und, um sich sicher zu fühlen, muss alles, was neu ist und da nicht hineinpasst, verstanden werden. Aber dieses Verstehen findet nur innerhalb des Gleichheitsrahmens statt, also ist das Neue nicht länger neu, es wurde umgeformt, um in den Rahmen der Gleichheit zu passen.

Michael J. Roads

„Okay, wie ihr wollt. Ich fasse mich kurz. Als ich eines Tages dem Fluss lauschte, fragte er mich, ob ich ihn in jedem Augenblick als *neu* ansähe. Das hat mich wirklich umgehauen, denn ich sah den Fluss jeden Tag als den *gleichen* an. Wenn ich ein Stück Holz ins Wasser werfen und diesem folgen würde, während es der Strömung folgt, dann wäre das derselbe Teil des Flusses, dem ich folgen würde. Aber ich saß auf ein paar Steinen, und während der Fluss an mir vorbei strömte, war er der Inbegriff des Neuen in jedem Moment, und doch sah er für mich genau gleich aus. Da wusste ich, dass ich lernen musste, das Neue des Flusses zu sehen. Aber ich wusste nicht, wie ich das anstellen könnte.

Obwohl er mich gefragt hatte, gab er mir natürlich keinen weiteren Hinweis! Ich entschied, dass der beste Ansatz war, meine

Frau[1] und meine Kinder in jedem Moment als neu zu betrachten."

Ich lächelte verschmitzt. „Viel leichter gesagt als getan. Monat für Monat tat ich mein Bestes, das Neue in ihnen zu sehen, und Monat für Monat schienen sie auf nervtötende Weise genauso wie immer zu sein. Ich kam nicht vom Fleck.

Dies ging so fast ein Jahr lang, bis ich eines Morgens beim Aufwachen plötzlich eine Erkenntnis hatte. Auf einmal *wusste* ich, dass nur das *Neue in mir* das Neue in meiner Frau und meinen Kindern würde sehen können. Ich hatte sie aus der Gleichheit in mir heraus betrachtet und sah nur das Gleiche in ihnen."

„Ich staune, dass du solche Dinge entdeckst", bemerkt Anita.

„Jedenfalls begann ich dann, nach dem Neuen in mir zu suchen, und ich muss sagen, dafür brauchte ich etwa ein weiteres Jahr. Doch schließlich fand ich es.

Als ich das Neue in mir einmal entdeckt hatte, war das Neue in meiner Frau und meinen Kindern offensichtlich. Es war jeden Tag da, geradezu in jedem Augenblick. Das Leben wandelte sich. Natürlich hatte all dies mit dem Fluss begonnen. Also ging ich zurück zum Fluss und sah, fühlte und erfuhr sein Neusein in jedem Moment. In dieser Phase begann der Fluss, durch mich zu fließen statt nur dem Flussbett zu folgen." „Wie ist das möglich?", platzt Anita heraus.

„Nun ... um genau zu sein, der physische Fluss folgte weiter dem normalen Flusslauf, doch die *Energie* des Flusses, der metaphysische Fluss, strömte einfach durch das Energiefeld, das ich bin. Um die Wahrheit zu sagen: Es fühlte sich natürlich an."

„Du lieber Gott, was die Menschen über dich sagen, ist wahr. Ich dachte, das wäre alles übertrieben", sagte Anita benommen. „Uns wurde erzählt, dass, wenn du einmal zu reden beginnst, du uns eine völlig neue Welt aufzeigen würdest und dass nichts so ist, wie es scheint."

1. Michaels erste Frau Treenie Roads, die 2006 verstarb.

Ich schmunzle. „In Wahrheit *ist* nichts so, wie es scheint. Das Leben ist so viel einfacher, als der Intellekt begreifen und zigtausend Mal größer, als kleines Denken erfassen kann. Doch verbringen wir viel Zeit damit, darin geschult zu werden, wie man klein und gegliedert denkt.

Oh, viele Menschen bringen erhabene Gedanken hervor, aber meist sind selbst diese Gedanken auf die Illusion beschränkt. Die meisten Menschen denken ihre Leben in komplexe Situationen hinein, in der Annahme, das Leben sei kompliziert. Nichts könnte der Wahrheit ferner sein. Das Leben ist gigantisch, aber innerhalb dieser unermesslichen Größe ist es durch Einfachheit verbunden. Denke niemals, dass einfach dumm sei, denn das Leben zeigt deutlich, dass einfach kraftvoll ist. All die großen Wahrheiten sind einfach und kraftvoll. Doch … es ist, wie es ist.

So, nachdem ich nun dies mit euch geteilt habe, bestehe ich darauf, dass wir eines eurer Themen angehen."

Anita schaut sich um. „Nun, ich weiß nicht, wie es euch ergeht, aber die sorgfältige Liste unserer Themen ist im Augenblick hinfällig geworden. Ich persönlich würde gerne mehr über Neusein und äh, Gleichsein erfahren. Wenn das für dich in Ordnung ist?"

Ich nicke. „Natürlich, wenn ihr euch alle darin einig seid."

Alle nicken bereitwillig.

Ich seufze. Das wird ein harter Ritt. „Ihr werdet feststellen, dass natürlich alles, worüber ich spreche, mit allem verbunden ist, worüber ich spreche! Es gibt kein Thema, dass ihr vorschlagen könntet, das von allem anderen im Leben getrennt ist. Alles ist EINS. Die einzige Trennung, mit der wir fertig werden müssen, ist die Trennung der Menschen von der WAHRHEIT und das ist ein weiteres Paradoxon. Wir sind immer mit der WAHRHEIT verbunden, aber wenn wir uns dieser Verbindung nicht bewusst gewahr sind, wirkt es so, als ob wir getrennt wären."

„Äh, ich verstehe das nicht", sagt Peter und sieht gereizt aus.

„Jepp … und das ist ein weiteres menschliches Problem: das fortwährende Bedürfnis zu verstehen. Bitte, schieb dein Bedürfnis zu verstehen, einfach für eine Weile auf … und widme dich dem Zuhören.

Zuhören, versteht ihr? Öffnet einfach eure Herzen und hört zu. *Seid* damit. Wenn ihr zuhört, gibt es keine Fragen. Wenn es keine Fragen gibt, seid ihr am Ort, wo die Antworten sind; die Antworten auf die ungedachten und ungestellten Fragen. Ich nenne es den Ort des inneren Wissens. Also … nun lasst uns das Thema Neusein und Gleichsein ansprechen."

„Ich bin verwirrt", sagt Peter, irritiert und genervt.

„Eigentlich ist intellektuell verwirrt zu sein ein sehr schöpferischer Zustand. Bleib verwirrt. Aber höre zu … *hör zu*! Versuche nicht, meine Worte in einer Weise für dich zu ordnen, die für dich einen Sinn ergeben. Bei diesem Prozess wird das Neue auf das Gleiche reduziert, und das ist das, was die meisten Menschen tun. Das funktioniert nicht.

Die Menschen leben Leben endloser Gleichheit und, um sich sicher zu fühlen, muss alles, was neu ist und da nicht hineinpasst, verstanden werden. Aber dieses Verstehen findet nur innerhalb des Gleichheitsrahmens statt, also ist das Neue nicht länger neu, es wurde umgeformt, um in den Rahmen der Gleichheit zu passen.

Das machen sie mit uns in der Schule. Wir müssen alle lernen, in den Gleichheitsrahmen zu passen; oft geht das soweit, dass Kinder eine Gleichheitsuniform tragen müssen. Bis wir dann die Schule verlassen, haben wir unsere kindliche Verbindung zum Geburtsrecht auf bewusste Intelligenz verloren. Stattdessen wurden wir gründlich in den unterbewussten Intellekt hinein konditioniert. Nun, ich schweife ab, obwohl das Unterbewusste und die Gleichheit engstens miteinander einhergehen."

„Es scheint, als würdest du über die Dinge sprechen, die in unser aller Leben geschehen und über die wir uns nicht wirklich gewahr sind, stimmt das?“, fragt Todd.

Ich nicke. „Das fasst es gut zusammen. Wir haben zwei deutlich unterschiedliche Bewusstseinszustände, die beide die ganze Zeit parallel laufen. Wir haben die wahre Wirklichkeit des Bewusstseins im Augenblick und gleichzeitig eine illusionäre Vorstellung darüber, wie das Leben ist. Ersteres entgeht unserem bewussten Gewahrsein, letzteres gilt als normal. Auf diese Weise erschafft ein jeder von uns die persönliche Wirklichkeit seiner Welt.

All die kollektiven persönlichen Wirklichkeitswelten innerhalb einer Nation befinden sich in einer allgemeinen Konsens-Wirklichkeit der Nation und passen so gut zusammen, dass die Menschen dieser Nation darin übereinstimmen, dass es genauso ist.

Schließlich sind alle persönlichen und nationalen Wirklichkeitsillusionen innerhalb einer globalen menschlichen Konsens-Wirklichkeit enthalten. Jede von ihnen definiert bis ins Detail die Illusionen, in denen die meisten Menschen leben. Durch die gemeinsame Übereinkunft gründen all die vielen illusionären Wirklichkeiten im Gleichen, während die wenigen Leute, die erleuchtet sind oder von höherem Bewusstsein, das Neue des Augenblicks erfahren. Und diese beiden Lebensweisen, meine lieben Freunde, sind sehr, sehr unterschiedlich.“

„Also, ein Beispiel für eine gemeinsame Wirklichkeit könnte sein, dass die Vergangenheit fertig und abgeschlossen ist und nicht mehr verändert werden kann, während die Zukunft noch nicht geschehen ist“, wirft Todd ein. „Ich bin mir ziemlich sicher, dass wir uns alle darauf einigen würden.“

Ich lächle ihn an. „Ja, ich bin sicher, das würdest du. Aber du würdest dich irren. In einer größeren Wirklichkeit nimmt alle Zeit denselben Moment ein; das bedeutet, dass die Vergangenheit und die Zukunft gleichzeitig im Augenblick stattfinden, und folglich kann die Vergangenheit genauso leicht verändert werden, wie die Zukunft.

Ich mache das mit den Leuten während unserer fünftägigen Intensivseminare. Alles, was in der Vergangenheit nicht gelöst wurde, ist auch in diesem Augenblick ungelöst, und in diesem Augenblick kann es gewandelt und aufgelöst werden. Einfach, hm?!"

„Seht ihr", quietscht Anita aufgeregt, „er macht es schon wieder. Kaum haben wir oben von unten unterschieden, zeigt er uns, dass beides nicht real ist. Gott, das ist eine solche Herausforderung."

„Tatsächlich ist meine Version des Lebens ziemlich einfach, während deine keinen Sinn ergibt. Ich bin als spiritueller Lehrer bekannt. Nach vielen Jahren des Widerstands gegen dieses Etikett habe ich nun kapituliert. Ich bin ein spiritueller Lehrer. Aber ich sehe das immer noch nicht so. Für mich gibt es zwei Wege, das Leben zu leben. Der eine Weg funktioniert, der andere nicht.

Das wirkliche Rätsel ist, warum etwa 94 Prozent der Menschheit auf eine Weise leben, die nicht funktioniert, während etwa sechs Prozent auf eine Weise leben, die funktioniert. Und euch ist natürlich klar, dass die 94 Prozent süchtig nach dem Gleichen sind, während die sechs Prozent in der Entfaltung des Neuen innerhalb des Augenblicks leben."

„Und wie können wir in der Art des Neuen leben?", fragt Anita.

„Indem du bewusst im Augenblick bist. Es ist so einfach", erwidere ich.

„Aber ich bin bewusst ... was sonst könnte ich sein?", widerspricht Anita.

„Sei ehrlich. Wie oft bist du dir in deinem täglichen Leben gewahr, bewusst im Moment zu sein? Im Gegensatz zu einem Leben, in dem du schlicht von Gedanken und Gefühlen völlig beansprucht bist. Was ist am vertrautesten für dich?"

Anita seufzt, lange und tief. „Wenn du es so ausdrückst, bin ich völlig beansprucht von Gedanken und Gefühlen."

„Und das ist in Ordnung, Anita. Viele Menschen leben reiche und nutzbringende Leben auf diese Weise, Leben, die viel zur Gesellschaft beitragen.

Aber leider ist es eine kranke Gesellschaft, denn egal, wie gut wir die Illusion leben mögen, sie ist dem Leben nicht dienlich. Bewusst zu sein, dient dem Leben, es ist das Leben im Augenblick, der Ort von Kraft und Wahrheit. Es ist der Ort des Neuen, des direkten Wissens, im Gegensatz zu bloßem Verstehen."

„Okay, äh, Mister Roads, es scheint, als müssten wir mehr über das Verstehen verstehen", sagt Todd mit einem Lachen, „denke ich!"

„Bitte ... sag Michael ..., nix von diesem Mister Roads Zeugs. Wir sind eine Gruppe von Freunden, die über das Leben plaudern."

„Nein, sind wir nicht. Freunde, ja, das gefällt mir, aber wir sind eine Gruppe von Schülern, welche sich plötzlich in Gegenwart eines Meisters befinden. So fühlt es sich jedenfalls für mich an", erklärt Marsha.

Die meisten Köpfe nicken, während Peter starr wegschaut.

„Und das ist in Ordnung. Menschen neigen eher dazu zuzuhören, wenn sie sich am Rand eines ihnen unbekannten Wissensgebiets befinden. Es ist ein schöpferischer Ort. Die meisten Menschen sind in dem Denken gefangen, dass sie es *doch* wissen, ein echter Sumpf. Und wenn man sich darum bemüht, sie da herauszuziehen, führen sie Argumente an, um im Morast bleiben zu können!

Wir sind noch nicht wirklich fertig mit dem Neuen und Gleichen, aber ich habe keinen Zweifel, dass es im Laufe unseres Gesprächs nochmals zur Sprache kommt.

Es gibt jedoch eine Beobachtung in der Natur, die ich hier anführen möchte. Ich habe einen großen und meist schönen Garten ... manchmal nicht ganz so schön wegen der Trockenheit. Jedes Jahr erblühen die Sträucher und Pflanzen, und zur Blütezeit ist jede Blüte funkelnagelneu.

Trotzdem sehen viele Gärtner eine Wiederholung der Blüten vom Vorjahr. Ihre Beziehung zu den Blüten gründet in deren physischer Form, nicht in der Energie der Blüte. Dies lässt vermuten, dass sie diese durch gestrige Augen betrachten, statt durch die Augen der Unmittelbarkeit.

Die gesamte Natur blickt unmittelbar, im Augenblick, am Ort des Neuen. Wir können lernen, das zu tun, aber wir müssen bewusst sein. Bewusst zu sein ist der Ort des Neuen, während das konditionierte unterbewusste Leben der Ort des fortwährend Gleichen ist. Dies ist nun zu gefährlichem Terrain geworden."

„Warum ist es gefährlich?", fragt Anita.

„Nun, einfach gesagt, wir Menschen sind dem mehr-vom-Gleichen ernsthaft verhaftet. Egal, wie schmerzhaft oder unbequem es ist, wir haben diese mentale und emotionale Anhaftung. Unsere Abneigung gegen den Wandel ist sehr gut dokumentiert worden.

Wir befinden uns auf gefährlichem Gebiet, weil wir uns nicht ändern und gleich bleiben können. Doch die Menschheit versucht genau das. Selbst in Zeiten großen Unglücks, wenn ganze Städte entweder überflutet oder durch Buschbrände zerstört werden, erklären die Überlebenden in einem Interview hinterher meist, was sie nun als nächstes tun werden. „Ich will nur mein altes Leben zurück." Eine andere Art auszudrücken, dass ich mehr vom Gleichen will. Wenn wir gewohnheitsmäßig in einer Lebensweise feststecken, die sich Lebenszeit für Lebenszeit wiederholt, hören wir auf, bewusst zu wachsen. Wir gleiten einfach in einen unterbewussten Funktionsmodus.

So unwahrscheinlich dies erscheinen mag, dies wird schließlich einen massiven Wandel in der Natur auslösen, der uns buchstäblich zur Veränderung zwingt. Wir bezeichnen diese Arten von Druck als Naturkatastrophen, und wir mögen sie nicht! Dennoch führt der Weg, auf dem wir uns gegenwärtig befinden, zu einer globalen Katastrophe."

„Alles nur, weil wir keine Veränderung mögen?", fragt Peter skeptisch.

„Peter, mein Freund, ohne hier abzulenken, du musst begreifen, dass wir eine kranke Spezies sind. Die geringste Recherche im Internet wird dir zeigen, dass jede der Hauptkrankheiten auf dem Vormarsch ist, Krebs, Herzanfälle, Infarkte, Diabetes, Fettleibigkeit und natürlich Selbstmord, um nur ein paar zu nennen, während es gleichzeitig etwa alle vier bis fünf Sekunden einen neuen Fall von Demenz gibt. Gerade jetzt leben wir schon allein, was die mentale und emotionale Gesundheit angeht, am Rande einer Pandemie von gigantischen Ausmaßen.

Aber ihr seid nicht hergekommen, um euch das anzuhören. Ihr seid gekommen, um etwas über das höchste Potential eines Menschen zu lernen, nicht über sein niedrigstes. Dennoch, wenn wir in derart erschreckender Unkenntnis dessen leben, wer wir sind, wie die Menschheit es derzeit tut, dann, glaubt mir, dann leben wir in sehr gefährlichen Zeiten."

„Und wer sind wir?", fragt Marsha.
Ich lächle. „Aha, das ist nun die GROSSE Frage."

… DREI …

Was es bedeutet, Mensch zu sein

Also sprach der Prophet:
Lebe wohl, du Volk von Ophalese.
Dieser Tag hat geendet.
Er schließt sich über uns gleich wie die Wasserlilie über ihren eigenen Morgen
Was uns hier gegeben ward, werden wir behalten.
Und genügt es nicht, so müssen wir wieder zusammenkommen
und zusammen unsere Hände entgegen strecken dem Geber.
Vergesset nicht, daß ich zu euch zurückkehren werde.
Ein Weniges noch, und meine Sehnsucht wird Staub sammeln
Und Schaum zu einem anderen Leibe.
Eine kurze Spanne Zeit, ein Augenblick der Ruhe auf dem Wind
Und ein anderes Weib wird mich austragen.

Khalil Gibran

„Wer sind wir? Was sind wir? Wir sind Raum. Laut Quantenphysik würde, wenn man den Raum aus den Atomen unserer Körper entfernte, die ganze Menschheit in ein Gefäß von der Größe eines Zuckerwürfels passen. Es heißt, jeder von uns sei mehr als 99,9 Prozent Raum. Metaphysische Forschung bestätigt dies. Das gilt nicht nur für die Menschheit, sondern auch für die gesamte Natur und sogar die Erde selbst – den gesamten Raum."

„Ich habe darüber gelesen", sagt Todd, „jede Menge interessanter Sachen, aber es spielt keinerlei Rolle, was unsere Lebensweise angeht. Ich fühle mich ausreichend fest, und das ist eine einfache Tatsache. Wenn mein Körper verletzt wird, kriege ich eine Prellung oder blute."

„Sicher, aber die Frage war: ‚Wer sind wir?' Hör genau zu. Wir sind Raum. Aller Raum ist Energie, und alle Energie ist Information. Unsere menschliche Information befindet sich in unserer DNS. Die Information eines jeden Wesens, allem was lebt, befindet sich in seiner DNS. Lasst uns diese DNS den Bauplan nennen. Also befindet sich in jedem von uns der Bauplan dessen, wer wir sind, was komplett ignoriert wird."

„Wie das?", fragt Marsha.

„Nun, Marsha, dein Bauplan enthält die Information, dass du ein metaphysisches Wesen aus reiner Energie bist, alterslos und nimmermüde, sowie ein physischer Mensch mit einem genetischen Code.

Dennoch ist das Leben, das du lebst, meist ein physisches, mit wenig oder keiner Beachtung deiner metaphysischen Unsterblichkeit. Außerdem hast du Vorstellungen in Bezug auf dich selbst, die jeglicher Wahrheit entbehren.

Über Äonen der Zeit haben wir – gemeinsam mit der ganzen Menschheit – Vorstellungen erzeugt, die uns auf bloße Schatten unserer größeren Wirklichkeit reduzieren. Diese Schatten wurden personalisiert wie in der persönlichen Wirklichkeit, nationalisiert wie in unseren nationalen Wirklichkeiten und schließlich zu der allgemeinen globalisierten Wirklichkeit ... die ich bereits erwähnte."

„Jetzt bist du es aber, der etwas Einfaches nun sehr kompliziert und verwirrend macht", wirft Peter mir vor.

„Der einzige Grund, warum dies verwirrend erscheint, ist deine tiefe Prägung durch die Illusion, und weil du bis jetzt noch nie der Wahrheit ausgesetzt wurdest. Du wurdest für die Wahrheit blind gemacht, bist unfähig sie zu sehen oder zu hören.

Es entspricht so ziemlich den Matrix-Filmen[2] : Das Leben in der Illusion und außerhalb davon. Du bist den Vorstellungen verhaftet, die das menschliche Leben zu beherrschen scheinen. Sie beherrschen es nicht, sie erzeugen nur unbequeme, doch höchst vertraute Bedingungen, denen du verhaftet bist und von denen du vollends glaubst, dass sie wahr sind."

„Und bietest du uns einen Ausweg aus der Illusion?", fragt Todd leise.

Ich schüttle meinen Kopf. „Um ehrlich zu sein, nein. Es braucht ganze fünf Tage eines Intensivseminars, damit die meisten Menschen die Illusion loslassen und beginnen können, sich auf die sich ewig entfaltende Blüte der Wahrheit einzulassen. Dies ist ein Prozess, und obwohl er für einige langsam und schmerzhaft sein mag, kann er für andere schneller und freudvoll sein. Es hängt völlig von der Tiefe ihrer emotionalen Verhaftungen ab, ihrer Offenheit und wo sie sich auf ihrer spirituellen Reise befinden.

Um ehrlich zu sein, ich hatte keinerlei Absicht, so ausführlich auf die Tiefen des Lebens einzugehen. Ich hatte eine Sitzung mit euren Fragen und meinen Erkenntnissen vor und ... Auf Wiedersehen. Doch ich stelle ein wenig zu meinem Erstaunen fest, dass ihr alle weit mehr verdient habt – denn ihr seid Menschen, die auch für andere Menschen wertvoll sind.

Carolyn, die im Hintergrund umherflitzt, tritt hinzu und bricht das plötzliche Schweigen. „Noch jemand Tee, Kaffee?"
Die meisten nicken und lächeln, während sie recht nachdenklich aussehen.

„Offensichtlich haben wir keine fünf Tage Zeit", sagt Marsha. „Gibt es irgendeine Möglichkeit, in der du all das, was die Menschheit betrifft, ähm ... irgendwie zusammenfassen könntest?"
Ich lächle sie an. „Gut mitgedacht."

---

2. US-amerikanische Science Fiction Filmtrilogie von 1999-2003

„Okay, in eurer vollen WAHRHEIT ist jeder von euch ein großartiges, metaphysisches, multidimensionales, unsterbliches Wesen aus Licht und Liebe. Dennoch leben die meisten Leute als mittelmäßige, physische, dreidimensionale, sterbliche Person aus Gedanken und Gefühlen. Ein ziemlicher Unterschied. Ersteres enthält unser Potential, letzteres unsere Stagnation."

„Könntest du den ersten Teil etwas genauer erläutern?", bittet Marsha.

„Sicher. Du bist weit, weit großartiger, als du es dir überhaupt vorstellen kannst. Auch wenn die meisten Menschen sich nicht als großartig erachten. Ein liebender Mensch ist, aus metaphysischer Sicht betrachtet, prachtvoll. Wenn er wütend wird, verändert sich dies, und er wird zu einer weit schwächeren und trüberen Version.

Da wir alle WESEN aus Energie sind, sind wir zunächst und vor allem metaphysisch; nur dein physischer Körper ist dreidimensional. Alle deine Gedanken, Emotionen, Gefühle, Vorstellungskraft, Intuition – alles was *dich* ausmacht – befinden sich auf einer vierdimensionalen Ebene. Folglich bist du multidimensional. Als Energiewesen bist du unsterblich, du wurdest nicht geboren und wirst auch nicht sterben. Du bist außerdem geschaffen aus der Liebe und dem Licht der göttlichen Schöpfung und bringst diese durch dein Wesen auch zum Ausdruck.

Also bist du keine physische und sterbliche Persönlichkeit mit einer Seele, wie du es annimmst und lebst. Du bist eine metaphysische, unsterbliche Seele mit einer sterblichen und also zeitlich befristeten körperlichen Persönlichkeit. Komplett das Gegenteil von dem, woran die meisten Menschen glauben und was sie leben. Das fasst es hübsch zusammen."

„Mein Gott ... das hat nichts mit dem Interview zu tun, wegen dem wir hergekommen sind", murrt Peter ungeduldig. „Wir müssen wieder auf den richtigen Kurs kommen." Mitfühlend sehe ich ihn an. „Stimmt ... und jetzt gerade bist du in der Illusion so weit vom Kurs abgekommen, dass es eine zu große Herausforderung ist, wieder Kurs auf die WAHRHEIT zu nehmen. Stimmt´s?“

„Deswegen sind wir nicht hergekommen“, platzt Peter heraus.

Ich schüttle sanft meinen Kopf: „Eigentlich schon. Wenn nämlich keiner von euch deswegen hergekommen wäre, würde dies nicht geschehen.

Zu Beginn habt ihr mir gesagt, dass ihr in geringerem Maß die gleichen Probleme habt wie die Menschen, denen ihr helft. Das ist es, was zu dieser Begegnung geführt hat.

Sag mir, wirst du ihnen nicht mehr bieten können, wenn du von einer Position der WAHRHEIT ausgehst, als wenn du in denselben trügerischen Illusionen bleibst?“

Anita und Marsha wechseln einen langen bedeutungsvollen Blick. „Wir wussten nicht, dass wir deswegen hergekommen sind, aber jetzt sehen wir, dass dem so ist“, sagt Anita.

„Wunderbar, aber dennoch habe ich vor, mich etwas mehr zurückzuhalten.“

„Was mich angeht, so ist dies himmlisches Manna“, sagt Bill.

Lächelnd fügt Todd hinzu: „Zwar nicht ganz meine Wortwahl, aber Bill spricht auch für mich.“

Mit niedergeschlagenem Blick sitzt Peter nun da und nippt an seiner frischen Tasse Kaffee.

Mir ist klar, dass dies für ihn hart ist. Ich habe dies unzählige Male während meiner Intensivseminare erlebt, wenn Menschen sich damit abmühen, meine Worte ihren alten, überholten Vorstellungen anzupassen. Doch nur, wenn wir bereit sind, alte Konzepte loszulassen, können wir uns von den Schatten ins Licht begeben.

Als Persönlichkeit ist Peter noch nicht bereit, und doch ist er da, und das lässt vermuten, dass er es auf einer seelischen Ebene ist.

Für so viele Menschen ist dies der Kampf: Persönlichkeit *gegen* Seele, statt Persönlichkeit *mit* der Seele. Wenn wir uns zu einer Persönlichkeit vereinigen, der Seele Raum geben und sie unterstützen ... im Tandem sozusagen, dann wachsen wir.

Ich erkläre es ihnen.
„Ähm … gibt es einen wichtigen Schlüsselfaktor für unser spirituelles Wachstum?“, fragt Anita zögernd.
Ich nicke: „Eine weitere, exzellente Frage. Diesen gibt es absolut, und dieser Schlüsselfaktor ist die bedingungslose Liebe.“

… VIER …

Bedingungslose Liebe

Dann sagte Almitra: sprich uns von der Liebe
Und er sprach:
Wie die Liebe euch krönt, so wird sie euch kreuzigen.
Und wie sie euch wachsen läßt, so wird sie euch zurückschneiden.
Wie sie sich erhebt zu eurer Höhe und liebkost eure zartesten Zweige, die in der Sonne zittern,
so wird sie herabsteigen zu euren Wurzeln, die sich in die Erde klammern und ihren Halt erschüttern.

Khalil Gibran

„Seit sehr langer Zeit, über einen Zeitraum von vielen Jahrhunderten, haben wir die Vorstellung und den Glauben erschaffen, die Liebe sei ein Gefühl. Das ist sie nicht. Gewiss haben wir starke Hochgefühle, wenn wir Liebe erleben, genauso wie wir starke niedere Gefühle haben, wenn wir Angst erleben. Aber ungeachtet dessen, wie sie sich anfühlen, sind diese Hochgefühle keine Liebe."

„Ich verstehe das nicht ganz. Kannst du das noch weiter erklären?", bittet Marsha.

„Wenn du in einem Flugzeug wärest und es nach einer langen, angenehmen Phase des gleichmäßigen Flugs plötzlich merkwürdige Geräusche machen würde und auf die Erde stürzte, wärest du entsetzt. Du würdest Angst fühlen. Was verursachte die Angst? Das zur Erde stürzende Flugzeug würde dich dazu veranlassen, Gefühle der Angst zu erschaffen, richtig?" „Natürlich", erwidert Marsha.

„Und wenn du eines Samstagabends deinen Mister Perfect in einem Tanzlokal erblickst und während du ihn anschaust, schaut er dich an. Eure Blicke begegnen sich, eure Herzen flattern, und ihr seid verliebt. Plötzlich sind deine Hochgefühle in Rekordhöhe, richtig? Aber die Emotionen, die aus dieser Verbindung resultieren, sind keine Liebe. Liebe ist das *Transportmittel* der Emotionen. Liebe erschuf diese Gefühle, aber sie sind genauso wenig Liebe, wie das Flugzeug Angst ist."

„Was ist Liebe dann?", fragt Anita.

„Ah, jetzt kommen wir der Sache näher. *Liebe ist die Kraft der Schöpfung.* Denkt einen Augenblick darüber nach. Liebe ist die Schöpferkraft allen Lebens. Das bedeutet, Liebe ist die Kraft, die alles Leben erschafft. Gott ist Liebe. Doch wie wir alle wissen, ist Gott kein Gefühl. Das Universum wurde aus Liebe erschaffen, nicht aus einem Gefühl heraus. Wir sind Liebe. Die ganze Menschheit ist Liebe … alle Natur ist Liebe.

Hier haben wir also ein Paradoxon: Wir als Menschheit, aus Liebe geschaffen, erleben während der meisten unserer Lebzeiten Angst … nicht Liebe. Wir missbrauchen den eigentlichen Begriff der Liebe. Wir haben das Wort Liebe auf einen Sexualakt, auf Eigentum, auf einen sehr niedrigen Stellenwert degradiert, und wir wundern uns, warum wir so ums Überleben kämpfen. Die Leute sagen: ‚Ich liebe mein neues Auto.' Das tun sie nicht, sie begehren es. Die Leute sagen: ‚Liebe machen', obwohl sie so oft lediglich Sex haben; Liebe ist nicht einmal Teil davon.

In unseren belanglosen Beziehungen zu uns selbst und miteinander ist Liebe als Wort extrem abgewertet worden. Und dann wundern wir uns, warum eine lange, anhaltende Beziehung zwischen zwei Menschen, die in tiefer und beständiger Liebe gründet, so selten ist, statt so natürlich und weit verbreitet. Wir haben den traurigen Punkt erreicht, an dem wahre Liebe derart entwertet und herabgesetzt wird, dass Milliarden von Menschen diese nicht länger erleben. Wir erleben Gefühle, die wir Liebe *nennen*, aber zumeist sind dies nicht mehr als tiefe emotionale Verhaftungen. Und um ehrlich zu sein, die meisten Menschen wollen ein solches Wissen nicht. Es widerstrebt ihnen zu sehr.

„Wie meinst du das?“, fragt Marsha.

„Es gibt ein Timing, einen stimmigen Zeitpunkt für die Wahrheit“, erwidere ich. „Wahrheit zum falschen Zeitpunkt wird abgewiesen. Jesus beschrieb dies als ‚Perlen vor die Säue werfen‘. Wie, glaubst du, würden sich Leute fühlen, wenn ihnen vollkommen bewusst würde, dass sie nur seltene, flüchtige Momente der Liebe in ihrem gesamten Leben erfahren haben … wenn überhaupt?“

„Aber sie erfahren doch Liebe!“, entfährt es Marsha.

Ich seufze – ich will das nicht sagen müssen. „Um Liebe zu erfahren, muss man bewusst sein. Wie sollen Menschen Liebe erfahren, wenn ungefähr 94 Prozent der Menschheit etwa 90 Prozent ihres Tages unterbewusst leben, was praktisch ihr ganzes Leben ist?“

Schockiert blicken die drei Männer und zwei Frauen mich an.

Eine vielsagende Stille folgt.

„Aber … das ist nicht möglich“, sagt Bill. „Bestimmt nicht“, fügt er flehend hinzu.

„Es tut mir leid, aber wir sind eine verblendete, kranke und bedauernswerte Spezies“, sage ich ihnen. „Genauso, wie wir auch großartige und schöpferische Wesen des Universums sind. Beides ist wahr … doch leben wir ersteres unterbewusst, und letzteres müssen wir bewusst wählen. Trotzdem werdet ihr meine Worte vielleicht ablehnen, und wir werden uns darauf einigen, uneinig zu sein.“

„Wie kann man Worte ablehnen, wenn sie einen wie Pfeile ins Herz treffen? Wie kann man etwas ausblenden, was man schon lange vermutet hat, allein in der Hoffnung, dass die eigenen tieferen Gedanken vollkommen verdreht und falsch sind?“, sagt Bill mit schwerer Stimme. „Ich habe mich gefragt, warum ich heute mitgekommen bin, obwohl ich wusste, wie viel Büroarbeit ich noch habe. Es ergab keinen Sinn. Jetzt schon.“

Ich lächle sie an. „Ihr macht das ziemlich gut, wisst ihr. Ihr seid hier hereingeschneit, um zur Unterstützung eurer Arbeit einfach ein paar Lebensthemen zu besprechen – was höchst löblich ist, möchte ich hinzufügen –, und ihr prallt direkt auf mich. Und nun seid ihr nahe der Stelle, wo das Leben niemals wieder dasselbe sein wird."

Ich schmunzle. „Es ist, als gäbe es da eine Brücke, die zwei Inseln verbindet. Die eine Insel ist voller emsiger, geschäftiger Leute, während auf der anderen nur sehr wenige Menschen sind. Doch die Inseln sind durch diese Brücke verbunden. Allerdings ist es nicht leicht, die Brücke zu sehen. Um sie sehen zu können, musst du sowohl deine inneren Augen, als auch deine physischen Augen öffnen, und nur wenige Menschen können sich darauf einstellen oder sind in der Lage, das zu bewerkstelligen. Viele Leute leugnen energisch die Existenz einer solchen Brücke. Doch wenn du einen offenen Geist und ein offenes Herz hast mit einem sich entwickelnden Gespür für die spirituelle Suche, bist du in der Lage, die Brücke zu entdecken und sie zu betreten. Und wenn du das einmal tust, dann gibt es kein Zurück mehr. Es gibt nichts, was dich daran hindern würde, zurück zur überfüllten Insel zu gehen, aber es wird nicht geschehen. Wenn du einmal auf der Brücke bist, ist es meist ein langsamer, beschwerlicher Weg hinüber, bis du die andere Insel erreicht hast. Bei der Ankunft stellst du fest, dass alles ganz genau gleich und doch völlig anders ist. Es ist ein Ort der Freiheit und die Mühe des Weges absolut wert!"

„Ich bin immer noch betroffen und fassungslos über deine Aussage, dass man Liebe nur bewusst erleben kann", sagt Bill mit erstickter Stimme. „In den letzten paar Minuten habe ich erkannt, dass ich nur diese wenigen flüchtigen Momente des bewussten Erlebens von Liebe hatte. Ich erlebte Liebe bei der Geburt von jedem meiner drei Kinder, und ich erlebte Liebe, als meine Frau sie zur Welt brachte. All diese schreckliche Mühe hat mich einfach umgehauen und mein Herz für sie geöffnet. Und doch … und doch …", er stößt einen tiefen Seufzer aus, „bin ich mir bewusst, dass praktisch mein ganzes Leben wie ein Film auf einer Leinwand gewesen ist. Ein sehr vertrauter Film zwar, aber vom lebendigen Augenblick meines Lebens irgendwie entfernt. Ich habe das Gefühl, dass ich ein Zuschauer von hier oben", er hält seinen Kopf, „statt eines Teilnehmers von hier war", dramatisch klopft er auf seine Brust. „Und all dies zu wissen, schmerzt höllisch." Schließlich schluchzt er leise in seine Hände.

Peter sieht verärgert aus. „Siehst du, ich habe dir doch gesagt, dass wir nicht für diesen Mist hierhergekommen sind! Nun schau dir an, was passiert ist. Wir sollten gehen."

Bill sieht ihn mitleidig an. „Du kapierst es einfach nicht, oder? Ich erlebe gerade eine innere Offenbarung, die mein gesamtes Leben zu etwas weit Besserem wandeln wird – dank dieses erleuchteten Mannes – und du kriegst Angst und wirst wütend."

Er lächelt Peter mit feuchten Augen an. „Du bist ein feiner Kerl, Pete. Nur, lass die Wut los und akzeptiere, dass du aus einem unerwarteten Grund hier bist, genau wie wir alle. Wenn mir Weisheit und Einsicht angeboten werden, bin ich einfach dankbar dafür, dass ich klug genug bin, diese anzunehmen, statt einfach nur unüberlegt zu reagieren.

Er sieht mich an: „Ich bedanke mich zutiefst, Sir."

Ich lächle ihn warmherzig an: „Von Herzen gerne.

Ich fahre damit fort. Was wir als Liebe erfahren und beschreiben ist unser Erleben von Hochgefühlen. Wir werden dies die menschliche Liebe nennen. Wir haben Gefühlsebenen oder -schichten. Die niederen Gefühle werden durch Ängste ausgelöst, durch Wut, Kritik und dergleichen. Wenn wir gefragt werden: ‚Hallo, wie geht es dir', ist unsere Antwort auf dieser Ebene oft: ‚Nicht schlecht.' Also antworten wir mit einem negativen Ausdruck. Wenn wir auf der Skala der Gefühle weiter hinaufsteigen, ungefähr bis zur Mitte, scheint das Leben besser und in Ordnung. Auf die Frage ‚Hallo, wie geht es dir?' antworten wir dann mit größerer Wahrscheinlichkeit: ‚Gut' oder ‚ziemlich gut.' Auf der höchsten Stufe der Skala, wenn wir uns wundervoll fühlen, dann ist die Antwort oft: ‚Großartig, danke.' All dies ist normal und sehr menschlich.

Allerdings ist unsere gefühlsbezogene menschliche Liebe keine göttliche oder absolute Liebe, oder – was ich zu sagen bevorzuge – bedingungslose Liebe. Sie ist meist Liebe mit Bedingungen. ‚Ich liebe dich, Schatz, aber …' Darin können eine ganze Menge ‚Abers' stecken. Versteht ihr, was ich meine?"

Vier Köpfe nicken begeistert, einer eher widerwillig.

„Okay. Jetzt kommen wir zum schwierigen Teil. Du kannst einen anderen Menschen nicht LIEBEN, bevor du dich nicht selbst wahrhaft LIEBST: Wenn du dich selbst bedingungslos LIEBST, dann wirst du feststellen, dass du voller LIEBE für die Menschheit bist. Das bedeutet nicht, dass du alle menschlichen Handlungen befürwortest und verzeihst; es bedeutet, dass du das Seelenwesen LIEBST, das sie sind. Bedingungslose LIEBE wurzelt in der Seele, nicht in der Persönlichkeit, wenn auch die Persönlichkeit Teil davon sein kann. Das ist der Grund, warum ich die Menschheit LIEBE. Ich brauche einen Menschen nicht zu kennen, um ihn zu LIEBEN, denn energetisch sind wir EINS. Wenn du begreifst, dass es nichts außerhalb des SELBST gibt, dann wird SELBST-LIEBE zu All-LIEBE.

Und aus diesem Grund, liebe Freunde, ist bedingungslose LIEBE so selten. Wir sind eine Spezies, der es nicht leicht fällt, sich selbst zu LIEBEN. Wir sind eine Gattung, der es leicht fällt, sich selbst zu kritisieren und zu verurteilen, folglich tun wir dasselbe auch mit anderen Leuten. All dies ist meilenweit von der bedingungslosen LIEBE als Spezies entfernt."

„Wow", sagt Anita, ihre braunen Augen sehen traurig aus. „Wie können wir denn lernen, uns selbst zu lieben? Ist das möglich?"

„Seht ihr die Ironie darin?", erwidere ich. „Wir *sind* LIEBE und entdecken die LIEBE durch und innerhalb der Individualisierung des Selbst. Wir müssen Liebe erschaffen, damit wir entdecken können, dass wir tatsächlich Liebe sind, die Liebe *erschafft*."

„... Und tschüss – was das Verstehen dessen angeht, was du gerade gesagt hast", sagt Todd grinsend. „Ich weiß, dass es tiefgründig ist und sich in mein Herz eingeprägt hat, aber ich sehne mich nach dem Moment, wenn sich mir der Sinn voll erschließt."

Ich lächle. „Und das, mein Freund, ist die beste Haltung, die es einzunehmen gilt. Wenn du es nicht zerstörst, indem du versuchst, es zu verstehen, dann wird dieser Augenblick sicherlich kommen.

Unsere Gattung ist mit sich selbst im Krieg. Fast jeder lebt mit kritischen Gedanken und Gefühlen sich selbst gegenüber. Sowohl physisch als auch metaphysisch sind wir Schlachtfelder – jeder Einzelne von uns. Ist es da wirklich überraschend, dass viele Nationen andere bekriegen oder politische Parteien einander mit Worten angreifen, wenn jeder Mensch dies im Inneren die ganze Zeit macht?"

„Machst *du* das?", fragt Peter mit einem wütenden Unterton.

Ich habe mit dieser Frage gerechnet. „Eigentlich nicht, nein, tue ich nicht. Ich kritisiere mich nicht, und ich urteile nie über mich. Ich werde nie auf mich selbst oder andere Menschen wütend. Ich habe das mal getan, nun aber schon seit Jahren nicht mehr. Ich werde nicht gestresst und auch nicht müde. Ich brauche Schlaf und genieße ihn in Fülle. Ich maule manchmal, aber lasse das dann schnell los. Das gleiche gilt für unbedachtes Reagieren; es geschieht gelegentlich, aber es wird schnell aufgegeben. Ich mache mir keine Sorgen, und ich bin auch nie beunruhigt. All diese negativen Zustände zehren deine Vitalkraft auf, machen dich müde und erschöpft. Auch erfahre ich keine Angst mehr in der Form, wie ich es einstmals tat, noch beschwöre ich jene Gedanken und Gefühle herauf, die Angst erzeugen."

„Wie ist es möglich, *so* zu leben?", fragt Bill.

Ich lächle. „Wie ist es möglich, *nicht so* zu leben? Als spiritueller Lehrer ist die bedingungslose Liebe das Fundament all dessen, was ich in meinen Intensivseminaren lehre. Wenn Menschen das *leben*, was ich lehre, sind sie auf dem Weg von der Illusion zur Erleuchtung. Wenn sie das intellektualisieren, was ich lehre und es als ungenutztes Wissen behalten, dann geschieht nicht allzu viel.

Es heißt in der Bibel: Die WAHRHEIT wird euch freimachen. Ein paar wesentliche Worte wurden bei den Übersetzungen weggelassen.

Wenn du die Wahrheit *lebst*, dann macht die Wahrheit dich frei. Das ist ganz was anderes. Speichere das Wissen nicht elektronisch, sei nicht begierig darauf, spiele dich damit nicht als schlau auf oder schreibe es auf Papier, um solches Wissen zu behalten, sondern *lebe* es. Das ist nicht so leicht. Heutzutage sind die meisten Menschen süchtig nach Wissen und Verstehen. Beides ist mit Problemen verbunden."

Anita lacht: „Dann führt uns das nun zu Wissen und Verstehen."

Ich stimme in ihr Lachen mit ein: „Das tut es in der Tat. Ein natürliches Voranschreiten."

… FÜNF …

Wissen und Verstehen

Und ein Mann sagte: Sprich uns von der Selbsterkenntnis.
Und er antwortete und sprach:
Saget nicht: „Ich habe die Wahrheit gefunden", sondern lieber:
„Ich fand eine Wahrheit".
Saget nicht: „Ich hab den Weg der Seele gefunden", sondern:
„Ich traf die Seele, wandelnd auf meinem Pfad." Denn die Seele wandelt auf allen Pfaden. Nicht auf einer Linie schreitet die Seele, noch wächst sie wie ein Rohr. Die Seele entfaltet sich wie ein Lotus mit unzähligen Blütenblättern.

Khalil Gibran

Ich lächle sie alle an. „Sowohl Wissen als auch Verstehen werden in unserem spirituellen Leben massiv überbewertet, obwohl sie eine wichtige Rolle in unserem Alltag spielen. Wir …"

Peter unterbricht mich aggressiv: „Wie kannst du unser tägliches Leben von unserem spirituellen Leben trennen?"

„Würdest du zuhören, mein Freund, würdest du erkennen, dass ich keinen Unterschied behaupte. Wie ich gerade sagen wollte, leben wir unseren Alltag meist mit einer physischen Ausrichtung, während wir unser spirituelles Leben mit einer eher metaphysischen Ausrichtung leben müssen. Ich teile einen Teil meines spirituellen Wissens mit euch, aber es ist kein Wissen, das in meinem Gehirn gespeichert ist und wortgetreu wiedergegeben werden kann. Ich nenne dies *direktes Wissen,* es kommt aus dem Augenblick, aus der

Verbindung beider Hirnhälften mit dem Herz und der Zirbeldrüse. Die Worte mögen oft ähnlich sein, schließlich haben wir nur sechsundzwanzig Buchstaben in unserem englischen Alphabet – aber die Energie jedes Wortes biegt und wandelt sich durch die Energie des Augenblicks. Folglich ist das, was ich sage, immer energetisch frisch statt abgestanden und stumpf.

Nicht viele Menschen erkennen das, aber Wissen hat buchstäblich ein Verfallsdatum. Sicher, es gibt Wissen, das über die Zeit Bestand hat, aber es gibt auch Wissen, das im Laufe der Monate und Jahre veraltet und weniger sachdienlich wird. Ein in diesem Augenblick sachdienliches Wissen ist nicht zwangsläufig für immer zuverlässig. Energie wandelt sich, Umstände wandeln sich, das Leben wandelt sich und Menschen wandeln sich."

„Nenn mir ein Beispiel dafür", fordert Peter.

Ich lächle ihn an, nicht gekränkt durch seine zunehmende Angst und Aggression.

„Dies zu tun, würde mich in ein völlig anderes Gebiet führen und weicht vom Kurs meiner gegenwärtigen Erklärung ab. Du hast eine Wahl. Du kannst warten, bis dies zum Gegenstand unseres Gesprächs wird, oder du kannst wählen, mir nicht zu glauben. Und bei deiner Wut wird dir letzteres weit mehr gefallen, auch wenn es nicht zu deinem Vorteil ist.

Um fortzufahren: Der korrekte esoterische Begriff für mein *direktes Wissen* ist ‚mystische Erkenntnis'. Wir werden mit der Fähigkeit geboren, weit jenseits unseres Gehirnwissens zu gelangen und plötzliche Eingebungen aus dem direkten Wissen zu haben. Natürlich bedarf dies eines hohen Grades an Vertrauen ins Selbst, also ist dies kein üblicher Weg des Voranschreitens für die Menschen. Wir sind abhängiger von der Leistung unseres Gehirns, unserem Wissen, unserem überreizten, oft über die Maßen aufgeblasenen Intellekt. Selbst unser sogenanntes Wissen ist gewöhnlich nicht mehr als Information. Auf der Grundlage dessen ist unser Wissen ungeformt und unverwirklicht und wandelt sich, wenn sich unsere Informationen verändern."

„Aus deinem Mund klingt das, als ob alles, was an uns falsch sein könnte, auch falsch ist!“, erklärt Peter. „Wie kommt es dann, dass die Menschheit so gute Fortschritte macht?“

Ich lache. „Gute Fortschritte! Schau, das ist *dein* Wissen, das in unerreichbaren Wünschen gründet und nicht in der Wirklichkeit. Das ist ein weiteres Problem mit dem Wissen … es wird zu etwas Persönlichem.

Sag mir, wenn wir so gute Fortschritte machen, wie kommt es dann, dass etwa zwei Drittel der Menschheit an oder unterhalb der Armutsgrenze leben? Wie kommt es, dass jeden Tag zwischen dreißig- und vierzigtausend Menschen, meist Kinder aus der Dritten Welt, an Mangelernährung und Hunger sterben? Warum gerät Selbstmord in der westlichen Welt immer mehr außer Kontrolle? Du nennst das guten Fortschritt?

Länder geben obszöne Geldsummen für Mordwaffen aus, einfach, weil Angst und Kontrolle das Leben der Landesoberhäupter beherrschen. Wie klug ist das?

Du lebst in einer Wahnvorstellung. Gerade jetzt, Peter, greifst du mich an, weil ich dir die Irrtümer deines eigenen Lebens zeige. Aber unwissentlich hast du eine weitere Schwachstelle von Wissen offenbart. Es gibt Wissen, das auf Fakten, und Wissen, das auf Fiktion basiert. Wer bestimmt, was was ist? So viel ‚Allgemeinwissen‘ ist nur Schein, Gerücht, gezielt irreführende Fehlinformation und schieres Wunschdenken.“

Meine Stimme wird kraftvoller, während meine Energie wächst. „Und das bringt uns zum Wissen über uns selbst. Unsere Selbstkenntnis ist voller ernsthafter Mängel. Wir halten uns selbst für physisch und sterblich durch den Tod, der uns am Ende unseres Lebens erwartet. Falsch! Wie ich bereits erklärt habe, sind wir metaphysisch und unsterblich, zeitlos lebend. Irregeführte Suizidopfer kehren mit jeder ihrer Inkarnationen zu ähnlichen Szenarien zurück. Tod ist die Illusion. Das Wissen in der Illusion, in der die Leute leben, ist *kein* Wissen, das in WAHRHEIT gründet. Solches Wissen führt zu Verzweiflung und Angst, zu Krankheit und Selbstmord. Bitte sprich mir nicht davon, dass die Menschheit gut voranschreitet. Wir röcheln wie die Fische auf dem Trockenen und ersticken an den bösartigen und zerstörerischen Illusionen, die in unserem sogenannten Wissen enthalten sind."

„Bitte, ärgere dich nicht zu sehr über Pete. Wie ein panischer Schwimmer ist er weit außerhalb ihm vertrauter Gewässer. Er ist ein guter Mensch", sagt Bill voller Ernsthaftigkeit.

„Eigentlich bin ich nicht verärgert. Nicht im Geringsten. Aber ich bin ein leidenschaftlicher Mann, und wenn meine Energie ansteigt, erhebt sich meine Stimme mit ihr. Peter löste Worte aus, die vielleicht nie gesagt worden wären, aber gesagt werden mussten. Es ist alles perfekt."

Anita sieht mich ernst an: „Wenn du so heftig wirst, fange ich an zu zittern, aber es hat nichts mit Angst zu tun." Ich schmunzle. „Die Seele, die du bist, erregt sich. Wahrheit ist regelrechte Seelennahrung, also vermute ich, dass das Zittern von tief innen kommt. Wenn du heute offen und empfänglich bist, könntest du in den Genuss eines Seelenfestmahls kommen."

Ich lächle die Gruppe an und schließe Peter mit ein. Ich fühle mit ihm. „Wir haben kurz Wissen betrachtet, und wenn ihr bereit seid, beleuchte ich jetzt ‚Verstehen'. Wir werden in der Schule dazu erzogen, unsere Lektionen zu lernen, Lesen, Buchstabieren, Schreiben, auch Mathematik und viele andere intellektuelle Fähigkeiten, die wir im täglichen Leben benötigen. Alles gut. Nichtsdestotrotz entwickeln wir während dieses Ausbildungsprozesses ein starkes Bedürfnis zu verstehen. Tatsächlich entwickeln viele Menschen eine tiefe unterbewusste Angst davor, *nicht* zu verstehen, aufgrund der Art und Weise, in der wir in der Schule so oft bewertet und benotet werden!

Nicht für einen Augenblick verwehre ich dem Verstehen seinen berechtigten Platz im Leben. Das Verstehen und der Intellekt gehen rechtmäßig miteinander einher. Doch das direkte Wissen, welches ich erwähnte, die mystische Erkenntnis, die intuitiven Eingebungen, was auch immer, gründen nicht im Verstehen. Verstehen ist im Grunde eine Funktion der linken Gehirnhälfte, während direktes Wissen grundsätzlich der rechten Gehirnhälfte zugeordnet ist.

Wenn wir alle die Fähigkeit hätten, unser ganzes Gehirn willentlich zu nutzen, könnten wir verstehen *und* intuitive Eingebungen haben. Das geschieht, aber es ist selten. Es wird vermutet, dass etwa achtzig Prozent der menschlichen Bevölkerung derzeit eine dominante linke Gehirnhälfte haben. Das ist nicht gut. Menschen wie ich, die mit einer dominanten rechten Gehirnhälfte geboren wurden, sind eine Minderheit. Das ist nicht *besser*, aber es macht andere Fähigkeiten des Gehirns leichter verfügbar."

„Wie zum Beispiel?", fragt Anita, sichtlich entspannter.

„Das wird dir nicht gefallen. Die primäre Funktion der linken Gehirnhälfte gilt Überleben, Wettbewerb, Logik und Machbarkeit. Um direktes Wissen zu erfahren, müssen wir vertrauen – es ist eine wesentliche Komponente – doch die linke Gehirnhälfte ist unfähig zu vertrauen. Vertrauen ist keine Funktion der linken Gehirnhälfte, es ist eine Sache des ganzen Gehirns oder der rechten Gehirnhälfte.

Um etwas zu verstehen, greifen wir auf Wissen aus der Vergangenheit zurück, also gründet Verstehen immer in der Vergangenheit, niemals im Augenblick. Das ist ein Problem, da das Leben im Augenblick gründet und niemals in der Vergangenheit."

„Oh, Gott!", stöhnt Anita dramatisch auf. „Du machst es schon wieder. Kaum hab ich das Gefühl, das was du sagst, in den Griff zu kriegen, entwindest du es mir wieder."

„Schau, das ist wieder dein Bedürfnis zu verstehen. *Höre genau zu*.

Die Wahrheit ist immer im Augenblick, sie verlässt ihn nie. Einen spirituellen Weg der Wahrheit zu gehen, heißt also, im sich ewig entfaltenden MYSTERIUM zu wandeln – in Großbuchstaben. Offenkundig kannst du dieses sehr wirkliche und doch mystische MYSTERIUM nicht *verstehen*. Verstehen führt dich in die Vergangenheit, während das MYSTERIUM die schöpferische Energie im ewigen Augenblick ist. Die meisten Menschen wählen die Illusion des Verstehens. Ich wähle ewiges MYSTERIUM … den Ort des direkten Wissens statt des verstandesbetonten Wissens angehäufter Daten."

„Ich empfinde das ganze Konzept vom Wissen mit Verfallsdatum – wie du vorhin gesagt hast – als sehr herausfordernd. Wärest du so freundlich, uns ein Beispiel dafür zu nennen?", bittet Bill.

Ich schmunzle: „Ich wusste, dass dies zur Sprache kommen würde. Das wird auch deine Frage von vorhin beantworten, Peter. Du hast darum gebeten, falls du dich erinnerst. Schauen wir mal, ob dies eine Wahrheit außerhalb des Timings für dich ist.

Okay, zu Zeiten von Christus wurde Vergebung vielfach erwähnt. Dies wurde überliefert, und heute wird uns gesagt, wir müssten Vergebung üben. Das ist überholtes Wissen, das nie in WAHRHEIT gründete.

Ich nenne euch ein Prinzip der menschlichen WAHRHEIT: *In jedem Augenblick deines Lebens, erschaffst du den Inhalt und die Richtung eines jeden Augenblicks deines Lebens.*

Dies bedeutet faktisch, dass du der alleinige Schöpfer deines Lebens bist. Niemand anders, nur du. Das bedeutet auch, dass dir niemals jemand etwas angetan hat, das nicht Teil deiner seelischen Schöpfung war, denn wir sprechen hier über Schöpfung auf der Seelenebene.

Anderen Menschen das zu vergeben, was sie dir angetan haben, ist reine Illusion, einfach weil *du der Schöpfer deines Lebens bist.*

Jegliche Vergebung gründet in Schuld. Du beschuldigst einen Menschen, du vergibst diesem Menschen. Schuld und Vergebung gehen miteinander einher. Wenn du das eine hast, wirst du auch immer das andere haben. Wenn du die Schuld loslässt, wirst du nicht länger das Bedürfnis haben zu vergeben. Und das schließt dich selbst mit ein."

Bill schüttelt seinen Kopf: „So viel, so tief, so verbunden."

Ich nicke: „Die Menschen, die du beschuldigst und denen du vergibst, mussten mit dir auf einer Seelenebene zusammenarbeiten, um deinen karmischen Bedürfnissen gerecht zu werden. Erinnere dich, das Leben ist keine Sache von Geburt, Leben und Sterben. Dein Leben ist die ganze Ewigkeit, sich endlos in einer stetig wachsenden Kontinuität des Selbst inkarnierend."

„Und warum würde Christus etwas Falsches sagen?", fragt Marsha.

„Nicht falsch, unzutreffend. Warum? Weil er in seiner Weisheit mit den Leuten auf ihrer Ebene … darf ich´s wagen zu sagen … von Verständnis sprach. Wahrheit außerhalb des Timings ist fruchtlos!

Wir spielen heutzutage das gleiche Spiel, außer dass die Religionen und Prediger nicht die Einsichten größerer Weisheit haben. Das ist ein perfektes Beispiel für das Verfallsdatum von Wissen.

Ein erleuchteter Mensch, der davon hört, würde lächelnd sagen: „Er sprach mit angemessenen Worten", während ein unerleuchteter Mensch herausgefordert wäre und darüber streiten würde, was er nicht verstehen und erklären kann."

„Wenn also beispielsweise jemand mit seinem Auto in meines hinein fährt, während ich an der Ampel stehe, dann sagst du, dass ich das erschaffen habe?", fragt Marsha.

„Ich sage, dass du ein unwillentlicher Mit-Schöpfer bist. Wir nennen dies gerne einen Unfall, aber ein Unfall setzt voraus, dass alles getrennt und willkürlich ist und also zusammenstoßen kann. Das ist falsch.

Alles ist innerhalb EINES Energiefelds, folglich ist nichts willkürlich, und nichts kann *zufällig* zusammenstoßen. Autos **können** zusammenstoßen, aber nicht durch einen Zufall. Die Fahrer haben einen Seelenplan, über den sie kein bewusstes Wissen haben. Weder das Gesetz noch die Gerichte haben eine Ahnung vom EINSSEIN. Und so pfuschen wir uns durch, verloren in der Illusion."

„Wenn wir dann den Übeltäter wegen Schadensersatz vor Gericht bringen", fährt Marsha fort, „was erzeugt das dann?"

„Es erzeugt eine tiefere Uneinigkeit zwischen den beiden Fahrern, die dann – unwissentlich – den Wettkampf entweder in derselben Inkarnation oder der nächsten fortsetzen … bis schließlich ihre Uneinigkeit zu einem friedvollen Abschluss gebracht wird."

„Und wir wissen nie, dass das geschieht!", sagt Marsha ungläubig.

„Natürlich nicht. Wenn du es wüsstest, würdest du für jeden Aspekt deines Lebens die volle Verantwortung übernehmen im Wissen, dass es so etwas wie Zufall nicht gibt. Als Folge würde sich dein gesamtes Leben dramatisch verändern."

„Wie? Warum?"

„Weil du dir gewahr wärest, dass du die Schöpferin all dessen bist, was in deinem Leben stattfindet und geschieht. Du würdest *bewusst leben und handeln*, statt unterbewusst zu leben und zu reagieren. Du würdest mit Handlungen im Augenblick leben, statt mit Reaktionen aus der Vergangenheit. Das würde alles ändern. Es ist so einfach … und offensichtlich."

Marsha springt auf und umarmt mich fest. „Du hast mir etwas gezeigt, was mein Leben verändern wird. Es ist, als hätte ich ewig im Dunklen herumgetastet, und du hast gerade das Licht eingeschaltet. Ich danke dir so sehr." Tränen der Dankbarkeit laufen ihr über die Wangen, während sie mich mit einem glücklichen, aber verwirrten Gesichtsausdruck anblinzelt. „Wow!"

„Es ist mir ein Vergnügen, wirklich. Ich liebe es einfach, wenn WAHRHEIT Verbindungen knüpft. Du hast Recht, sie entzündet buchstäblich ein Licht. Aber es ist die WAHRHEIT, die das macht, nicht ich.

Wie dem auch sei … Zeit, dass wir uns ein bisschen die Füße vertreten und einen Spaziergang durch den Garten machen."
Mit diesen Worten stehe ich auf und ermuntere die anderen, es mir gleich zu tun. „Kommt schon, lasst uns ein paar Spinnweben der Illusion wegpusten. Ein bisschen frische Luft tut immer gut."

… SECHS …

Die Kraft des Vertrauens

Vertrauen ist immer bedingungslos, sonst ist es kein Vertrauen, sondern getarnte Hoffnung. Die Kraft des Vertrauens erschafft ein Leben, das auf die schöpferische Kraft des Vertrauens antwortet. Vertrauen verändert die Art und Weise, in der ich das Leben erfahre. Da ich mir selbst bedingungslos vertraue, bringt meine Erfahrung das Ergebnis dieses Vertrauens in mein tägliches Leben. Ein jeder von uns ist der Schöpfer seines eigenen Lebens. Wenn du das Element des Vertrauens hinzufügst, schmelzen die Illusionen dahin und eine größere Wirklichkeit tritt hervor.

Michael J. Roads

Dicht gefolgt von Anita gehe ich durch die Glasschiebetüren hinaus auf die Veranda. Sie entdeckt sofort unser Schwimmbecken, das ich vor vielen Jahren in einen Teich umgewandelt habe.

„Oh wow! Das gefällt mir! Voller Leben und ganz natürlich!"

Wenn ihre Worte es auch nicht ganz genau treffen – ein umfunktionierter Swimmingpool ist kaum natürlich – es hat seinen eigenen Charme. Die große schwimmende Insel, die ich in der Mitte des Pools aus Kunststoff-Fallrohren und Styropor-Obstkisten gebastelt habe, ist vor langer Zeit zum Gastgeber einiger opulenter Farne und einer Masse von Pflanzen geworden, die die ganze Chose nun völlig bedeckt und überwuchert haben. Es *sieht* natürlich aus, sehr üppig und grün und ziemlich tropisch. Es ist das Heim einer ganzen Heerschar von Fröschen, Schlangen – hoffentlich nicht zu vielen – und den bereits erwähnten Agamen. Dazu die Bromelien und andere Pflanzen, die den Poolrand verbergen, und der Gesamteindruck wirkt recht atemberaubend.

Die anderen haben sich nun auch eingefunden und betrachten alle die Insel.

„Auf der einen Ebene seht ihr eine Wirklichkeit, die eine kleinere Illusion verbirgt."

„Wie meinst du das?", fragt Bill.

„Nun, unter der Wirklichkeit der fruchtbaren, üppigen Vegetation ist die schlichte weiße Plastik- und Kunststoffgrundlage, auf der alles schwimmt. Es ist kein gutes Beispiel für Illusion und Wirklichkeit, aber ein spiritueller Lehrer muss mit dem arbeiten, was gerade griffbereit ist", sage ich mit einem breiten Grinsen. „Davon abgesehen, könnte es der Wildnis nicht gleichgültiger sein."

„Wildnis?", fragt Anita.

Ich nicke. „Ja, eine ganze Menge Froscharten, zeitweise eine gelegentliche Baumnatter, eine Anzahl von Agamen und wer weiß, was für winzige Wesen noch. Es hat sich recht selbständig entwickelt, besonders wenn man bedenkt, dass ich keinen dieser Farne gepflanzt habe. Sie kamen alle durch Sporen."

„Woher …?", beginnt Anita.

„Sind die Sporen gekommen? Keine Ahnung. Einfach hergeweht, denke ich. Aber das Schöne daran ist, dass es die perfekten Farne dafür sind", erwidere ich. „So funktioniert die NATUR. Wenn du eine Invasion von Unkrautpflanzen auf dem Acker oder im Garten hast und sie, wie es oft vorkommt, überwiegend von einer bestimmten Unkrautsorte sind, wirst du feststellen, dass der Boden, wenn er untersucht wird, einen Mangel an Mineralien oder Spurenelementen aufweist. Wie es der NATUR entspricht, wird die Unkrautinvasion das fehlende Element in hohem Maße enthalten und dieses durch ihre Wurzeln dem Boden übertragen. Gänseblümchen enthalten viel Kalzium, also findet du Massen von ihnen auf Rasen, der auf saurem Boden wächst."

„Uih … mehr als ein spiritueller Lehrer“, lacht Todd. „Aber ich weiß zufällig, dass du ein begeisterter und sachkundiger Bio-Gärtner bist.“

Ich lächle sie an, darauf achtend, Peter mit einzubeziehen. „Ich frage mich manchmal, ob ich ein spiritueller Lehrer bin, der ein Gärtner ist, oder ein Gärtner, der ein spiritueller Lehrer ist“, sage ich lachend. „Aber der Gärtner war zuerst da, also denke ich, dass es sich so verhält.“

„Wann hast du mit dem Gärtnern angefangen?“, fragt Anita.

„Als ich sechs Jahre alt war. Mein Vater gab mir sechs Tomatenpflanzen. Wir pflanzten seine und meine sechs zur selben Zeit. Nach einem Monat wuchsen seine sehr gut, während meine vor sich hin kümmerten, am Leben, aber ohne zu wachsen. Als ich ihm unter Tränen davon berichtete, war er ratlos. ‚Ich grabe meine jeden Nachmittag aus, um zu sehen, ob die Wurzeln wachsen‘, schluchzte ich, ‚und das tun sie nie.‘

Damals lernte ich, dem zu vertrauen, was man nicht sehen kann, denn offensichtlich können wir Wurzeln unter der Erde nicht sehen. Ich erinnere mich, dass später, als Vaters Tomatenernte vorbei war, meine erst so richtig begann. Ich war Feuer und Flamme. All diese erstaunlichen und köstlichen Tomaten von so kleinen gewöhnlichen Pflanzen.“

„Du bist ein weiser Mann“, sagt Bill. „Mir leuchtet die Wechselbeziehung ein zwischen dem Vertrauen darin, dass die Wurzeln unter der Erde wachsen und dem sich daraus ergebenden Vertrauen in die verborgenen und unsichtbaren Elemente unseres Lebens.“

Ich nicke: „Nur sehr wenige Menschen erkennen, dass wir die Schöpfer unseres Lebens sind. Bis ins kleinste Detail Schöpfer unserer Morde, Unfälle, Überfälle, unseres Glücks oder Unglücks, Reichtums oder Armut, unserer Krankheit oder guten Gesundheit … einfach alles. Unbeabsichtigt erschaffen wir all dies in der fortwährenden Saga unserer Leben.

Solange wir in der Illusion bleiben, im Glauben, das Leben sei so, wie wir es durch unsere physischen Augen wahrnehmen und durch unsere physischen Sinne erfahren, wird es weiter als Glück oder Unglück erscheinen, als Unfälle, Irrtümer usw. usf. Wenn wir jedoch die, in einer größeren Wirklichkeit gründende, WAHRHEIT in unser Leben einbrächten, statt die Illusion zu manipulieren, dann würden unsere Leben einen allmählichen oder, abhängig von unserer Offenheit, sogar schnellen Wandel durchlaufen."

„Sagst du damit, dass Vertrauen ein Element ist, das in der WAHRHEIT gründet?", fragt Todd.

„Das tue ich in der Tat. Wenn du dir selbst vertraust, ändert sich alles."

„Aber jede Menge Menschen vertrauen sich selbst", erhebt Anita Einspruch.

„Eigentlich nicht. Die Zahl der Menschen auf dem Planeten, die sich selbst völlig vertrauen, ist sehr klein." Ich lächle wohlwollend. „Dabei geht´s um mehr."

„Ist ja klar", sagt Anita mit einem Lachen. „Du wirst mich wieder auf den Kopf stellen. Okay, ich bin bereit und halte mich fest."

„Denkt an unser Versicherungssystem. Basiert es auf Vertrauen oder ... Angst?"

Todd lacht. „Okay, ich beiße an. Offensichtlich basiert es total auf Angst."

„Richtig. Hört genau zu. Ihr könnt nicht Angst und Vertrauen im selben Bewusstseinszustand haben. Ich sagte euch bereits, dass ich weder Sorge noch Ängstlichkeit erfahre. Wie soll ich denn vertrauen können und gleichzeitig besorgt und ängstlich sein?"

„Ich vermute, das könntest du nicht", meint Anita scharfsinnig.

„Vollkommen richtig. Ich vertraue bedingungslos. Und ich weiß, dass Vertrauen eine der großen Schöpfungskräfte ist. Vertrauen ist immer bedingungslos, sonst ist es kein Vertrauen, sondern getarnte Hoffnung. Die Kraft meines Vertrauens erschafft ein

Leben, das auf die schöpferische Kraft des Vertrauens antwortet. Also verändert Vertrauen die Art, in der ich das Leben erfahre. Da ich bedingungslos vertraue, bringt meine Erfahrung das Ergebnis des Vertrauens, das ich habe, in mein Leben. Begreift ihr das? Wir sind die Schöpfer unseres Lebens. Fügt also das Element des Vertrauens hinzu, und die Illusionen schmelzen dahin und eine größere Wirklichkeit kommt hervor."

„Oh Gott ... Du hast es wieder getan. Dabei bin ich echt drangeblieben", seufzt Anita. „Aber was ist es, dem du vertraust? Dem Leben? Oder Gott? Oder was?"

„Noch eine gute Frage. Ich vertraue dem SELBST. Ich vertraue dem Selbst als Person und dem SELBST als unsterblichem Wesen aus LIEBE und LICHT."

„Und das ändert alles?", fragt Todd verblüfft. „Aber wie kann Vertrauen das Leben verändern? Das Leben macht Sachen mit uns. Es beutelt uns."

„Nein. Das Leben beutelt uns nicht. Wir machen das unwissentlich in der Illusion. Jede unserer Handlungen erzeugt eine Reaktion. Wenn du dir der Handlungen nicht bewusst bist, erfährst du die Reaktionen als das Leben, das uns beutelt. Außerdem sind die meisten unserer Handlungen eigentlich gedankenlose Reaktionen. Damit meine ich, dass wir auf Reaktionen reagieren ohne es je zu erkennen. *Das* beutelt uns!"

„Ich kapier´s einfach nicht!", sagt Bill.

„Okay, wenn du das nicht kapierst, muss ich es ein bisschen ausführlicher erklären. Ich wollte nicht tiefer gehen ... aber anders geht es nicht. In der Illusion nimmst du das Leben als ein Ereignis außerhalb des SELBST wahr. Das ist es nicht. In einer größeren Wirklichkeit ist das Leben ein Ereignis innerhalb des SELBST. Wenn du erkennst, dass *du* das Leben bist, *du* die Welt bist, dann erkennst du, dass es nichts außerhalb des SELBST gibt. Wenn du das begreifst, wenn du um die lebendige Wirklichkeit *weißt*, dann wirst du dir deiner eigenen Schöpfungskräfte bewusst. Du fügst Vertrauen der Mischung hinzu, die wir Leben nennen, und du wandelst es. Das ist spirituelle Alchemie.

Erinnerst du dich daran, dass ich sagte, alles Leben sei EINE Energie? Du *bist* diese Energie. Alles Leben bist du. Du bist alles Leben. Folglich bist du der Schöpfer deines Lebens. Ja?"

„Tut mir leid", sagt Anita. „Aber mein eingemachter Blumenkohl von Gehirn ist total überfordert. Also nein, ich verstehe es nicht ... aber in meinem Herzen ... da fühle ich es. Ergibt das einen Sinn?"

„Tatsächlich ist Fühlen viel besser. Du hast gefragt, ob ich dem Leben, Gott oder sonst etwas vertraue. Ich vertraue dem SELBST. Ich bin das Leben, ich bin Gott, wie es ein jeder von uns ist, jedes menschliche WESEN; also verändere ich mit dem von mir erschaffenen Vertrauen die Schöpfung meines Lebens. Die Vergangenheit, die Gegenwart und die Zukunft. Bestimmt könnt ihr das begreifen."

„Du hast gerade gesagt, dass du dieses Vertrauen erschaffst. Haben wir nicht alle Vertrauen und nutzen es in unterschiedlichem Maße, manche mehr oder weniger als andere?", erwidert Anita. „Das ist doch eine allgemeine Auffassung."

„Nein, so funktioniert das nicht. Wir sind hier, um Schöpfung zu lernen, also gibt es keine Gratisgeschenke und Merkblätter. Wenn wir vertrauen wollen, müssen wir Vertrauen erschaffen."

„Nun, man hat mich gelehrt, dass wir lernen müssen zu vertrauen. Das setzt voraus, dass wir Vertrauen bereits haben, aber lernen müssen, wie wir es benutzen", sagt Peter feindselig.

„Natürlich wurdest du das gelehrt", erwidere ich, „genau wie ich. Aber sie lagen falsch. Wie kann jemand lehren, was Vertrauen ist, wenn er nie Vertrauen erfahren hat? Ich habe gelernt, Vertrauen *zu erschaffen*, also vertraue ich nun."

„Und wie erschaffe ich Vertrauen?", fragt Marsha leise.

Ich seufze. „Es klingt so einfach, und es ist einfach, aber so sehr schwer, es zu tun. Du triffst eine Entscheidung, dir selbst bedingungslos zu vertrauen und dass du dir weiter vertrauen wirst, egal, was passiert. In Wirklichkeit wirst du dein Vertrauen immer wieder verraten, Tag für Tag, aber du musst dir bewusst weiterhin selbst vertrauen. Beispielsweise versprichst du dir selbst, dass du zehnmal am Morgen und genauso oft am Nachmittag auf Vertrauen fokussierst. ... Aber nach nur drei Mal am Morgen vergisst du es während des restlichen Tages. Am nächsten Tag fährst du einfach fort, es so gut zu machen, wie du eben kannst.

Du hast dir selbst versprochen, dass du heute damit beginnst, mehr auf deine Gesundheit zu achten und anfängst, die zuckerhaltigen Getränke wegzulassen, trotzdem hast du sie getrunken. Morgen wirst du dir wieder selbst vertrauen und dasselbe Ziel verfolgen. Bedingungsloses Vertrauen. Eines Tages wird es sich verändern.

Du musst das Bedürfnis nach einem akzeptablen Ergebnis loslassen sowie jegliche Erwartungen, wie lange es dauern mag. Du vertraust dir selbst ohne jegliche Bedingungen, Stunde für Stunde, Tag für Tag, Woche für Woche, Monat für Monat, Jahr für Jahr. Du fährst einfach damit fort, bewusst dem Selbst bzw. SELBST zu vertrauen.

Ich erläutere Vertrauen und Schöpfung noch ein wenig ausführlicher.

In Erinnerung an das, was ich euch über die EINE Energie der Menschheit gesagt habe, so ist doch jeder Mensch ein individuelles Energiefeld. Es ist vollkommen paradox: individualisiertes EINSSEIN!

Und zum x-ten Mal: wohin du deine Aufmerksamkeit richtest, dahin fließt deine Energie ... und *erschafft*. Fokussiere so oft am Tag, wie du kannst – vielleicht dreißig Mal – darauf, dir selbst bedingungslos zu vertrauen, indem du die Vertrauensgedanken in deinen Selbstgesprächen formst und die erhebenden Emotionen

fühlst, während du inneres Vertrauen erschaffst.
Hochgefühl, Freude, Erfüllung, Zuversicht sind die Emotionen, die du erschaffst und fühlst. Indem du dies tust, schöpfst du innerhalb deines persönlichen Energiefeldes. Allmählich stickst du – es ist nicht das richtige Wort, aber erzeugt das passende Bild – neue Energie in dein eigenes persönliches Energiefeld, und diese neue Energie ist Vertrauen.

Du bist die Schöpferin deines Selbst und deines Lebens. Allmählich, im Laufe einer gewissen Zeit, hat diese neue Energie, die du erschaffen hast, einen wachsenden Einfluss auf dich, bis der Augenblick kommt, in dem dich dein selbst erschaffenes Vertrauen überwältigt ... und VERTRAUEN und SELBST Wirklichkeit sind. Jetzt vertraust du, und dein Leben wird sich völlig wandeln."

„Und wie lange wird das Ganze dauern?", fragt Peter skeptisch.

„Du kapierst es einfach nicht, oder?", erwidere ich. „Ich schlage vor, dass du das Fangeisen, das du deinen Verstand nennst, öffnest und nicht so streng mit dir bist. Ich bin nicht dein Gegner, du bist dein Gegner. Du bist dein eigener Widersacher. Lass mich dir versichern, Peter, dass es nicht funktioniert, sich dir selbst zu widersetzen. Auf diese Weise erschaffst du ein unglückliches Leben."

„Du weißt gar nix über mich!", entgegnet Peter verärgert.

„Tatsächlich wärst du überrascht, wieviel ich bereits über dich erfahren habe, nur indem ich dir zugehört und deine unnachgiebige Körpersprache beobachtet habe. Ob es dir gefällt oder nicht, deine Energie kommuniziert."

Ich hebe ihm gegenüber meine Hände in einer Friedensgeste. „Bedenke dies: Du bist mein Gast. Ich habe dich nicht eingeladen, ich nahm eure Gruppenanfrage an. Also erweise mir die Höflichkeit, entweder zuzuhören oder dich zu entfernen. Ich bin nicht hier, um dich von irgendetwas zu überzeugen. Du darfst glauben oder anzweifeln, was immer du möchtest. Für mich macht das keinen Unterschied. Das sind deine Optionen."

Todd und Bill gehen auf Peter zu und führen ihn ein kleines Stück weiter weg, wo sie anfangen, heftig zu diskutieren.

„Tut mir leid“, sagt Anita mit einer Geste zu den Männern.

„Ja, mir auch“, nickt Marsha. „Peter ist der klassische Zyniker. Wir dachten, es sei gut, ihn mitzubringen, falls wir alle zu leichtgläubig wären. Doch jetzt merken wir, wie dämlich dieser Gedanke eigentlich war. Wir hatten buchstäblich keine Ahnung, worauf wir uns da einlassen würden. Es kam uns nie in den Sinn, dass wir voll mit einbezogen würden oder dass mit dir zusammen zu sein, deinen Worten zu lauschen und uns selbst in deiner Energie zu befinden, eine lebensverändernde Erfahrung sein könnte.“

Marsha schüttelt ihren Kopf. „Gott … wie blöd kann man nur sein?“

Ich lache. „Gar nicht blöd. Ernsthaft, wie oft seid ihr der WAHRHEIT begegnet, gesprochen von einem Menschen, der sie erfährt?“

Sie schüttelt ihren Kopf noch energischer. „So gut wie … nie!“

… SIEBEN …

Geben und Erhalten

Dann sagte ein reicher Mann: Sprich uns vom Geben.
Und er antwortete: Und da sind die, die da geben ohne Schmerz
und suchen keine Freude, und sind nicht bewußt ihrer Tugend;
Sie geben, wie in der Tiefe des Tals die Myrte
ihren Duft ausatmet in den Raum.
Durch solche Hände spricht Gott
und hinter ihren Augen lächelt er auf die Erde.

Khalil Gibran

Ich schmunzle. „Was habt ihr denn erwartet? Einen Vortrag von einem kleinen alten Mann, der euch hoffentlich das lehren könnte, was ihr wissen wolltet und sonst nichts?"

Anita lacht laut. „Irgendwas in der Art. Und du bist nicht klein oder alt … oder zumindest sieht man es dir nicht an. Du bist ein Kraftwerk! Du bist nicht annähernd das, was wir erwartet haben. Und wir haben nicht annähernd das erwartet, was wir erhalten haben."

„Hm, ein interessantes Gesprächsthema: Geben und Erhalten", erwidere ich.

„Wieso? Geben und Erhalten ist so alltäglich wie nur irgendwas sein kann", meint Anita.

Ich nicke. „Gewiss scheint dem so, aber nicht alles ist genauso, wie es scheint."

„Das hast du sehr deutlich gemacht!", bemerkt Anita reumütig.

„Also, dann lass uns etwas über die verborgene Wirklichkeit von Geben und Erhalten erfahren."

„Da ist nichts verborgen, Anita. Ich sagte einfach, dass nicht alles ganz so ist, wie es scheint."

Ich stelle fest, dass die drei Männer sich wieder zu uns gesellt haben und zuhören. Ich blicke sie direkt einen nach dem anderen an. „Ich werde euch allen eine Frage stellen. Seid ganz ehrlich bei eurer Antwort. Wem von euch das Geben leicht fällt, der hebe die Hand."

Fast sofort gehen fünf Hände in die Luft. Kein Zögern.

Ich lächle in die Runde. „Das hab ich erwartet. Nun, mit der gleichen Ehrlichkeit bitte ich jene von euch, die Hand zu heben, denen das Erhalten *genauso leicht fällt.*"

Zwei Hände gehen sofort hoch, nur um wieder auf halbe Höhe zu sinken, als die Frage ganz durchgesickert ist. Zwei weitere Hände heben sich bis zur Hälfte und schwanken unsicher. Todds Hand hebt sich langsam und bleibt oben.

„Danke für eure Ehrlichkeit. Nur einem von euch fällt das Erhalten genauso leicht wie das Geben. Die anderen sind unsicher genug, um klar ein Nein zum Ausdruck zu bringen: ihr könnt nicht so leicht erhalten wie geben. Das ist normal. Wenn ich diese Frage in einem Intensivseminar stelle, können – bis auf sehr wenige – fast alle leicht geben. Aber wenn es ums Erhalten geht, fällt es nur etwa einem Viertel leicht. Für die anderen ist es schwieriger. Die Frage ist: warum?"

Ich warte, während sie mich in Erwartung der Antwort ansehen. Als sie feststellen, dass eigentlich sie antworten sollten, wirken sie etwas beunruhigt.

„Nun, so dumm es auch klingt, ich glaube, etwas zu erhalten, gibt mir das Gefühl, jemandem verpflichtet zu sein, als ob ich ihm etwas schulde", sagt Anita.

Ich warte weiter.

„Also, aus meinem Blickwinkel gibt Erhalten einem das Gefühl, *geringer* zu sein, während Geben dir erlaubt, dich *größer* zu fühlen“, wirft Bill ein.

Ich nicke. „Beides sehr relevant. Noch etwas?“

Marsha nickt. „Ich stimme zu. Erhalten scheint meinen Selbstwert zu verringern, während Geben ihn zu erhöhen scheint.“

Todd grinst. „Ich glaube, ich sehe das anders. Als ich ein Kind war, ging es nur um das Erhalten, und ich hatte nicht das Gefühl, geringer oder erniedrigt zu sein – nur dankbar. Das ist bei mir immer so geblieben.“

Peter ist still und trägt nichts dazu bei.

Ich lächle sie an: „Es gibt bei all dem kein Richtig oder Falsch, aber ihr habt es gut gesagt. Der Durchschnittsmensch, der mit dem Erhalten Mühe hat, wird oft darüber meckern, dass er keine Almosen möchte, aber in Wahrheit geht es meist um seinen Verlust an Selbstwert. Und von einem gewöhnlichen Standpunkt aus verständlich.“

„Okay“, sagt Anita mit einem frechen Grinsen, „jetzt stelle es auf den Kopf.“

„Was selten je bedacht wird, ist, dass es nur einen sehr geringen Unterschied zwischen Geben und Erhalten gibt. Der Erhaltende gibt dem Gebenden das Geschenk des Gebens, während der Gebende dem Erhaltenden geben kann. Jeder ist ein Gebender, jeder ist ein Erhaltender bei ein- und derselben Handlung.“

Anita hält ihren Kopf schräg und sieht mich von der Seite an. „Nun, du hast es wieder getan. Das ist eine ganz andere Betrachtungsweise und eine, der man nicht widersprechen kann.“

Ich lächle sie an. Sie hat wirklich ein einnehmendes Wesen.

„Menschen geben aus vielen unterschiedlichen Gründen. Oft, weil es sich der Gebende ohne Weiteres leisten kann und es ihm ein inneres Vergnügen bereitet. Und das ist in Ordnung.

Manche geben, um als großzügig und gütig zu gelten, da ihre inneren Gedanken über sich selbst weniger freundlich sind. Und das ist in Ordnung. Manche geben, um dabei *gesehen* zu werden, während andere, ihre Gaben verbergend, anonym geben. All dies ist in Ordnung. Manche, die am Rande der Armut leben und es sich nicht leisten können, irgendetwas zu geben, teilen bereitwillig alles, was sie haben, mit ihren Mitmenschen.

Es gibt so viele Formen des Gebens, doch gibt es immer eine unsichtbare energetische Verbindung zwischen dem gebenden und dem erhaltenden Menschen, und nur auf der Seelenebene wird die ganze Wahrheit des Gebens und Erhaltens vollkommen wahrgenommen und anerkannt. Und all dies ist in Ordnung."

Todd atmet hörbar tief aus. „Mir gefällt deine Erklärung. Aber wie ist es beim Betteln? Wenn ich in Übersee bin, weiß ich nie, wie ich damit umgehen soll. Und inzwischen sind im Internet so viele Organisationen mit guten Anliegen, die alle Geld zur Unterstützung wollen. In gewisser Weise ist dies eine moderne Form der Bettelei, selbst wenn es für einen guten Zweck ist. Und dann ist da noch das Betteln am Telefon für einen guten Zweck. Ich kann ihnen nicht allen etwas geben, dennoch fühle ich mich schuldig, wenn ich es nicht tue – obwohl ich es mir unmöglich leisten kann."

Ich nicke mitfühlend. „Ich weiß genau, was du meinst. Es gibt keine Antwort, was da zu tun oder zu lassen ist, man kann nur, so gut es einem möglich ist, damit umgehen."

„Und wie gehst *du* damit um?", fragt Todd. „Du reist viel und du bist im Internet präsent, also bist du all dem offensichtlich ausgesetzt."

„Das bin ich in der Tat. Ich folge meinem Herzen innerhalb meines finanziellen Rahmens. Vor einigen Jahren beobachtete ich in einer österreichischen Stadt von einem Restaurant aus, wie ein Mann mit stark verkrüppelten Beinen qualvolle zwanzig Meter lief, bis er auf den Asphalt sank, mit seinem Hut vor sich und niedergeschlagenem Blick. In diesem Moment berührte seine Not mein Herz. Als ich hinaus und an ihm vorüber ging, ließ ich zwanzig Euro in seinen Hut fallen. Er sah verblüfft und zutiefst dankbar aus. Jenen, die mich im Augenblick berühren, gebe ich großzügig. Wenn dies nicht geschieht, gehe ich an ihnen vorbei.

Was das Internet angeht, da gibt es jene, denen ich etwas spende, zuzüglich einiger Wohltätigkeitsorganisationen, den Rest lasse ich außen vor. Nur ein sehr vermögender Mann kann ihnen allen etwas geben. Ich bin kein vermögender Mann, wenn auch ein sehr reicher."

Marsha sieht mich stirnrunzelnd an: „Wie meinst du das? Was ist der Unterschied?"

„Vermögen ist gespartes Geld weit über deinen Bedarf hinaus. Angst muss mit Vermögen abgesichert werden, obwohl sie das nie sein kann.

Reich bedeutet für mich, dass ich in allen Bereichen meines Lebens Fülle erfahre, in meinen Beziehungen, meiner Gesundheit und meinem mentalen und emotionalen Befinden. Auf einer Seelenebene bleibt mir aller Reichtum, Weisheit, Intelligenz und die Vielfalt meines spirituellen Lebens ewig erhalten. Das, liebe Freunde, ist meine Definition *wahrhaften* Wohlstands."

Bill nickt wissend: „Keiner kann das bestreiten."

Marsha seufzt. „Während all unser materieller Reichtum zurückbleiben muss! Und wir verbringen unser ganzes Leben damit, dafür zu arbeiten. Das ergibt nicht viel Sinn, oder?"

„Aus diesem Grund habe ich mich etwa im Alter von fünfunddreißig Jahren entschieden, meinem Weg der spirituellen Suche zu folgen. Jetzt ist die lebenslange Ansammlung von Weisheit und Meisterschaft immer frisch, im Augenblick und ewig verfügbar. Es bedarf keines physischen Körpers, um einen Zugang dazu zu erhalten, noch ist sie weggeschlossen wie Geld auf einem Bankkonto. Sie ist jetzt ein fundamentaler Bestandteil dessen, der ich bin."

„Warum haben sie uns diese Dinge nicht in der Schule beigebracht?", seufzt Anita.

„Zunächst einmal wissen die Lehrer in der Schule nichts darüber, und selbst wenn sie es täten, würden die Kinder nicht darauf hören. Alles kommt zu seiner Zeit."

... ACHT ...

Die Zeit

Und ein Astronom sprach: Und die Zeit, Meister?

Und er antwortete: Ihr möchtet die Zeit messen, die Maßlose und Unmeßbare. Ihr möchtet euer Verhalten richten und selbst den Lauf eures Geistes nach den Stunden und den Jahreszeiten. Aus der Zeit möchtet ihr einen Fluß machen, an dessen Ufern ihr sitzet und betrachtet sein Fließen.

Und doch ist das Zeitlose in euch bewußt der Zeitlosigkeit des Lebens. Und weiß, daß gestern nur Erinnern ist und Morgen Traum des Heute.

Khalil Gibran

„Und damit sind wir bei einem weiteren brillanten Thema."

„Was für eins?"

„Zeit. Es ist jetzt Zeit, dass wir das Thema Zeit, richtiger Zeitpunkt und sogar Zeitlosigkeit angehen."

„Das klingt schräg", schmunzelt Anita.

Ich stelle außerdem fest, dass es Zeit ist, die Leute weg vom Teich und hinaus in den Garten zu führen.

„Kommt mit, Leute. Folgt mir die Treppe hinunter und in den Garten hinaus. Wer weiß, frische äußere Ansichten könnten zu frischen inneren Ansichten anregen!"

Sie folgen mir die sechzehn Holzstufen hinunter und an unserer

Terrasse vorbei. Ich habe nicht die Absicht, mich lange mit ihnen im Garten aufzuhalten, aber sie brauchen etwas frische Luft und Bewegung. Ich seufze. Wie ich vermutete, wird dies ein langer Tag.

Wir gehen ein paar weitere Steinstufen hinunter und halten am Seerosenteich an, wo eine Anzahl großer, bunter tropischer Seerosen wachsen.

„Hier ist gerade ein Beispiel für Zeit und den richtigen Zeitpunkt. Wir messen die Zeit mit einer Uhr, aber die Seerosen messen sie allein durch die Jahreszeiten. Die ganze Natur ist so - nur wir nicht. Doch selbst wir müssen uns den Jahreszeiten und dem Wetter beugen, wenn es unsere ordentlichen Zeitpläne durcheinanderwirft."

„Wie meinst du das?", will Marsha wissen.

Ich lächle. „Auf vielen Flughäfen der Welt kommt häufig der Flugverkehr zum Stillstand. Sommerstürme in Amerika, dichter Winternebel in England, Schnee und Eis in Nordeuropa und dergleichen. All unsere sorgfältig kalkulierten Zeitpläne werden komplett über den Haufen geworfen."

Ich beobachte, wie sie alle wissend nicken. Wir alle haben schon Erfahrungen mit dieser ausgesprochen lästigen Unannehmlichkeit gemacht.

Ich deute aufs Wasser. „In diesem Teich sind Libellenlarven. Sie leben, je nach Art, monate- oder jahrelang im Wasser, bis der perfekte Zeitpunkt kommt, um aus dem Wasser aufzutauchen, einen der Seerosenstängel emporzuklettern und die Transformation vom Wasserjäger zum Luftjäger durchzumachen. Und das immer im perfekten Timing, obwohl sie keine Ahnung von Zeit haben.

Die Seerosen sind während unseres subtropischen Winters so gut wie in der Winterruhe. Aber sobald sich das Wasser erwärmt, wird das Timing für ihr kraftvolles Wachstum und Erblühen ausgelöst. Alles in der Natur hat seine Zeit, und die Natur ist sich dessen äußerst gewahr und missachtet dies nur sehr selten. Zu einem gewissen Grad leben auch wir im Timing der Natur, besonders was die Jahreszeiten angeht, aber wir leben auch in einem unermesslichen universellen Timing, dessen wir uns in keinster Weise gewahr zu sein scheinen."

Ich halte inne und warte auf die unvermeidliche Frage. Sie kommt aufs Stichwort!

„Was für ein universelles Timing? Davon hab ich noch nie etwas gehört", sagt Bill.

Ich lächle. „Okay – das öffnet die Büchse der Pandora aufs Neue. Ich werde den Deckel sanft anheben, damit nicht zu viele der Inhalte in Bewegung geraten. Wir sind universelle Wesen, die in einer Form der Verleugnung leben. Allgemein gesprochen ist unsere Ausrichtung so materiell und physisch, dass wir nur wenig Bewusstsein für unsere universelle Natur haben.

Was mich angeht, so bin ich mir eines riesigen kosmischen Zeitplans bewusst. Wenn es auch keine festen Zeitpunkte gibt, so *existieren* doch enorme Zyklen des Timings, in welchen wir die Gelegenheit zu spirituellem Wachstum und zur Entwicklung erhalten. Diese finden über hunderte von Millennien statt, während der wir tausende von Inkarnationen erleben. Wie ich bereits andeutete, leben wir nun am Ende einer dieser riesigen Zyklen. Dem Zyklus der …"

„Wie lang ist so ein Zyklus?", unterbricht mich Bill.

Ich seufze und lächle ihn etwas verzweifelt an. „Wie ich gerade sagen wollte, der Zyklus, der gegenwärtig endet, währt etwa zweihunderttausend Jahre.

Aber bitte, hängt euch nicht zu sehr am linearen Zeitmaß auf. Das Universum folgt seinem eigenen besonderen Rhythmus und nicht unserer Wahrnehmung von linearer Zeit.

Während dieses Zyklus verfing sich die Mehrheit der inkarnierten Menschen in einem stagnierenden unterbewussten Muster von Gleichheit und konnte also im Bewusstsein nicht wachsen. Oh, wir haben sicherlich eine enorme intellektuelle Entwicklung in dieser

Zeit erfahren, aber wir wuchsen weder an Weisheit noch an Intelligenz. Wir sind eine ängstliche Gattung, keine weise. Unsere Schlauheit hat unsere Weisheit weit überholt, und Schlauheit geht offenkundig mit Dummheit einher."

„Und was heißt das nun in Bezug auf unser Leben in diesen Zyklen?", fragt Bill und wirkt etwas verstört.

„Das bedeutet, dass wir uns als unsterbliche, sich fortwährend inkarnierende Wesen in einer Zeit befinden, in der die Mehrheit in ein erneutes Wiederholungsmuster der Vergangenheit inkarnieren wird, während eine Minderheit zu Inkarnationen neuer Erfahrungen fortschreitet.

Lasst mich jedoch anmerken, dass die Mehrheit dennoch genau dieselben Gelegenheiten zum Wachstum haben wird, wie es sie schon immer gab. *Wir* sind die Schöpfer unserer Leben ... und daran ändert sich gar nichts."

„Ich finde das verstörend", sagt Bill. „Es ist wie eine Verurteilung." „Warum?", frage ich. „Wenn du in der Schule in der vierten Klasse bist und du nur Unfug machst, statt dich dem Lernen zu widmen, dann ist es üblich, dass du die Klasse im nächsten Jahr wiederholst, statt mit den anderen in die fünfte Klasse versetzt zu werden. Bei dieser universellen Bewertung ist es jedoch praktisch die ganze Klasse, die das Schuljahr wiederholen muss, während nur sehr wenige in eine höhere Klassenstufe versetzt werden. Es ist keine Frage von Überlegenheit oder schlauer sein; es geht nur darum, sich der WAHRHEIT dessen zu widmen, wer wir als ewige universelle Wesen sind, anstatt zu glauben, dass wir eine sterbliche, kurzfristige Gattung sind, die nur dann erfolgreich ist, wenn sie einen großen Haufen Geld ansammelt.

Wie dumm das ist", schmunzle ich, „sich in Zyklen der Geldanhäufung zu verfangen, nur um es dann zurückzulassen. Also ist das Einzige, was dir bleibt, ein Haufen endloser Glaubenssätze, die dich an die Gleichheit fesseln."

„Und das hat was mit Timing zu tun? *Wie denn?*", fragt Peter kühl.

„Noch eine gute Frage. In der Natur wird das Timing, in dem eine Knospe sich zu einer Blüte entfaltet, in der Regel von der Sonnenwärme und der Regenmenge bestimmt. Stelle dir einen Menschen vor, der eine Knospe nimmt und die Blütenblätter auseinander reißt! Du würdest keine schöne geöffnete Blüte erhalten, sondern eine zerstörte. Warum? Weil es außerhalb des Timings für die Blüte lag.

Alles hat seine Zeit, sein Timing. Ein Küken schlüpft nach einer gewissen Brutzeit aus dem Ei. Eis, Schnee und Frost sind gemeinsam mit Sonne und Regen ein wesentlicher Aspekt im Timing der Natur.

Wir jedoch sind selbst das Timing unseres eigenen Wachstums. *Wir* bestimmen, wann oder ob wir wachsen. Das Universum fordert uns alle dazu auf, aber nur eine Minderheit hört es. Ein paar Menschen versuchen, ihr Timing durch Drogen zu beeinflussen. Oft suchen sie nach spiritueller WAHRHEIT, obwohl es für sie noch nicht an der Zeit ist, und so nehmen sie Zuflucht zu Drogen, und das funktioniert nicht. Egal, was für einen Höhenrausch sie erfahren, sie kehren an einen niedrigeren Punkt zurück, als den, von dem aus sie gestartet sind.

Unser Timing wird durch unser *Gewahrsein,* unser *bewusstes Sein* bestimmt und nicht durch Erzwingen.

Und jene Menschen, die für ein solches Timing innerlich an sich arbeiten oder damit zusammenwirken, werden oft als Spinner bezeichnet. Ihr sprecht mit einem. So viele meiner Freunde von damals dachten, ich sei irre schräg, kaum daran interessiert, Geld zu verdienen, während ich mich beharrlich und begeistert meiner spirituellen Suche widmete."

Langes, nachdenkliches Schweigen folgt.

„Das Problem, wenn man dir zuhört, ist, dass alles was du sagst, vollkommenen Sinn ergibt, so verstörend es auch ist. Es ist, als ob du mir Antworten auf Fragen gibst, auf die ich noch gar nicht gekommen bin, die jedoch an irgendeinem tiefen inneren Ort existieren. Das alleine ist verstörend“, sagt Bill in die Stille hinein.

Ich lege eine Hand auf seine Schulter und drücke sie sanft. „Mein Freund, ich bin froh, dass du verstört bist. Wenn ein Mensch schläft, ist der einzige Weg, ihn aus dem Schlaf zu holen, ihn zu stören. Das schafft die Gelegenheit zum Aufwachen.“

Ich lache. „Genau das tue ich. Ich störe schläfrige Menschen und helfe ihnen aufzuwachen. Aber sie erschaffen das Timing, indem sie sich meinem Einfluss zum richtigen oder perfekten Zeitpunkt für sich selbst aussetzen.“

Bill sieht mir in die Augen. „Ich muss zugeben, ich kam mit einem schläfrigen Interesse hierher. Jetzt wird meine Welt nie wieder dieselbe sein. Das beunruhigt mich. Wird meine Ehe das überleben? Ich weiß es nicht. Vielleicht ist Mary bereit für mein neues Ich, ich kann nur hoffen und beten, dass sie das ist, denn du hast eine Lunte gelegt, die niemals verlöschen wird. Und ganz ehrlich, ich hab Angst vor der unvermeidlichen Explosion!“

Ich lächle ihn mitfühlend an. „Das wird schon, vertrau mir. Du hast einen kühlen Kopf und bist aufrichtig – dir wird es gut ergehen. Bringe Mary zu meinem nächsten Intensivseminar mit, so dass ihr miteinander wachsen könnt. Gemeinsamkeit zeichnet eine gute Ehe aus. Und bitte, denke nicht, dass ich um Teilnehmer werbe. Das mache ich nicht. Wenn es an der Zeit für dich ist, wie es offensichtlich der Fall ist, dann stehen die Chancen gut, dass es auch für Mary an der Zeit ist.“

„Und wenn nicht?“

„Bill, wohin du denkst, deine Energie du lenkst. Statt auf die negativen Möglichkeiten zu fokussieren, schlage ich vor, dass du dich auf die positiven ausrichtest. Das Leben entfaltet sich auf eine weit angenehmere Weise, wenn du das tust. Es ist alles Teil unserer Schöpfung, nicht Glück oder Zufall oder irgendwas außerhalb unserer selbst.“

„Siehst du, das meine ich. Du siehst das Leben als unsere innere Schöpfung an, während es für den Rest der Welt genau umgekehrt ist. Es ist, als ob du von uns forderst, Lebzeiten an Überzeugungen wegzuwerfen, mit denen alle übereinstimmen, einfach weil du sagst, sie seien falsch“, platzt Marsha heraus.

Ich schüttle meinen Kopf. „Leute, seid fair. Habe ich irgendeinen von euch gebeten, mir zu glauben? Ich denke nicht. All eure Überzeugungen seien euch gegönnt. Aber bitte, tut mir einen Gefallen. Fragt euch selbst, ob diese Überzeugungen *wahrhaft* glückliche Leben für eure Eltern oder Großeltern erschaffen haben. Haben sie bewegende Leben geführt, die ihrer würdig waren? Wenn dem so ist, dann schlage ich vor, dass wir das Ganze beenden und ihr diesen alten Überzeugungen und Konzepten folgt, die ihnen so wunderbar gedient haben.“

Peter lächelt grimmig. „Du weißt verdammt gut, dass dem nicht so ist. Ich kann nicht für uns alle sprechen, aber ich wage zu wetten, dass wir in gewissem Maße alle verkorkste Großeltern und Eltern haben. Ich ganz bestimmt. Das ist das, was mir Angst macht. Ein Leben voller Elend, wie mein Vater. Nur um mit Krebs in einem Krankenhausbett zu enden. Gruselig. Oh, Mann! Nein danke.“ Er sieht mich mit finsterem Blick an. „Sag mir ehrlich, ist es das, was die Illusionen mit den Leuten machen? Kannst du mich lehren, auf eine Weise zu leben, in der ich all das vermeiden kann?“

„Ich lehre niemanden, irgendetwas zu vermeiden. Ich lehre Menschen, wie man sich voll aufs Leben einlässt, indem man den Prinzipien der Wahrheit folgt. Diese sind uns *förderlich*. Aber was die Menschen mit dem machen, was ich sie lehre, liegt allein in ihrer Verantwortung.

Illusionen können dem Leben nicht wirklich dienen, denn sie haben keine echte Energie. Illusionen sind wie Kerzen im Dunkel, sie halten die Dunkelheit unserer Ängste für eine Weile auf, aber schließlich flackern sie und erlöschen. Dann kehrt die Dunkelheit unserer Ängste zurück, und wir erkennen, dass unsere Ängste nie wirklich weg waren.

In dieser Gruppe, Peter, bist du derjenige, welcher der Dynamik tatsächlichen Wandels am nächsten ist. Meine Worte entflammen dich, darum bist du so reaktiv. Meine Worte machen dir Angst, weil du den Zusammenbruch der ganzen hohlen Struktur deines Lebens erfährst. Und das ist verständlich, denn das ist alles, was du hattest. Ich fühle mit dir, aber ich freue mich auch für dich. Denn du, mein Freund, bist in perfektem Timing hergekommen."

Er lacht rau. „Ja, paradox, nicht? Wer hätte gedacht, dass Worte allein so mächtig sein können?"

… NEUN …

Die Kraft der Worte

Meine Worte enthalten eine Wahrheit, die im Augenblick deines perfekten Timings ihre Kraft entfalten und das Leben verändern. Wenn dieselben Worte außerhalb deines Timings geäußert werden, sind sie ohne Kraft und werden leicht abgetan.

Michael J. Roads

„Es gibt Worte und Worte, meine Freunde, denn nicht alle Worte sind gleich. Selbst identische enthalten je nach Sprecher verschiedene Energien. Meine Worte enthalten WAHRHEIT, die im Augenblick deines Timings ihre Kraft entfalten. Werden dieselben Worte außerhalb deines Timings gesprochen, würden sie leicht abgetan."

„… wie ich versucht habe, deine abzuweisen. Das Problem ist, sie lassen sich nicht abweisen", bemerkt Peter stirnrunzelnd. „Und vielleicht ist das sogar eine gute Sache."

„Warum ist das so?", fragt Anita. „Ich meine, wie kann Worten Kraft verliehen werden? Denn letzten Endes sind Worte doch nichts als Worte."

Ich lächle sie an. „Wenn du das glaubst, wie erklärst du dir dann einige der großen Reden dieser Welt? Und dafür gibt es viele Beispiele. Wie z.B. Martin Luther King Jr. die Massen ansprach mit seinem berühmten ‚Ich habe einen Traum …' und ihnen in der Rede seine großartige Vision beschrieb. Es war elektrisierend.

Oder John F. Kennedy: ‚Frag nicht, was dein Land für dich tun kann, sondern was du für dein Land tun kannst.'
Im Laufe der Geschichte gab es dafür viele Beispiele von großartigen Männern und Frauen. Nicht weil jede Rede in Wahrheit gründete, jedoch in Leidenschaft und einer kraftvollen inneren Überzeugung. Worte sind nicht nur Schall und Rauch, sie tragen auch die Energie des Sprechers und zwar im guten wie im schlechten. Hitler benutzte die Kraft der Worte, um die latente Selbstgerechtigkeit und den Hass dieser Zeit in vielen Menschen seines Landes zu schüren. Ich betone, er schürte den Hass, er konnte ihn nicht in den anderen Menschen erschaffen."

„Offensichtlich habe ich das nicht durchdacht", bemerkt Anita trocken. „Aber ich glaube dennoch, dass es dabei um mehr geht und du das bisher noch nicht erwähnt hast."

„Stimmt natürlich, aber das macht ein neues Fass auf", erwidere ich nickend.

Anita lacht. „Das ist okay. Wir können das Fass in die Büchse der Pandora schütten, und da kann dann alles fröhlich herumschwimmen, wird sicher spaßig!"

Ich lache. „Okay, du hast gewonnen. Als energetische Wesen haben wir sowohl in unserem physischen, als auch in unserem metaphysischen Körper Chakren. Diese Chakren sind unsere Energiezentren, denn, wie ich bereits sagte, sind wir Wesen reiner Energie. Es gibt sieben Hauptchakren im physischen Körper und fünf im metaphysischen. Aus metaphysischer Sicht erscheint das Chakra wie ein sich vertikal drehendes Energierad. Jedes hat eine andere Farbe und einen anderen Energiewert. In der spirituellen Literatur ist das alles bekannt und sehr gut dokumentiert.

Kurz gesagt, die sieben Chakren des physischen Körpers sind das rote Wurzelchakra in der Nähe des Steißbeins, das orangefarbene Sakralchakra nahe der Sexualorgane, das gelbe Solarplexus-Chakra knapp oberhalb des Nabels, das grüne Herzchakra auf der Höhe des Herzens, das blaue Halschakra über dem Adamsapfel, das indigofarbene Stirnchakra zwischen den Augenbrauen und schließlich das violette Kronenchakra über der Mitte des Kopfes. Das soll als Erklärung genügen. Von der roten Wurzel aufwärts werden sie energetisch immer höher und feiner. Alles klar?“

Alle nicken. Todd, Anita und Marsha deuten an, dass ihnen das einigermaßen bekannt ist. Doch Peter und Bill scheint es etwas fremd.

„Diese Chakren sind entweder offen und aktiv oder verschlossen und inaktiv. Das hängt allein von uns ab. Alle zwölf meiner Chakren sind offen und aktiv. Das gibt es nicht so häufig.

Das Halschakra ist das Energiezentrum der Kommunikation ... und hierin liegt die Kraft der Worte. Ist dieses Chakra verschlossen, wie es oft der Fall ist, dann werden dich die Worte eines solchen Menschen nicht berühren. Manche Universitätsdozenten haben ein verschlossenes Halschakra. Ihr Fach langweilt sie, und sie haben keine Verbindung zu ihren Studenten. Bei diesen Leuten musst du umfassende Notizen machen, weil du Schwierigkeiten haben wirst, dich an das zu erinnern, was sie sagten.

Am anderen Ende des Spektrums sind die Dozenten, die eine Leidenschaft für ihr Thema und Freude an ihren Studenten haben. Ihr Halschakra ist offen, und ihre Worte brennen sich den Hörern geradezu ein und erwärmen sie dafür, noch mehr zu lernen. Wie ihr seht, variiert die Kraft der Worte also nicht mit den Worten, sondern mit dem Sprecher derselben.“

Anita nickt wissend. „Okay, das kapiere ich. Das leuchtet ein. Es erinnert mich an Steven Irwin, den inzwischen verstorbenen Krokodiljäger. Er hatte Leidenschaft, jede Menge davon, und seine Worte drangen wie Laserstrahlen in mich ein.“

„Ganz genau. Es war nicht der Inhalt seiner Worte, mit denen er viele im Sturm erobert hat, es war die von Herzen kommende Leidenschaft *in* seinen Worten, die die Menschen begeisterte. Seine Worte verbanden seine Leidenschaft mit anderen Menschen.

Er hat auf sehr kraftvolle Weise die Macht der Worte aufgezeigt.

Ich bin mit einer Dame befreundet, die fähig ist, die Gesangsstimme von Maria Callas zu channeln. Wenn sie die Tonleitern rauf und runter singt, hat dies eine mächtige Wirkung auf den Zuhörer. Sie benutzt ihre Stimme als Heilinstrument für Menschen, die für diese Art Therapie offen sind. Auf diese Weise gebraucht sie ihre Stimme zum Wohle anderer.

Doch wir alle benutzen die Kraft des gesprochenen Wortes, um Dinge oder Situationen anzuziehen, ohne zu wissen wie oder was wir da tun."

„Wie ist uns das nur möglich?", fragt Anita.

Ich lache. „Mit ein bisschen Beharrlichkeit. Gut, wieder führe ich euch zurück zu dem Spruch:

Wohin du denkst, Energie du lenkst." Ich schmunzle. „Ich bin mir sicher, dass ihr euch den Rest eures Lebens an diesen Aphorismus erinnern werdet.

Als Carolyn in ihren Zwanzigern war, wurde sie *entdeckt* und zum Fotomodell in der Werbewelt von Chicago und Cleveland. Sie lebte in Shaker Heights, Ohio.

Oft ging sie mit ihren beiden Windhündinnen spazieren und lief mit ihnen an einer Reihe schöner alter Villen mit riesigen Gärten vorbei. Einige von diesen Villen bewunderte sie sehr und wünschte sich immer, einmal hinein gehen zu können, um die Inneneinrichtung zu sehen.

Eines Tages bekam sie einen Anruf von ihrer Agentur mit dem Auftrag eines Fotoshootings in einer der Villen, die sie hatte von innen sehen wollen. Sie hatte sich dies mit Fokus und Begehren erschaffen.

Einige Jahre, nachdem sie die Werbebranche verlassen hatte, entschied sie sich, Klavierspielen zu lernen. Die Lehrerin, die sie sich ausgesucht hatte, bat Carolyn darum, für ein Gespräch vorbei zu kommen … und so besuchte sie eine weitere Villa!"

Ich nicke ihnen zu. „Eigentlich macht ihr alle immer wieder ähnliche Dinge, ohne zu merken, dass ihr die Situationen erschafft. Allerdings können wir mit der Ausrichtung unserer sich wiederholenden Worte auch ernsthafte Nachteile erschaffen.

Als ich einmal in Kanada war, sprach ich über *Fokus und die Kraft der Worte.* Zum Veranstaltungsort chauffierte mich die Ehefrau eines jungen Mannes, der eher widerwillig im Publikum saß. ‚Mich interessiert dieser New Age Quatsch nicht', sagte er entschuldigend zu mir. Nach meinem Vortrag kam er zu mir herüber. ‚Um ehrlich zu sein, dein Vortrag hat mir wirklich gefallen. Er hat mich zum Nachdenken gebracht und erinnerte mich an ein paar Dinge, die in unserer Familie passiert sind', sagte er. ‚Soll ich dir das erzählen? Ich glaube, es geht dabei um das, worüber du gesprochen hast.'

Ich nickte. „Sicher, schieß los!"

Er berichtete, sein Vater sei ein besonders starrsinniger Mann gewesen, wie auch dessen beide Brüder, seine Onkel. Sie waren Jäger und Waldarbeiter und sehr streitbare und schwierige Männer, und davon überzeugt, dass nur sie in fast jeder Situation Recht hatten. Sein Vater stritt praktisch jeden Tag mit jemandem und beendete dies stets mit: ‚Oh, du bist einfach nur ein Schmerz am Hals.'[3] Der junge Mann erzählte, sein Vater starb schließlich an Rachenkrebs. Dann fuhr er fort, seinen Onkel zu beschreiben, der ganz besonders verstockt war. Dieser beendete jeden Streit mit den Worten: ‚Ach, halt die Klappe. Du bist einfach nur ein Schmerz am Arsch. '[4] Er starb an Analkrebs. Zwei langsame und sehr schmerzhafte Tode und beide Männer waren noch keine sechzig. Der junge Mann fragte mich dann: ‚Hat jeder von ihnen seinen Krebs erschaffen?'

Ich erzählte ihm ein bisschen mehr über die Kraft der Worte

3. Bedeutung etwa, ‚du bist eine Nervensäge' oder ‚der Nagel zu meinem Sarg' – aber die wörtliche Übersetzung ist an dieser Stelle besonders wichtig.

4. s.o.

und den Fokus. Sie haben die Worte mit Kraft, Gewalt und Achtlosigkeit benutzt und *Hals* und *Arsch* waren der Fokus. Ich schlug vor, dass er seine eigenen Rückschlüsse daraus ziehen solle und darauf achten möge, nicht in ihre Fußstapfen zu treten.

Bedauerlicherweise wird die Wahrnehmung der Menschen durch ihre Zweifel und ihre Skepsis getrübt. Okay, genug zu diesem Thema", sage ich abschließend.

… ZEHN …

Arbeit und Arbeiten

Dann sagte ein Pflüger: Sprich uns von der Arbeit.
Und er antwortete und sprach:
Arbeit ist sichtbar gemachte Liebe.

Und so ihr nicht könnet arbeiten mit Liebe, sondern nur mit Widerwillen, so wäre es euch besser, zu verlassen euer Werk und zu sitzen am Tor des Tempels und Almosen zu nehmen von denen, die da arbeiten mit Lust. Denn so ihr gleichgültig euer Brot backet, so backt ihr ein bitteres Brot, das nur zur Hälfte stillt des Menschen Hunger. Und so ihr unlustig zerquetschet die Trauben, so sondert eure Unlust ein Gift ab in den Wein.

Khalil Gibran

„Solange wir nicht auf irgendein Thema tiefer eingehen, eröffnet sich euch die Gelegenheit, ein Thema zu wählen, das ihr diskutieren möchtet", biete ich an.
Sie sehen mich alle nachdenklich an und blicken dann zu Todd.

Todd holt tief Luft, hält sie an und atmet sie dann langsam aus.

„Okay, es scheint, dass ich der auserkorene Sprecher bin. Wie wir eingangs erwähnt haben, sind wir alle Mitglieder in unterschiedlich ausgebildeten Teams innerhalb einer großen Organisation, die mit benachteiligten Menschen arbeitet. Manche sind weit weniger benachteiligt als andere, aber die meisten müssen sich der einen oder anderen Herausforderung stellen. Ich sollte hinzufügen, dass dies nicht zwangsläufig geistige oder emotionale Benachteiligungen sind, doch kommen die meisten aus zerrütteten Familien und von Eltern, die nicht so fürsorglich waren, wie sie hätten sein können. Sicherlich führt das zu emotionalen Schwierigkeiten, doch viele dieser Menschen sind sehr gescheit." Er seufzt. „Manchmal scheint es, als sei die Verletzung umso tiefer, je gescheiter sie sind.

Ein Thema, zu dem wir uns Einsicht wünschen, ist auf jeden Fall die Frage nach der Arbeit. Manche dieser Menschen wollen arbeiten, andere nicht. Manche haben Schuldgefühle, weil sie keinen Job haben, andere haben Eltern, die nie gearbeitet haben, und fragen sich, warum *sie* arbeiten sollen? Wir geben unser Bestes bei all dem, aber trotz unserer Ausbildung scheinen unsere Logik und alle Erklärungen manchmal völlig unangemessen."

„Hm, ich bin beeindruckt. Das war klar ausgedrückt", erwidere ich.

„Nun, um ehrlich zu sein, ich arbeite, weil ich das Geld brauche", stellt Anita fest. „Aber tun wir das nicht alle? Ich meine, ist das nicht etwas, zu dem die Gesellschaft uns zwingt? Die Aborigines, die hier lebten, haben nicht für ihren Lebensunterhalt gearbeitet. Sie jagten und sammelten, und ich wette, die hatten weit mehr Zeit für sich selbst, als wir in unserer cleveren modernen Zeit."

Ich lache: „Daran hab ich keinen Zweifel. Aber würdest du unter den Bedingungen leben wollen, unter denen sie gelebt haben?"

„Nein, nicht so, wie ich aufgewachsen bin, aber wäre ich als eine von ihnen geboren worden, wäre ihre Lebensweise für mich normal und akzeptabel."

Ich nicke: „Ja, stimmt, das wäre sie. Aber jetzt lebst du in der sogenannten zivilisierten Welt und es ist, wie es ist."

„Warum nennst du sie die sogenannte zivilisierte Welt?", hakt Anita nach.

Ich seufze. „Wir laufen hier Gefahr, vom Thema abzuweichen, also nur kurz: Wie können grassierende Armut, globale Mangelernährung und steigende Suizide Zeichen einer zivilisierten Welt sein? Wie kann ‚Macht geht vor Recht' zivilisiert sein? Wie kann eine Welt, in der 99 Prozent der Menschen von einem verdorbenen Prozent beherrscht werden, als zivilisiert bezeichnet werden? Wenn Pharmafirmen ein eigennütziges Interesse an globaler Erkrankung haben und erbarmungslos alle natürlichen Kräuterheilmethoden unterdrücken – wie wird da der Zivilisation Rechnung getragen? Was ist zivilisiert an Krieg und Kriegsführung und korrupten Regierungen und Unternehmen? Ist das genug?"

Anita nickt. „Mehr als genug, würde ich sagen. Bis auf eins, die westliche Welt ist sicher nicht Teil der globalen Mangelernährung."

„Anita, jeder in der westlichen Welt, der übergewichtig ist, ist ernstlich mangelernährt. Außerdem ist ein großer Teil unserer gegenwärtigen Bevölkerung in irgendeinem Maße auf die eine oder andere Weise fehlernährt. Oh ja, wir alle essen jede Menge, aber wir achten selten darauf, was der Nährstoffgehalt dessen ist, was wir essen. Frage mal irgendeinen Ernährungsfachmann, und du wirst vielleicht überrascht sein. Ich spreche nicht von satt werden, sondern von vollwertiger Ernährung, okay?"

Anita lächelt. „Okay ... denke ich!"

„Ernsthaft, Anita, wir wären ein weit gesünderes Volk, wenn wir weniger essen würden, dafür aber mit vollständigerem Nährwert."

„Okay, okay ... du hast gewonnen", lacht Anita. „Du hast sicher Recht."

„Natürlich habe ich das! So, und das bringt uns zurück zur Arbeitsfrage. Ich mag die Worte Khalil Gibrans zur Arbeit recht gern, denn sie enthalten die reine Essenz der WAHRHEIT, aber ich gebe zu, dass sie nicht auf den durchschnittlichen Menschen von heute anwendbar sind. Mal wieder eine WAHRHEIT stark außerhalb des Timings!

Wir leben in einer Gesellschaft, die fordert, dass wir alle für unseren Lebensunterhalt arbeiten, und angesichts unserer zutiefst unterbewussten Lebensweise wird sich dies auch nicht so bald ändern.

Ich erinnere mich noch gut an die Arbeit für meinen Lebensunterhalt. Auf meinem Milchbauernhof am Fuße vom Mount Arthur in Tasmanien pflegte ich eine Herde von etwa hundert Kühen zu melken. Das war keine Herzenssache. Obwohl ich meine Kühe wirklich liebte, hasste ich es, regelmäßig melken zu müssen, jeden Morgen und Abend ... endlos und ewig, so schien es jedenfalls.

Wie dem auch sei, es kam die Zeit, als ich erkannte, dass Angst der Antreiber war. Ich beugte mich dem Peitschenhieb der Angst und molk die Kühe. Diese Erkenntnis, diese ungewollte Offenbarung war für mich ein Wendepunkt. Ich erkannte, dass ich mich selbst nicht ehrte, nicht die Kühe und auch nicht meine Frau und Kinder. Nichts in meinem Leben wurde durch mein Handeln gewürdigt."

„Aber warum sollte es das?", fragt Todd.

„Da gibt es kein Warum, Todd. Auf einer tiefen Seelenebene wusste ich nur, dass es eine bessere Lebensweise gibt. Manche Menschen fühlen das, andere nicht. Das bedeutet nicht, dass sie das fühlen *sollten* ... hm ... es geht dabei ums Timing. Ich fühlte es.

Schließlich führte mich dies von der Landwirtschaft weg zur unbestimmten Suche nach einer anderen Lebensweise oder gar *Seinsweise.* Mir war nicht klar, was ich da tat oder wonach ich überhaupt suchte, aber das hat mich nicht aufgehalten ... und meine Familie musste da mitmachen. Im Rückblick betrachtet war das nicht so gut für sie, aber es war, wie es war.

Mit einer Gruppe gleichgesinnter Leute gründeten meine damalige Frau und ich eine spirituelle Lebensgemeinschaft. Doch nach vier Jahren verließen wir diese wieder, einfach weil die Menschen der Gemeinschaft und ich unterschiedliche Vorstellungen vom Leben hatten. Ich musste gehen. Ich wusste, dass nur ich meinen Traum leben konnte, nicht andere Menschen.

Innerhalb von etwa zehn Jahren führte all dies allmählich und schließlich zu einem Zusammenbruch meiner Gesundheit, und an einem gewissen Punkt in der Krise kam ich in einer völlig anderen, größeren Wirklichkeit wieder zum Vorschein.

Einige Zeit später wurde ich widerwillig zu einem sogenannten spirituellen Lehrer und bereiste etwa fünfzehn Jahre lang die Welt mit meiner damaligen Frau. Diese Zeit endete mit ihrem Übergang in die metaphysische Wirklichkeit.

Als ich achtzehn Monate später schockiert und entzückt feststellte, dass ich wieder verliebt war, heiratete ich die liebenswerte Carolyn. Zu diesem Zeitpunkt war ich endlich bereit, ein sogenannter spiritueller Lehrer zu sein und mich dem von ganzem Herzen zu widmen. Das ist wohl auch gut so. Dieses Jahr haben wir zwölf Länder auf fünf Kontinenten bereist – dabei bin ich ein Mensch, der nie reisen wollte. Aber mit Carolyn ist alles wundervoll!

Aber worauf ich hinaus will, ist Folgendes: Ich arbeite nicht länger für meinen Unterhalt, ich lebe nun dafür, dass ich arbeiten darf. Für mich ist Arbeit wahrhaft sichtbar gemachte LIEBE. Ich LIEBE, was ich tue. Für mich ist dies nicht länger Arbeit, auch wenn ich dem viel Zeit widme. Es ist mein Leben, meine Leidenschaft, mein inneres Wachstum."

Todd lächelt mich wissend an. „Ich habe einige deiner Bücher gelesen, auch *A Glimpse of Something Greater*[5] , also weiß ich, wieviel du uns nicht erzählst."

„Hm, dann ist dieses Treffen wahrscheinlich deine Idee?"

Todd lacht: „Schuldig im Sinne der Anklage. Deswegen bin ich der Sprecher."

„Du hast uns nicht geschildert, wie du deine Arbeit, sondern eher wie *du dich* verändert hast und das hat deine Beziehung zur Arbeit ver-

5. Etwa: „Ein kleiner Einblick in etwas viel Größeres" Noch nicht übersetztes Buch von Michael von 2013. Darin schildert er einige seiner Herausforderungen, u.a. wie er schier in Ohnmacht fiel, als er feststellte, dass sein ohnehin kritischer Kontostand noch weit kritischer war, als er dachte.

ändert. Wäre das eine angemessene Zusammenfassung?“, fragt Anita.

Ich nicke. „Sehr scharfsinnig. Ich schlage vor, dass ihr versucht, die Leute in euren Workshops oder was immer ihr macht, davon zu überzeugen, dass ihre Arbeit die Grundlage ihrer Begegnung mit dem *Leben* ist. Wenn du dem Leben durch deine Arbeit freudvoll begegnest, wirst du dich erfüllt fühlen und das auch sein. Ein Mensch, der täglich erfüllt ist, wächst im Bewusstsein. Betrachtet es so: Wir befinden uns alle in einer Arbeitsgemeinschaft mit dem Leben, und durch deine Arbeit ehrst du dich selbst *und* das Leben. Ich habe einen Aphorismus dazu: *Wenn du dich selbst ehrst, ehrt dich das Leben. Wenn du das Leben ehrst, wird dich das Leben ehren.* Der Arbeitsplatz ist ein machtvoller Ort, um diese Alchemie zu erschaffen.“

„Abgesehen von dir, gibt es sonst noch jemanden, der das Arbeiten so betrachtet?“, fragt Anita.

Ich nicke. „Du wärest vielleicht überrascht. Ich habe mit ein paar Maklern gesprochen, die wirklich lieben, was sie tun. Ich erinnere mich an eine Maklerin, die mir erzählte, was für eine Befriedigung sie daraus gewinnt, das passende Haus für einen Menschen oder eine Familie zu finden. Ihr Fokus war nicht der Verkauf eines Hauses, sondern den Menschen das *für sie* perfekte Haus zu vermitteln. Die Folge: eine sehr hohe Erfolgsrate bei den Hausverkäufen. Die meisten Makler versuchen, Häuser zu verkaufen, aber sie nicht. Sie hat kaum daran gedacht. Sie macht ihre Arbeit leidenschaftlich und zu ihrem Vergnügen, während andere sie zur belastenden Schufterei machen. Es geht nicht um die Arbeit, sondern um die *Einstellung* dazu.“

„Mir gefällt, was du sagst“, sagt Todd nickend, „es klingt so sinnvoll, aber ich frage mich, wie schwer oder leicht es sein würde, solche Vorstelllungen Menschen ohne Arbeitsplatz zu vermitteln, besonders den Langzeitarbeitslosen.“

„Wenn ich an deiner Stelle wäre – und das bin ich nicht –, würde ich die Leute heraussuchen, die du für offen und empfänglich bezüglich solcher Vorstellungen hältst, und mit ihnen auf einer Extrastufe arbeiten. Wenn du mit ein paar von ihnen durchschlagenden Erfolg hast, wirst du Vorbilder für die anderen haben. Dann bringst du sie dazu, ihre Geschichte zu erzählen, wie sie nicht nur aus ihrer Sackgasse der Langzeitarbeitslosigkeit herausgekommen sind, sondern auch eine Arbeit fanden, die ihnen Freude macht. Nichts ist erfolgreicher als Erfolg – selbst, wenn er eine Illusion ist."

„Was meinst du damit?", fragt Anita umgehend.

Ich mache eine abwiegelnde Handbewegung: „Nichts, eine überflüssige Bemerkung. Vergiss es."

„Das glaube ich nicht für einen Augenblick, also kannst du es auch erklären", entgegnet Anita bestimmt. „Komm schon, tu's!"

Sie ist beharrlich. „Okay, aber genug herumgestanden. Lasst uns am Rand des großen Teichs sitzen, danach gehen wir wieder hinein."

Ich nenne ihn den großen Teich, obwohl er kleiner ist als der umgewandelte Poolteich. Ich brauchte Wochen, um die verschieden großen Granitblöcke zu einer stabilen Mauer zusammenzufügen, also *fühlte* er sich größer an! Unter dem Teich ist weiches Gestein, statt also in die Erde *hinein* zu graben, musste ich ihn *auf* dem Gestein anlegen. Die gepflasterte Abdeckung des Granits bietet nun bequeme Sitzmöglichkeiten.

Als alle sich hingesetzt haben, tadle ich mich im Geist selbst für mein loses Mundwerk, während ich über die schnellstmögliche Erklärung für meine Bemerkung nachdenke.

„Also … nichts in der NATUR hat irgendeinen Bezug zu Erfolg oder Misserfolg. Das sind beides menschliche Konzepte, die auf einzelnen physischen Leben beruhen und auf Beurteilung derselben. Verdienst du einen Riesenhaufen Geld und bist ein extrem unangenehmer, unbeliebter Mensch, giltst du dennoch als erfolgreich. Verdienst du gerade genug Geld, um bescheiden von deinem

Einkommen leben zu können und wirst von allen, die dich kennen, geliebt und geschätzt, giltst du als gescheitert. Ist das nicht dumm? Das ist der menschliche Irrsinn, Erfolg und Misserfolg zu beurteilen. Wenn du zehntausend Leben gelebt hast, die über die gesamte Spannbreite aller möglichen verfügbaren Erfahrungen für einen schöpferischen Menschen reichen, was bedeutet dann Erfolg oder Misserfolg? Es bedeutet gar nichts, außer dem Urteil jener, die kritisch, töricht und ignorant sind."

„Mir gefällt, was du sagst", sagt Todd erneut. „Aber was machst du in einer Situation, wo ein Mensch seine Arbeit hasst? Ich meine nicht, dass er das Arbeiten hasst, nur einfach die Arbeit, die er verrichten muss?"

„Hm ... ja, ein allzu weit verbreitetes Szenario. Darauf gibt es nicht nur eine Antwort, weil einfach so viel von der Offenheit und Flexibilität der betroffenen Personen abhängt. Wenn die Person, die ihre Arbeit hasst, offen ist, würde ich vorschlagen, dass sie versucht, ihre Einstellung zur Arbeit zu verändern. Bei einigen macht dies sehr viel aus und ihre Arbeit mag annehmbar werden, aber bei anderen nützt das gar nichts.

Wenn sie ihre Arbeit weiterhin hassen, ist es wichtig, damit aufzuhören. Das braucht Mut aufgrund der Gefahr, arbeitslos zu werden und es vielleicht auch zu bleiben. Das ist das Heikle daran. Wenn du glaubst, dass es schwierig sein wird, eine neue Arbeit zu finden, wird das auch so sein. Wenn du glaubst, dass du mit Leichtigkeit einen neuen Job findest, dann wirst du das auch. Das, woran du glaubst und worauf du dich emotional ausrichtest, bestimmt das Ergebnis dessen, was du in deinem Leben erschaffst.

Wenn du andererseits jedoch eine Arbeitsstelle behältst, weil du Angst hast, kein Einkommen zu haben, wird dies zu einer Form des unterbewussten Selbstangriffs. Das heißt, fünf verhasste Arbeitstage, dann ein freies Wochenende und zurück zur Selbstbestrafung. Das erschafft ein sich wiederholendes und unangenehmes Leben, wie es allzu oft vorkommt. Diese Leute werden leicht krank und lassen sich dauernd krankschreiben."

Todd nickt. „Ja, das versteh ich. Die Unterschiedlichkeit der Menschen bedeutet, dass es da keine Einheitsmethode für alle gibt, die es wieder richtet. Und Angst und Unsicherheit spielen eine große Rolle dabei."

„Das tun sie gewiss", erwidere ich, „eine *sehr* große Rolle. Allerdings möchte ich hinzufügen, dass Menschen zwar oft einen Job haben, den sie nicht besonders mögen, aber sie hassen ihn auch nicht. Oft tragen sie Verantwortung für ihr Heim und die Familie, und oftmals ist das ihre Lebenslektion: einen Arbeitsplatz zu behalten, um die Familie zu versorgen und auf deren Wohlergehen zu achten, bevor die eigenen Wünsche und Bedürfnisse berücksichtigt werden.

Die Schwierigkeit dabei ist herauszufinden, in welche dieser Kategorien und vielen anderen Gruppen die Menschen gehören, denen du hilfst. Ich beneide dich nicht um diese Aufgabe."

Ich lächle in die Runde: „Okay Leute, Zeit für ein neues Thema."

… ELF …

Angst und Unsicherheit

Die Angst lebt in den Schatten deines Lebens und scheucht dich knurrend und drohend in deinen Angstzustand. Sobald du den Mut in dir erschaffst, Licht in diese Schatten zu bringen, wird die Angst mit eingekniffenem Schwanz abziehen. Die einzige Macht, die Angst über dich hat, ist die Macht, die du ihr gibst.

Michael J Roads

Die Gruppe blickt erneut auf Todd.

Er lächelt. „Nun, ich hab‘s doch gerade gesagt, nicht wahr? Angst und Unsicherheit. Das sind sehr reale menschliche Probleme für alle von uns, nicht nur für die Menschen, die mit ihrer Arbeit hadern.“ Er sieht mich leicht verlegen an. „Ich habe auf jeden Fall dieses Problem.“

„Sicherlich hast du das, und, wie du sagtest, gemeinsam mit den meisten der Menschen. Auf die Gefahr hin, dass ich mich wiederhole, was jedoch letztlich förderlich ist, möchte ich einleitend sagen: *Angst ist nicht real.* In Wirklichkeit gibt es überhaupt keine Angst. Angst gründet immer in der Illusion.“

Ich halte inne und warte auf Protest.

Peter tut mir den Gefallen. Er springt auf, um mir heftig zu widersprechen: „Ich finde es sehr schwer, das zu glauben oder anzunehmen. Jeder hat auf die eine oder andere Art Angst. Angst ist ein natürlicher Teil unseres Lebens und sehr real.“

Ich scheine viel Zeit mit Seufzen zu verbringen! Warum ist es so schwer für Menschen, die etwas lernen wollen, zuzuhören? Warum glauben dysfunktionale Menschen, die keine Ahnung vom Leben haben, sie hätten Recht? Es ergibt keinen Sinn. Andererseits machen irrationale und dysfunktionale Leute natürlich auch keinen Sinn!

„Zurück zur Wahl. Entweder du hörst mir zu oder du gehst. Ich habe Besseres zu tun, als Kleinkindern zuzuhören, die Opa erklären, wie das Leben läuft."

Todd sieht verärgert aus. „Setz dich Peter – und sei still! Wenn du eines der Autos nehmen willst, dann nimm meins und fahre. Ich bleibe auf jeden Fall hier."

Weiß vor Wut und rot vor Scham, was eine merkwürdig fleckige Wirkung auf seine Gesichtsfarbe hat, setzt sich Peter ein gutes Stück abseits, jedoch noch immer in Hörweite meiner Stimme.

Ich schaue Todd an. „Sei nicht zu streng mit Peter. Angst wird immer wieder hervorgerufen und von den meisten Menschen falsch verstanden. Sie scheint in jedem Falle hinreichend natürlich und ist so andauernd gegenwärtig, dass viele Menschen gar von ‚meiner Angst' sprechen. Das ist keine gute Idee, die Menschen sind der Angst auch so schon ausreichend verhaftet, ohne sie *besitzen* zu müssen. Jemand hat mal ein Akronym für das englische Wort Angst geprägt: FEAR[6] – False Evidence Appearing Real – falsche Beweise, die real erscheinen. Das ist brillant und zutreffend. Angst erscheint immer als real, dennoch hat sie nur die Wirklichkeit, die wir für sie erschaffen.

Wir sind Schöpfer; wir erschaffen Angst. Angst wurde nicht von Gott geschaffen, um dann große Portionen davon an uns zu verteilen! Doch ist es offensichtlich, dass es Gründe für diese negative Fehlschöpfung geben muss, die so viele Leben durcheinanderbringt und uns zu Sklaven der Illusion macht. Also lasst uns das etwas genauer betrachten. Durch meine metaphysische Erkundung

6. Das englische Wort für Angst.

des Angstphänomens habe ich einiges gelernt. Psychologen und Mediziner mögen da anderer Meinung sein, also könnt ihr meine Worte auch gerne außer Acht lassen.

Es ist gründlich dokumentiert, dass wir alle ein geteiltes Gehirn haben, eine linke und eine rechte Hemisphäre. Diese werden durch den Gehirnbalken, das Corpus callosum, verbunden und sind dazu bestimmt, als ein zusammenhängendes Ganzes zu funktionieren. Leider ist dieser gezielte und bewusste Gebrauch des ganzen Gehirns eher ungewöhnlich. Während des letzten, zweihundert Jahre währenden Zyklus der Menschheit – andere Zyklen sind diesem vorausgegangen – wurde unsere linke Gehirnhälfte immer dominanter. Damit meine ich nicht, dass wir *unfähig* sind, beide Gehirnhälften zu nutzen oder wir die rechte nicht nutzen, ich meine lediglich, dass die linke dominant ist.“ Ich halte inne. „Vielleicht ist euch das bekannt?“

Ich blicke in die Runde und Marsha ergreift das Wort. „Das mit den Gehirnhälften und der Dominanz der linken Hemisphäre ist uns nicht neu, aber ich vermute, dies führt uns noch weiter und mich würde interessieren, wohin!“

Ich nicke. „Gut. Bei der linken Gehirnhälfte geht es um Überleben, Wettbewerb, Aggression und Kampf sowie um andere Eigenschaften wie die des Intellekts. Im Grunde enthält es alle Fähigkeiten, die wir zum Überleben brauchen. Es gab einmal eine Zeit, in der das Überleben eine vorrangige Bedeutung hatte, aber das ist lange vorbei. Wir sind unsterbliche Wesen, also frage ich euch, wie vernünftig ist diese Überlebensangst?“

„Du bist dir doch sicher bewusst, dass Menschen nicht herumlaufen und an ihre Unsterblichkeit denken“, wirft Peter zynisch ein. „Sie fühlen sich zumeist verwundbar und ängstlich.“

„Umso bedauerlicher!“, erwidere ich. „Ich persönlich lebe im beständigen Gewahrsein meiner Unsterblichkeit, und ich habe keine Angst. Oder, genauer gesagt, in einem Krisenmoment – und auch ich erlebe solche – wähle ich nicht Angst, sondern LIEBE."

„Das glaube ich dir", sagt Marsha. „Aber *wie* machst du das? Während ich dir so zuhöre und darüber nachdenke, kann ich mir nicht vorstellen, wie das möglich ist."

„Erinnere dich an das, was ich bereits sagte: Du kannst nicht gleichzeitig zuhören und nachdenken, wie du gerade meintest", sage ich lächelnd zu ihr.

„Ich fahre fort. Meine metaphysische Forschung weist darauf hin, dass die linke Gehirnhälfte bei einem gewissen Grad an Stress eine Energie erzeugt, die aus winzigen Mengen von Hormonen und biochemischen Ausschüttungen besteht sowie gleichzeitig aus einer metaphysischen Energie von sehr niedriger Schwingung. Dieses alchemistische Gebräu hat eine erschreckende Wirkung auf Körper und Geist. Wir nennen sie – Angst. Die Wahrheit ist, dass der gesamte Körper sehr negativ auf Angst reagiert. Der Säureanteil jeder Zelle steigt, sie wird starrer, weniger effizient und anfälliger für Krankheiten."

„Und doch rettet Angst Leben", widerspricht Peter stur.

Ich schmunzle. „Oh, meinst du weglaufen und an einem anderen Tag kämpfen? Oder vor einem angreifenden Tiger wegrennen? Meinst du solche Dinge?"

„Ja, sowas rettet Leben", verteidigt er sich.

„Okay, lasst uns das klarstellen. Du kannst deinen Körper und deine Identität verlieren, aber nicht dein Leben. *Du bist* Leben. Es ist unmöglich, es zu verlieren.

In der Illusion, an die die Menschen glauben und das Theaterstück vom sterblichen Körper spielen, sind sie voller Angst vor Tod und Sterben. Die linke Gehirnhälfte hat ein tief eingeprägtes unterbewusstes Programm für das Überleben – kämpfen, flüchten oder erstarren. Das linke Gehirn glaubt, dass die persönliche Identität und der Körper das Selbst sind und folgt diesem tief unterbewussten Glaubensprogramm.

Ich *weiß*, dass dies nicht ist, wer ich bin. Ich weiß, dass ich kein sterblicher physischer Körper bin. Dieses tiefe Wissen erlaubt mir, frei von Angst zu sein. Mein *Wissen* ist weit größer als ein gewöhnlicher Glaube, der der WAHRHEIT entbehrt."

„Also ist dein Wissen eine Art von Freiheit?", fragt Anita.

„Nein. Das ist kein längst verankertes Wissen – ich habe das bereits erwähnt – es ist mein *Wissen*-im-Augenblick. Du musst den Unterschied erfahren, um wirklich wertschätzen zu können, wie groß der Unterschied tatsächlich ist. Es ist weder rational noch logisch."

Todd sieht mich pfiffig an. „Indem ich in der Illusion lebe, erhalte und erschaffe ich also meine Ängste, ja?"

Ich schenke ihm mein schönstes Lächeln. „Ja, Todd. Das stimmt genau. Wenn du die Schwelle von der Illusion zu einer größeren Wirklichkeit überquerst, gehst du von der Angst zur LIEBE. Sei dir jedoch gewahr, dass Angst nicht das Gegenteil von LIEBE ist. LIEBE hat kein Gegenteil. Bedauerlicherweise hat sie aber Gegner. Unvorstellbar, aber wir, die Schöpfungen der LIEBE, sind auch die Gegner der LIEBE. Sind wir nicht schlau, hm?!"

„Das heißt, wenn wir uns mit unseren Ängsten auseinandersetzen, lösen sich auch unsere Unsicherheiten auf?", fragt Anita.

Ich nicke. „Spitzenklasse! Wie kannst du Ängste haben, ohne unsicher zu sein? Genauso gilt, wie kannst du unsicher ohne Ängste sein? Es hat sich erwiesen, dass sehr wohlhabende Menschen oft unsicher sind. Man kann Furchtlosigkeit nicht kaufen! Genauso wenig wie bedingungslose LIEBE, inneren Frieden, innere Freiheit und die WAHRHEIT. All diese sind die Begleiterscheinungen eines wachsenden Bewusstseins. Verständlicherweise sind die meisten Menschen mehr am Wachstum ihres Einkommens interessiert als an dem ihrer Seele."

Marsha holt tief Luft. „Du erlebst oder fühlst ehrlich und wahrhaftig keine Angst? Ich meine, wie machst du das? Mein Gehirn setzt aus, wenn ich auch nur versuche, darüber nachzudenken."

Ich lächle sie mitfühlend an. „Ich verstehe dein Dilemma. Um ehrlich zu sein, es gab mal eine Zeit, da war meine Angst so groß und anhaltend, dass ich das auch keinem geglaubt hätte, was ich euch gerade sage. Auf den Intensivseminaren sage ich manchmal scherzhaft, dass mein Angstkonto im Alter von 49 und drei Monaten so überzogen war, dass es komplett aufgebraucht war. Ich kenne das Gefühl von Angst – täuscht euch da nicht. Aber als erleuchteter Mann, der bedingungslose LIEBE erfährt, hat Angst nicht länger einen Platz in meinem Leben. Ich wähle LIEBE. Wo LIEBE ist, gibt es keine Angst."

„Angenommen, du würdest gerade erschossen?", fragt Anita grinsend.

„Ich kann die Situation nur erahnen, aber ich bin sicher, dass ich Bedauern fühlen würde. Ich LIEBE meine schöne Carolyn sehr, und ich würde es zutiefst bedauern, sie verlassen zu müssen, aber es wäre nur für einen Augenblick der Zeitlosigkeit, und wir wären wieder vereint.

Du musst begreifen, dass wenn ich voller Angst sterbe, ich in ein weiteres Leben voller Möglichkeiten, erneut Angst zu wählen, inkarnieren werde. Sterbe ich ohne Angst und fühle ich nur Liebe für den Schützen, werde ich in ein Leben von höherer Schwingung weitergehen.

Ich wiederhole, wir sind die Schöpfer unserer ewigen Leben. Wir erschaffen die Richtung und den Inhalt all unserer Leben, indem wir im ewigen Augenblick leben."

„Alles was ich sagen kann ist – wow!", erwidert Anita. „Ich finde das Konzept, keinerlei Angst zu haben, absolut erstaunlich. Ich kann mir das nicht real vorstellen."

„Das verstehe ich", sage ich. „Vor langer Zeit, so wird erzählt, wurden die frühen Christen bei Zirkuskämpfen vor eine Wahl gestellt: Schwöre Gott öffentlich ab und lebe, oder bekenne dich zu deinem Gott und werde von den Löwen getötet. Ich habe keine Ahnung von der Anzahl, aber offenbar haben sich viele zu Gott als ihrem Erlöser bekannt und wurden von den Löwen in Stücke gerissen und gefressen. Ein scheußlicher Tod. Worauf ich hinaus will: Zweifelsohne entsetzte sie diese Aussicht, und sie hatten eine maßlose Angst, aber sie taten es dennoch. Sie leugneten ihre Angst nicht, aber sie ließen sich auch nicht von ihr beherrschen. Ich bin voller Ehrfurcht für dieses Maß an Mut und Tapferkeit."

„Also geht es nicht darum, keine Angst zu haben, sondern darum, dass man ihr nicht gestattet, einen zu beherrschen!", erklärt Anita triumphierend.

Ich strahle sie an. „Ja, Anita. Darum geht´s. Wenn du der Angst das Recht verweigerst, dein Leben zu beherrschen, wirst du lernen, was für ein zahnloser Tiger sie in Wirklichkeit ist."

Todd sieht erleichtert aus. „Das könnte ich tun. Tatsächlich *werde ich es tun*!"

„Und wenn du einmal damit anfängst, wird sich der feste Griff der Angst allmählich lösen, und dein Leben wird sich positiv verändern.

Die Angst lebt in den Schatten deines Lebens und scheucht dich knurrend und drohend in deinen Angstzustand. Sobald du den Mut in dir erschaffen kannst, Licht in diese Schatten zu bringen, wird die Angst mit eingekniffenem Schwanz abziehen.

Die einzige Macht, die Angst über dich hat, ist die Macht, die du ihr gibst. Wie machen wir das? Indem wir uns ein mächtiges negatives Szenario der Situation oder der Person, die uns bedroht, ausmalen. In dieser Weise erschaffen und erhalten wir Angst.

Wir können das genauso gut umkehren, indem wir uns auf kraftvolle Weise eine positive Auswirkung der Situation oder der Person ausmalen. Wir sind die Schöpfer! Kapiert ihr das? Wir – ihr und ich – wir sind die Schöpfer unseres Lebens!

Lasst mich euch meine Version des FEAR-Akronyms für den Umgang mit Angst geben: Face it, Evaluate it, Act, Relax – Stelle dich ihr, bewerte sie, handle, entspanne.

Erinnert euch an alles, was ich euch gesagt habe: Stellt euch den Ängsten und entscheidet, was ihr mit ihnen anstellen wollt. Dann handelt entsprechend und entspannt – *voller Vertrauen.*“

… ZWÖLF …

Leben und Sterben

Wenn du weißt, was das Leben eigentlich ist und es auf diese Weise lebst, dann wirst du feststellen, dass du genauso viel um den Tod weißt, selbst wenn du noch lebendig im Körper bist. Der Tod ist nicht das Ende. Tod ist ein Aspekt des Lebens. Wenn du deinen physischen sterblichen Körper ablegst, wirst du wesentlich lebendiger sein, als du es lange Zeit erfahren hast.

Michael J. Roads

Ich lächle sie an, und stelle fest, dass sie alle – selbst Peter – von meinen Worten ganz gefesselt sind. Es ist offensichtlich, dass sein Widerstand und seine Angst wachgerüttelt werden.

Ich stehe auf und schlage vor, dass wir uns aufs Deck setzen. Das ist unser innerer Außenraum. Er ist überdacht, jedoch an zwei Seiten offen, mit Fliegengitter statt Glas und somit ein sehr angenehmes Sommerzimmer.

Sie folgen mir aufs Deck, und wir setzen uns alle bequem hin. Carolyn kommt dazu und bietet erneut Tee und Kaffee an, diesmal zusammen mit Kuchen. Alle sind bereit für weitere Stärkung.

„Okay, was ist der nächste Punkt auf eurer Liste?“, frage ich. Mit Ausnahme von Peter stecken sie ihre Köpfe zusammen und flüstern miteinander. Es dauert nicht lange, bis sie eine Entscheidung gefällt haben.

„Wir sind uns im Grunde alle einig, dass du das Gespräch in die von dir bevorzugte Richtung lenken solltest“, sagt Todd. „Wir glauben, gewisse Dinge zu wissen, und dann zeigst du uns, dass das Gegenteil der Fall ist. Das ist sowohl erhellend als auch herausfordernd. Auch wenn es offensichtlich gewisse Knöpfe drückt, scheinen wir auf diese Weise besser zu lernen."

Hm … woher soll ich wissen, was sie brauchen? Sie wollen herausgefordert werden … das sollte nicht allzu schwierig sein. Ah, ich weiß wie!

„Ein gutes Thema, um zum Kern des Lebens vorzudringen, sind der Tod und das Sterben. Seid ihr offen dafür?"

„Ich bin mir nicht sicher, wie man zum Kern des Lebens durch Tod und Sterben kommen kann, für mich klingt es wie ein totaler Widerspruch. Aber ja, wir sind offen für alles, was du wählst", antwortet Todd vorsichtig.

„Ich habe das vorgeschlagen, weil die moderne Menschheit heutzutage keine Ahnung davon hat, wie man stirbt. Die meisten Menschen sterben mit enormem Unbehagen, um es noch milde auszudrücken, oder mit ernsthaften Schmerzen, die nur durch Medikamente unter Kontrolle gebracht werden können. Ich erkenne an, dass ein paar Menschen leise im Schlaf sterben, aber das ist eine winzige Minderheit. Wir verstehen es nicht zu sterben, einfach, weil wir nicht verstehen zu leben.

Leben und Sterben gehen miteinander einher. Wenn du auf eine Weise lebst, die nicht funktioniert, wirst du fast sicher auch in ähnlicher Weise sterben. Dies erhält unsere Angst aufrecht.

Seht ihr? Ich kann kein Thema vom anderen trennen. Angst führt dazu, auf eine unangenehme Weise zu sterben, dementsprechend habe ich mich entschieden, an unser vorheriges Gespräch anzuknüpfen.

„Mein Vater ist auf furchtbare Weise an Krebs gestorben", sagt Peter leise.

Ich nicke mitfühlend. „Genau wie meiner. Vor ungefähr fünfundfünfzig Jahren an Magenkrebs, und noch immer bringt dieser die meisten Menschen um, die daran erkranken.

Ich weiß, dass wir alle die Schuld an Krankheiten gerne einer äußeren Instanz geben, durch die wir sie *‚kriegen'*, aber wir kriegen Krebs nicht, wir erschaffen ihn durch eine Lebensweise, die nicht funktioniert.

Falls ihr euch erinnert: Ich habe euch gesagt, dass es zwei Lebensweisen gibt. Ungefähr 94 Prozent der Leute leben auf eine Weise, die für ihr allgemeines Wohlbefinden nicht förderlich ist, also werden sie krank und sterben."

„Wo hast du diese 94 Prozent her?", fragt Peter.

Ich lächle ihn an. „Spitzenpsychologen sind sich generell einig in ihrer Schätzung, dass 94 Prozent der Menschheit etwa 94 Prozent ihres Lebens unterbewusst leben. Das funktioniert nicht, sie sind die kranke Mehrheit. Wir werden dazu geboren und sind dazu bestimmt, bewusst zu leben. Die ganze NATUR lebt bewusst. Warum soll weniger als voll bewusst leben besser sein? Die zu stellende Frage ist: Warum lebt die Menschheit auf diese Weise?"

„Okay, ich steig' drauf ein", lächelt Anita. „Ich frage: Warum?"

„Seht ihr, wenn ihr vorher zugehört hättet, wüsstest ihr warum, weil ich diese Frage bereits beantwortet habe. Nichtsdestotrotz werde ich das nochmal tun. Wir denken und hören selten damit auf. Ihr könnt euch aus dem Augenblick heraus denken, aber nicht in ihn hinein, erinnert ihr euch?"

Peter und Todd nicken, während die anderen die Köpfe schütteln.

„Unterbewusst zu leben bringt ungewollt Stress in das Leben der Leute, Stress, dessen sie sich meist nicht bewusst sind. Wenn ihr den Stress aus metaphysischer Sicht betrachten könntet, würdet ihr eine Art Schattenselbst sehen, und es ist negativ. Nicht negativ, weil all diese Menschen negativ sind, sondern negativ im Sinne von Polarisierung, wie ein Magnet. In gleicher Weise erschafft bewusstes Sein eine positive Wirkung. Der *langfristige* Stress unserer unterbewussten Konditionierung hat eine schädliche Wirkung, verkürzt das Leben und verursacht Erkrankung.

Natürlich laufe ich Gefahr, dass Menschen dies nicht glauben wollen, aber leider verändert ihre Ungläubigkeit nicht die Wirklichkeit. Und dies ist eine Wirklichkeit, der sich nur sehr wenige Leute gewahr sind. Der Tag wird kommen, an dem es nicht mehr um Röntgen, MRT Scans und dergleichen geht, um unseren Zustand zu ermitteln, sondern um metaphysische Energie-Scans."

„Das heißt also, dass wir nicht gezwungenermaßen negative Menschen sind, nur weil wir unterbewusst sind?", fragt Anita. „Ich brauche da eine genauere Erklärung."

„Ganz und gar nicht. Du kannst dein Leben lang ein positiver Mensch sein und ein produktives Leben führen, aber deine metaphysische Energie wird von der Polarisationswirkung beeinflusst."

„Wenn du also sagst, dass du nie müde wirst, dann ist das einer der Gründe dafür? Du lebst bewusster und profitierst davon!", stellt Anita fest.

„Ja, das ist wahr. Ich bin frei von dem energetischen Stress, der mich viele Jahre lang begleitete. Dieser energetische Stress ist eigentlich ein Energieverlust. Doch ob es uns gefällt oder nicht, wir haben ihn erschaffen. Es ist eine Tatsache, dass die meisten Tiere – Zelle für Zelle – weit mehr Energie als Menschen haben. Aber potentiell könnte unsere Energie mit Abstand die größte sein, so wie es sicher auch sein sollte."

„Bist du die ganze Zeit bewusst?", fragt Peter.

„Nein, das bin ich nicht. Wie jeder achtsame Mensch auf diesem Planeten, wachse ich im Bewusstsein, was mir sehr wichtig ist. Ich bin bewusster als die meisten Menschen und dies die meiste Zeit, aber es liegt noch einiges vor mir."

„Wer könnte denn bewusster sein als du?", fragt Anita.

„All die großen Meister im Wandel der Zeiten, wie Jesus, Buddha und ihresgleichen. Und es gibt heutzutage Menschen unter uns, die keine Persönlichkeiten des öffentlichen Lebens sind – tatsächlich ganz das Gegenteil –, die bewusster sind als ich."

„Wer sind die? Ich habe nie von ihnen gehört", wundert sich Anita.

„Weil sie an sehr abgelegenen Orten versteckt leben."

„Warum versteckt?", hakt Anita nach.

„Einfach weil sie bewusst ihr höheres Bewusstsein mit dem allgemeinen Bewusstsein der Menschheit verschmelzen, in der reinen Absicht, dieses anzuheben. Wir brauchen solche Menschen, wenn es auch vergleichsweise wenige sind. Vor der Aufmerksamkeit der Menschenmassen versteckt, können sie dies ungestört tun. Wir brauchen sie."

„Okay, ich mag dumm sein", grinst Anita. „Aber warum bist du eine öffentliche Person, wenn du dein Privatleben so schätzt, wie du es erwähnt hast?"

Ich lache: „Dieselbe Frage ich stelle ich mir selbst auch oft. Es ist meine Wahl. Ich habe eine Begabung für Kommunikation in Wort und Schrift. Also nutze ich sie. Mir macht das, was ich tue, Freude, aber ich schätze meine Privatsphäre. Und doch fällt es mir leicht, Öffentliches und Privates unter einen Hut zu bringen.

Jetzt lasst uns zu unserem Thema zurückkehren. Tiere leben ungefähr siebenmal so lange, wie es dauert, ihren physischen Körper voll zu entwickeln. Das variiert bei verschiedenen Tieren, aber es ist ein realistisches allgemeines Maß.

Wir Menschen sind in etwa zwanzig Jahren meist voll entwickelt. Okay, wir mögen Gewicht zu- oder abnehmen, aber ihr versteht, was ich meine. Dies weist darauf hin, dass wir, wenn wir sieben mal zwanzig Jahre lebten, ungefähr 140 Jahre alt würden! Aber das tun wir nicht. Warum nicht? Weil wir *außerhalb* des Augenblicks leben, folglich mit weniger Energie, mehr Stress, kürzeren Leben. Im Gegensatz zur Natur, wo alle Tiere *im* Augenblick leben, dem Ort der vollen Energie."

Alle fünf starren mich verwirrt an. „Das ist erstaunlich!", stellt Marsha fest. „Vollkommen erschreckend und erstaunlich."

„Wenn es wahr ist“, fügt Peter zynisch hinzu.

„Wie ich bereits sagte, was die Lebensspannen der diversen Säugetiergattungen angeht, werdet ihr feststellen, dass es ziemlich genau stimmt. Im Augenblick bewusst zu leben, ist eine ganz andere Erfahrung, als außerhalb des Augenblicks unterbewusst zu leben.

Glaubt ihr ehrlich, dass Gott für die Tiere ein ganzes Leben vorgesehen hat und für uns nur ein halbes? Oder nehmt ihr an, dass wir möglicherweise Meister der Selbstsabotage sind?“

Marsha starrt mich an. „Du bist ein beängstigender Gesprächspartner. Bevor wir hierher kamen, lebte ich glücklich in meiner kleinen Blase der Selbsttäuschung. Jetzt hast du sie platzen lassen. Und was soll ich jetzt tun?“

Ich lächle sie an. „Du kannst sie wiederherstellen und in ihre Begrenzung und Beschränkung zurückkriechen oder du kannst draußen bleiben, tief Luft holen und ein neues Leben beginnen.“

Sie lacht: „Ich nehme das neue Leben.“

„Tust du das? Bist du sicher? Denn das neue Leben muss als neuer Mensch gelebt werden. Eine WAHRHEIT ist keine WAHRHEIT, solange du sie nicht *lebst*. In einer Woche, wenn du Zeit gehabt hast, all die alten Gedanken und Gewohnheiten wieder aufleben zu lassen, und es ist so einfach, zurück ins Gleichsein zu kriechen, erinnerst du dich vielleicht an meine Worte. Es bedarf Mut und Einsatz, positiven Wandel in deinem Leben zu erschaffen und zu erhalten.“

„Was braucht es, um so zu leben wie du?“, fragt Todd.

„Ihr müsst euch daran erinnern, dass ich in diesem Leben vor etwa fünfzig Jahren diesen Weg zu gehen begann. In vielen Inkarnationen war ich ein wandernder Mystiker, meist mit einem sehr garstigen physischen Ende. Aber das seelische Wachstum, das ich erfahren hatte, wurde nicht ausgelöscht. Ich war für sehr lange Zeit ein Suchender. Ich suche nicht länger. Ich *wachse* einfach aus meiner bewussten Beziehung mit dem Augenblick des Lebens.

Ihr könnt trotz eurer persönlichen Geschichte dasselbe tun. Wenn ihr wahrhaft interessiert seid, schlage ich vor, an einem Intensivseminar teilzunehmen. Ihr werdet eine Lebensweise lernen, die euch befreien kann, wenn es euch wichtig genug ist, diese zu leben. Aber – und das ist ein großes Aber – es ist erforderlich, dass ihr *lebt*, was ihr lernt. Spirituelles Wissen an sich enthält und bietet keine Freiheit, nur seine gelebte Verwirklichung.

Wenn du *weißt*, was das Leben eigentlich ist und auf diese Weise lebst, dann wirst du feststellen, dass du genauso viel um den Tod weißt, selbst wenn du noch lebendig im Körper bist. Der Tod ist nicht das Ende. Tod ist ein Aspekt des Lebens. Wenn du deinen physischen sterblichen Körper ablegst, wirst du wesentlich lebendiger sein, als du es lange Zeit erfahren hast.

Dennoch muss ich hinzufügen, dass Sterben und Tod genauso wenig für alle gleich sind wie das gelebte Leben. Ein Mensch, der sich selbst zu LIEBEN gelernt hat, wird einen ganz anderen Sterbeprozess erfahren, als jene Menschen, die sich selbst nicht mögen. Und sie werden unterschiedliche Erfahrungen machen, wenn sie den physischen Körper verlassen. Wir sind die Schöpfer der *Gesamtheit* unserer Leben, nicht nur des physischen Teils.

Ich lächle oft, wenn ich Menschen einen Moment der Transzendenz beschreiben höre und sie diesen als Nahtoderfahrung bezeichnen. In Wahrheit erlebten sie eine Nah-Lebenserfahrung, und der Rest ihres Lebens war eine Nahtoderfahrung!

Ich kann nicht aufhören, mich darüber zu wundern, wie die meisten Menschen ihre sterblichen physischen Leben voller Blindheit gegenüber der Schönheit und dem Strahlen der größeren metaphysischen Wirklichkeit leben können. Es ist in etwa so wie das Leben in einer Schwarzweißfotografie im Vergleich zum Leben in einer mit vollen leuchtenden Farben. Selbst unsere größten, höchst transzendenten Erfahrungen sind nicht mit der Klarheit und schieren Großartigkeit der größeren Wirklichkeit vergleichbar, für die die meisten Menschen völlig blind sind und kein Bewusstsein haben.“

„Was müssen wir tun, um … äh … uns mit dieser größeren Wirklichkeit zu verbinden? Gibt es irgendeine Technik oder Methode, mit deren Hilfe wir die Verbindung herstellen können?", fragt Todd.

„Es ist keine Frage der Methode, es ist eine Frage des Lebens von WAHRHEIT. Wenn du eine Raupe träfest und mit ihr plaudern könntest, würdest du feststellen, dass sie kein Konzept für ihr Schmetterlingspotential hat. Eine Raupe mag bunt sein, aber nichts in ihrem ‚krabbelnden' Leben ist dem Flug eines Schmetterlings vergleichbar. Doch aufgrund eines biologischen Programms wird die Raupe schließlich die Metamorphose zum Schmetterling erfahren, also *wird* sie ihr volles Potential erleben.

Wir haben kein biologisches Programm, das uns zu unserem Licht-SELBST transformiert. Wir bleiben im Raupen-Selbst stecken bis zu der Zeit, in der wir bewusst wählen, unser Potential zu entwickeln und zu unserem Licht-SELBST aufzusteigen. Und bewusst zu sein ist der Schlüssel.

Solange die Menschen unterbewusst leben, solange leben sie in den Beschränkungen der Illusion. Das ist die Heimat des Raupen-Selbst. Wenn Menschen wählen, bewusster zu leben und es üben, bewusst zu sein, so öffnen sich ihre inneren Augen für eine größere Wirklichkeit und ihr Licht-SELBST."

„Also ist die Methode … hm, bewusst sein?", fragt Anita.

Ich seufze. „Nein, meine Liebe. Bewusst zu sein ist keine Methode. Voll bewusst zu sein ist die einzige Lebensweise, die funktioniert. Methoden haben ein Verfallsdatum, während eine bewusste Lebensweise deine Fähigkeit stärkt, bewusst zu leben. Auf diese Weise wächst du im Bewusstsein bis zu dem Stadium, in dem die Illusionen wegfallen und das Leben in der größeren Wirklichkeit offenbart wird."

„Aber, was ist eine größere Wirklichkeit?", fragt Anita verzweifelt. „Ich versuche das zu verstehen, ehrlich, aber ich kapier´ es einfach nicht."

Ich lächle sie an. „Anita, das wirst du nie verstehen. Und selbst, wenn du denkst, du tätest es, würde, was du denkst, schließlich als falsch entlarvt werden. Wenn du eine größere Wirklichkeit *erlebst*, wirst du erkennen, wie müßig in Wirklichkeit der Versuch ist, diese verstehen zu wollen.

Verstehen ist allein Sache des Verstandes, der versucht, einen Anker in etwas zu setzen, das er nicht erfahren kann. Der Verstand kann ein Beobachter sein, aber kein Teilnehmer. Er kann feststellen, was mit der Seele geschieht, aber er ist nicht die Seele, die die Erfahrung macht."

Anita seufzt stark übertrieben und grinst mich an. „Willst du mir damit sagen, dass du die täglichen Ereignisse deines Lebens nicht verstehst?"

„Oh Gott, gib mir Geduld! Nein, das sage ich dir damit nicht. Natürlich verstehe ich die Ereignisse in meinem Leben. Unserem *intellektuellen* Leben wohnt naturgemäß das Verstehen inne, okay! Da gibt´s keine Probleme.

Unser *spirituelles* Leben bewegt sich auf einer ganz anderen Energiewelle. Es gründet in Intelligenz, nicht im Intellekt. Intellekt ist die Domäne des Verstehens, ja? Intelligenz ist die Domäne des Erlebens. Sie befinden sich auf unterschiedlichen Energiewellen in unserem Leben. Bei viel zu vielen Menschen ist die Welle des Intellekts sehr dominant, während bei viel zu wenigen die Intelligenz die Welle ihrer Wirklichkeit ist."

… DREIZEHN …

Über die Ehe

Und einer fragte:
Und wie ist es mit der Ehe, Meister?
Und er antwortete und sprach:
Zusammen wurdet ihr geboren, und zusammen werdet ihr bleiben für alle Ewigkeit.
Ihr werdet beisammen sein, wenn die weißen Flügel des Todes eure Tage zerstreuen.
Ja, ihr werdet beisammen sein selbst in dem schweigenden Gedächtnisse Gottes.
Doch seien Zwischenräume in eurem Zusammensein,
Und lasset die Winde des Himmels tanzen zwischen euch.

Khalil Gibran

„Okay, lasst uns weitermachen. Nächstes Thema bitte!"

Marsha sieht mich neugierig an. „Du bist ein älterer Mann. Ich würde gerne deine Ansichten über die Ehe hören. Wie du weißt, ist vielen Leuten heutzutage das Heiraten nicht so wichtig. Wie denkst du darüber?"

Ich schmunzle. „Um deine zweite Frage zuerst zu beantworten: ich denke darüber gar nichts. Wie Menschen zu leben wählen, interessiert mich herzlich wenig. Aber wie ich die Ehe sehe, nun, das ist eine vernünftige Frage.

Ich bin ein verheirateter Mann aufgrund meiner Wahl. Als ich meine erste Frau heiratete, war ich einundzwanzig. Heiraten war normal. Nur zusammen zu leben wurde damals stark missbilligt, also heirateten die meisten Paare. Um ehrlich zu sein, mir bedeutete die Trauungszeremonie selbst wenig, außer dass ich nun unbegrenzt rechtmäßigen Sex haben konnte! Nichtsdestotrotz gefiel mir die Vorstellung, verheiratet zu sein und dass meine Frau und ich nun als Ehepaar galten. Wie sich herausstellte, war ich ein guter Ehemann. Ich lernte schnell, dass eine glückliche Frau ein glückliches Heim bedeutete. Damit meine ich keine übermäßig verwöhnte Frau, sondern eine respektierte, glückliche und liebende Frau, die mich auf eine Weise behandelte, die mir Freude machte. Und dann ist da der Aspekt der Liebe. Ich liebte meine Frau von dem Moment an, als ich sie zum ersten Mal traf. Über die Jahre habe ich gelernt, dass meine frühe Liebe eine ziemliche Schwärmerei war, aber während ich reifer wurde, entwickelte sie sich zu einer wirklichen LIEBE, so wie es mir eben möglich war. Als sie nach neunundvierzig Jahren Ehe starb, war ich am Boden zerstört."

„Wie hast du das bewältigt?", fragt Marsha mitfühlend.

„Als spiritueller Lehrer und erleuchteter Mann hatte ich weit mehr innere Kraftquellen zur Verfügung als ein durchschnittlicher Mensch. Ich glaubte nicht an den Tod, genauso wenig wie meine verstorbene Frau. Innerhalb von drei Tagen nach ihrem Fortgang begann sie mit mir zu kommunizieren. Sie war so glücklich, wenn auch traurig um meinetwillen. Aber diese Geschichte ist schon anderswo dokumentiert worden (*Durch die Augen der Liebe*).

Weil ich die spirituellen WAHRHEITEN, die ich lehre und *weiß*, lebe, war ich mir des bedeutenden Zusammenhangs einer größeren Wirklichkeit gewahr. Außerdem konzentrierte ich mich darauf, durch meine tiefe Verlusterfahrung zu lernen und zu wachsen. Diese Faktoren machten viel aus, und so hatte ich innerhalb eines Jahres den Hauptteil meiner Trauer bewältigt.

Carolyn war die Organisatorin meiner Intensivseminare in Amerika, und sie und ihr Mann hatten sich gerade getrennt. Als wir im Jahr darauf für mein Intensivseminar zusammentrafen – ich reiste das erste Mal allein – blühte eine fünfzehn Jahre währende Freundschaft plötzlich und sehr überraschend zu einer tiefen und romantischen LIEBE auf. Innerhalb weniger Monate waren wir verheiratet. Dennoch war meine zweite Heirat ganz anders."

„Wie denn?", will Anita wissen.

„Nun, wie Carolyn es ausdrückt, waren wir zwei reife Erwachsene, wir *mussten nicht* heiraten. Also war sie sehr überrascht, als ich ihr einen Heiratsantrag machte. Natürlich hat sie ihn angenommen, und dann sagte ich ihr den Grund. Die Trauung war für mich das Bezeugen unserer energetischen Vereinigung vor einer kleinen Öffentlichkeit. Die Eheschließung erschafft eine heilige energetische Verbindung, und ich ehre das in höchstem Maße.

Zum Eheversprechen gehört, dass sich das Paar verbindlich zueinander bekennt. Wenn dann zu irgendeinem Zeitpunkt während der Ehe Probleme oder persönliche Konflikte auftauchen, erschafft das wahrhaftige Bekenntnis zueinander eine energetische Brücke zwischen ihnen, und sie können diesen heiligen Raum nutzen, um sich erneut zu verbinden. Lasst mich klar sagen, dass es beim Eheversprechen nicht nur darum geht, ein paar Worte zueinander zu sagen. Carolyn und ich haben die Worte unseres Eheversprechens niedergeschrieben, und als wir diese laut vor der versammelten Gruppe von Freunden und Familie – Zeugen – vortrugen, waren wir beide bewusst und aufrichtig und uns vollumfänglich der Bedeutung dessen gewahr, was wir da zueinander sagten."

„Also könnte man sagen, dass deine erste Hochzeit eine unterbewusste, deine zweite jedoch bewusster war", stellt Marsha fest.

Ich sehe sie überrascht an. „Hm, sehr gut! Ich bin nie auf die Idee gekommen, es so zu betrachten, aber ja, das hast du brillant auf den Punkt gebracht.

Wir leben in Zeiten, in denen sich viele Paare trennen, weil ihre Ehe recht schwierig wird. Dann, Monate oder Jahre später, gehen sie eine Beziehung mit einem anderen Menschen ein, mit dem sie einfach zusammenleben. Das ist keine gute Idee. Wenn unter Zeugen eine Trauungszeremonie vollzogen wird, kommen die Energien des heiratenden Paares zusammen – und bleiben zusammen.

Obwohl die physischen Körper später eine Trennung durchlaufen mögen, bleiben sie auf einer metaphysischen Ebene verbunden. Ich hatte Freunde in dieser misslichen Lage. Ich schlage in der Regel vor, dass sie sich richtig scheiden lassen. Dann gibt es einen kurzen formalen Prozess, der die energetische metaphysische Verbindung auslöscht.

Wenn sie das tun, sind sie immer erstaunt ob des Gefühls von Freiheit, das sich dann bei ihnen einstellt. Menschen *sehen* diese energetische Verbindung nicht, aber wenn sie sie hergestellt haben, ist es erforderlich, sie auch wieder aufzulösen."

„Das ist erstaunlich!", ruft Anita.

„Lasst mich euch eine kleine Ehegeschichte erzählen. Als mein jüngster Sohn das erste Mal heiratete, bat er mich, sein Trauzeuge zu sein. Ich fühlte mich geehrt. Nach der Hochzeit hatte ich eine kleine Unterredung mit ihm: ‚Russ[7], du bist nun verheiratet. In ungefähr zwei oder drei Jahren wird deine *wirkliche* Ehe beginnen. Wir haben gerade eine Hochzeitszeremonie erlebt und, so schön sie auch war, sie macht noch lange keine Ehe aus.'

Meine Weisheit beeindruckte ihn nicht. ‚Ach, Papa, was redest du da? Ich bin jetzt ein verheirateter Mann.' Ich lächelte und meinte achselzuckend: ‚Du wirst schon sehen.'

Fast zweieinhalb Jahre später kam Russ eines Tages zu mir und sagte: ‚Papa, erinnerst du dich daran, als du bei meiner Hochzeit zu mir sagtest, dass es wahrscheinlich ein paar Jahre dauern würde, bis meine Ehe wirklich begänne? Wie kamst du darauf?'

‚Ganz einfach', erwiderte ich, ‚In den ersten beiden Jahren geht es nur um Sex. Der Sex ist so genussvoll, dass er die meisten freien Augenblicke füllt und sich Streitereien schnell im sexuellen Rausch auflösen. Doch nach ein paar Jahren reicht der Sex nicht mehr aus, es sei denn, beide passen in jeder Hinsicht zusammen. Dann be-

7. Russell Roads (jüngster Sohn)

greifst du, dass du wirklich und wahrhaftig verheiratet bist und dass es mehr zwischen euch geben muss als *nur* Sex. Ihr habt jegliche sexuelle Stellung ausprobiert und jeden Platz im Haus, aber nun braucht ihr mehr. Ich weiß das, Russ, weil ich es selbst erlebt habe! Also, habt ihr ein Problem?'

Er grinste mich an. ,Ja, wir haben einen Punkt erreicht, an dem wir nun an unserer Ehe arbeiten müssen. Du hattest Recht, jetzt bin ich in der *wirklichen* Ehe.'"

Ich lächle Anita an: „Bist du verheiratet?"

„Nein. Ich habe einen Partner und wir leben zusammen." Sie zieht eine Grimasse. „Oh Gott, was wirst du mir nun sagen?"

Ich lache. „Gar nichts, dein Leben ist deine Sache, nicht meine. Aber ich sage so viel: Viele Paare, die ohne Trauschein zusammenleben, haben eine weit tiefere und bedeutungsvollere Beziehung als sie es Ehe mancher Leute ist. Bei der Ehe geht es nicht um die Hochzeit, sondern um das Maß an LIEBE zwischen dem Paar.

Wenn LIEBE Teil einer Ehe ist, dann soll es so sein, und wenn LIEBE Teil einer Partnerschaft ist, dann so. Viele Leute erstreben die Ehe nur, um sich emotional sicherer zu fühlen. Das macht keine gute Ehe aus. Und sehr oft wird die Person, die sie anziehen, dasselbe Problem haben. Wenn zwei emotional unsichere Menschen zusammen sind, ist es keineswegs leichter für sie als alleine unsicher zu sein! In diesen modernen Zeiten wollen viele Leute eine Beziehung, und sehr oft ist die menschliche Liebe in ihrer einfachsten Form nicht daran beteiligt. Das ist nicht gerade ratsam.

Wenn ihr einen Moment wartet, werde ich euch die Worte vorlesen, die ich vor ein paar Jahren anlässlich der Hochzeit meiner Nichte geschrieben habe. Ich werde sie holen.

Okay", sage ich, als ich zurück bin. „Ihr werdet das nachvollziehen können oder nicht, aber dies ist mein Rat, wie man eine langfristige Ehe oder Beziehung erschaffen und erhalten kann. Und betrachtet dies als meine letzten Worte zum Thema. Ich nenne sie Eheweisheit.

EHEWEISHEIT

Die Ehe eines Paares ist wie die Beziehung eines Adlers zu den warmen Aufwinden. Wenn der Adler das erste Mal vom Ast eines Baumes abhebt, ergreift sein Flügelschlag die Luft mit gewaltiger Anstrengung, einmal, zweimal, sogar dreimal mag das geschehen, und dann beginnt das Wunder des Fluges, während der Adler sich von den warmen Luftströmungen emportragen lässt.

Genauso ist es in der Ehe. Wenn ihr die uns allen innewohnenden Fähigkeiten nutzt, müsst ihr euch beide gelegentlich gewaltig anstrengen, um nicht wütend oder ungeduldig zu werden und um den Menschen, mit dem ihr nun verheiratet seid, wirklich zu verstehen.

Dann wird es euch mühelos gelingen, von der aufsteigenden Thermik aus Ehre und Respekt getragen zu werden und euch und eure Ehe in einen neuen und höheren Ausdruck von Liebe emporzuheben. Das könnt ihr nur, indem ihr euch dieses anderen Menschen in eurem Leben mit seinen ihm eigenen einmaligen Bedürfnissen wirklich gewahr seid.

Es gibt drei grundlegende Fähigkeiten, die ein jeder von euch braucht, damit eure Ehe zu ihrem vollen und potentiellen Höhenflug ansetzen kann: Verbindlichkeit, Kommunikation und Rücksicht. Wenn ihr eurem Ehepartner wahrhaft verbunden seid, habt ihr die Fähigkeit, euch auf eine höhere Weise auszudrücken. Auch wenn diese höhere Ausdrucksweise euch vielleicht nicht durch die rauen Ehestürme tragen mag, wird sie euch jedoch eine größere Kapazität innerhalb eurer selbst finden lassen, was euch wiederum befähigt, euch allen notwendigen Herausforderungen zu stellen. Gemeinsam werdet ihr die Stürme durchfliegen, denen sich jeder von euch stellen muss, während ihr eure Ehe noch höher aufsteigen lasst. Einfach ausgedrückt ist dies der Prozess spirituellen Wachstums. Ihr müsst auch erkennen, dass euer Partner eure Gedanken wirklich nicht lesen kann und dass ihr die Fähigkeit erwerben müsst, eure LIEBE zu *kommunizieren.*

Auch die in eurem alltäglichen Leben entstehenden Ängste gilt es zu kommunizieren, was noch viel schwieriger ist. Ja, wir alle haben unsere Ängste und diese mit deinem geliebten Partner zu teilen, hilft, sie von der Macht zu befreien, die sie vielleicht über euch haben.

Dann ist da die Rücksichtnahme – immer dann, wenn du die Bedürfnisse deines Partners über deine eigenen stellen musst, wenn deine Fürsorge und Achtsamkeit als vergebende und befreiende Umarmung zum Ausdruck kommt oder als starke und liebende Schulter, an die er sich sicher anlehnen kann.

Sich gegenseitig verbunden fühlen, einander die Freuden und auch die Kümmernisse des Lebens mitteilen und eine tiefe achtsame Rücksicht aufeinander, all dies ist erforderlich, während ihr das Potential eures Miteinanders ergreift und die notwendige Anstrengung unternehmt, um auf den Aufwinden der Liebe stetig höher in eine edle und wunderbare Ehe hineinzufliegen.

So wie ein Adler hoch auf den Himmelswellen reitet, so kann eine Ehe der mühelose Gleitflug zweier Menschen in den seltenen Aufwinden der bedingungslosen LIEBE sein. Und es ist Liebe ohne jede Bedingung, die letztlich eure Ehe bestimmt.

Das ist das Potential eurer Ehe. Möget ihr beide hoch fliegen."

(Ich erlaube jedem, dies bei seiner eigenen Hochzeit einzusetzen.)

… VIERZEHN …

Über Beziehungen

Deine Beziehung zu dir selbst ist deine Beziehung zum Leben. Diese Beziehung wird deine Fülle – und damit meine ich nicht Reichtum – oder deine Armut bestimmen, deine gute oder schlechte Gesundheit und alle deine Beziehungen zu anderen Menschen. Aus Erfahrung kann ich dir sagen, dass die meisten Menschen eine ärgerliche, kritische und verurteilende Beziehung zu sich selbst haben, voller Angst, Anklage, Schuld und Reue. Gewiss nicht alle Menschen, aber viel zu viele. Das dient niemandem!

Michael J. Roads

„Wow, das gefällt mir wirklich!", begeistert sich Anita. „Es ist so poetisch."

„Kaum verwunderlich – habe ich doch ziemlich viele Gedichte geschrieben und in jüngster Zeit auch Liedtexte. Okay, also nach der Ehe folgt … was?"

„Wie wäre es mit Beziehungen?", schlägt Marsha vor. „Ich weiß, dass es da Ähnlichkeiten zur Ehe gibt, aber Beziehungen schließen uns alle ein und gibt es auf viele Arten."

„Hm, du hast natürlich Recht. Fast jeder ist in irgendeiner Art von Beziehungen mit jemandem, und die meisten von uns mit einer ziemlichen Anzahl von Menschen wie Familie, Freunde, Arbeitskollegen usw."

„Wie ich das sehe, haben die meisten Leute oft recht schwierige Beziehungen“, fährt Marsha fort. „Ich helfe den Menschen, mit einigen davon umzugehen. Es ist nicht ungewöhnlich für erwachsene Kinder, sich von den Eltern entfremdet zu haben, einen Elternteil abzulehnen oder abgelehnt zu werden. Dann gibt es die Leute, die praktisch jeden hassen und wütend und aggressiv sind. Und doch sind diese Menschen auf die eine oder andere Weise in verschiedenen Beziehungen oder versuchen es damit zumindest.“

„Ich habe beobachtet, wie unbeständig solche Beziehungen sein können.“ Ich seufze. „Mir ist klar, dass ihr alle die modernen Mittel und Wege gelernt habt, um Menschen zu helfen, mit ihren Beziehungsproblemen zurechtzukommen, und ich habe nicht die Absicht, dem ins Gehege zu kommen. Aber wie man damit umgeht, hängt sehr stark von der erhofften oder notwendigen Entwicklung der Menschen in der Beziehung ab. Ich ...“

„Ich bin nicht sicher, ob ich verstanden habe, was du damit meinst“, fällt mir Anita ins Wort.

Ich nicke. „Na gut – die meisten Eltern lieben ihre Kinder. Okay, das ist nicht unbedingt gegeben, aber es ist normal – selbst wenn die Art der Beziehung zu ihren Kindern eine andere Botschaft beinhalten mag. Beispielsweise hat mir mein Vater nie gesagt, dass er mich liebt. Das hat mich verletzt. Doch als erwachsener Mann und mit der Erfahrung, die ich durch meine Intensivseminare gewonnen habe, bin ich mir nun sicher, dass er solche Worte nicht sagte, weil er einfach ein Mann war, der mit einem anderen Mann nicht über Liebe sprechen konnte, egal welchen Alters oder in welcher Beziehung er zu ihm stand. Dumm, ja, aber die Realität, besonders in dieser Generation. Das Ergebnis war, dass wir einander nicht nahe waren und das nicht viel geholfen hat.“

Ich lächle verschmitzt. „Weil er unfähig war, mir gegenüber von Liebe zu sprechen, habe ich sehr darauf geachtet, zu meinen vier heranwachsenden Kindern Worte der Liebe zu sagen. Das mache ich bei Gelegenheit immer noch.“

Ich grinse. „Als Sohn spürte ich die Ablehnung meines Vaters.

In den letzten Jahren wurde ich als Vater von einem Sohn abgelehnt. Also habe ich beides erfahren.“

„Warum wurdest du abgelehnt? Ich bin erstaunt, dass dir sowas passieren kann!“, sagt Marsha.

Ich lächle sie an. „Weißt du, wenn ich während eines Intensivseminars die Knöpfe eines Mannes drücken will, ist alles, was ich tun muss, ihn nach dem Verhältnis zu seinem Sohn oder seinem Vater zu fragen. Das mache ich selten, aber wenn es doch dazu kommt, dann ist der Mann oft den Tränen nahe. Manchmal ist die Beziehung natürlich gut, aber allzu häufig ist sie das nicht. Mein Sohn ist wütend auf mich, seit er etwa fünfzehn Jahre alt war. Es scheint, dass alles und jedes, was in seinem Leben falsch läuft, meine Schuld ist, hingegen ist all das Gute in seinem Leben sein Verdienst!“

„Aber das ist so ungerecht und lächerlich. Verursacht das nicht enormes emotionales Leiden und Schmerz bei dir?“, fragt Anita betroffen.

„Das hat es“, antworte ich wahrheitsgemäß. „In einem explosiven Streit zwischen uns bot er mir Schmerz und Verletzung und ich nahm sie an. Nach etwa sechs Monaten inneren Leidens erkannte ich, dass es nicht so sein musste. Stattdessen machte ich einen großen Schritt und wählte, ihn *bedingungslos* zu LIEBEN.

Nun hat seine Wahl, wie er mich behandelt, nichts mehr mit mir zu tun. Es ist *seine* Entscheidung und *sein* Bier. Ich bezweifle ernsthaft, dass ich ihn je wiedersehen werde – das geht schon Jahre so – aber ich bin damit in Frieden. Gefällt mir das? Nein, aber bedingungslose LIEBE heißt, keine Bedingungen zu stellen. Mein Leben ist friedvoller ohne eine solch explosive und aggressive Beziehung, also geht´s mir gut damit. Ich LIEBE ihn, und ich werde ihn weiterhin LIEBEN als die schöne Seele, von der ich weiß, dass er sie ist. Seine wütende, aggressive, unangenehme Persönlichkeit bleibt mir fremd. Er ist in einer neuen Ehe mit einer reizenden Frau – so wurde mir berichtet – und ich wünsche ihm ein wundervolles Leben. Ich kann nur hoffen, dass es ihn wandelt. Für mich ist mein Sohn eine geliebte Seele, und auf einer Seelenebene sind wir im Frieden."

„Wow, wie kommt man dahin?", fragt Marsha.

„Indem man beständig und bewusst LIEBE wählt", erwidere ich. „Jeder ist in einer Beziehung mit sich selbst. Dem kann keiner ausweichen. So habe ich begonnen, bedingungslose LIEBE zu erfahren. Ich LIEBE mich selbst vollkommen und bedingungslos. Ich kann die schlimmstmöglichen Sachen zum schlimmstmöglichen Zeitpunkt sagen und dabei wissen, dass ich ernsthaft in den Fettnapf getreten bin – und es ist wie es ist. Das kann passieren. Ich kritisiere, beschimpfe und verurteile mich deswegen nicht selbst, nichts dergleichen. Ich sage einfach: ‚Okay, Michael, du hast was vermasselt, jetzt gib dein Bestes, das wieder in Ordnung zu bringen.' Und das tue ich."

„Keiner macht sich Gedanken über die Beziehung zu sich selbst", sagt Anita nachdenklich. „Zumindest habe ich das nicht getan."

„Tatsächlich *sind* mehr und mehr Menschen mit einer größeren Wahrheit in Resonanz", sage ich ihr. „Deine Beziehung zu dir selbst ist deine Beziehung zum Leben. Diese Beziehung wird deine Fülle – und damit meine ich nicht Reichtum – oder deine Armut bestimmen, deine gute oder schlechte Gesundheit und alle deine Beziehungen zu anderen Menschen. Das ist natürlich ein Hinweis darauf, dass das Problem meines Sohnes nicht an seiner Beziehung zu mir liegt, sondern an der Beziehung zu sich selbst. Und das kommt im täglichen Leben so oft vor. Aus Erfahrung kann ich dir sagen, dass die meisten Menschen eine ärgerliche, kritische und verurteilende Beziehung zu sich selbst haben, voller Angst, Anklage, Schuld und Reue. Gewiss nicht alle Menschen, aber viel zu viele. Das dient niemandem!

Diese negative Beziehung zum Selbst ist stark mit den derzeitigen Krankheiten der Menschheit verbunden. Wie kannst du gedeihen, wenn du dich unterbewusst verachtest? Das kannst du nicht, aber wie ihr wahrscheinlich wisst, ist dies ein weit verbreitetes Szenario bei den Menschen. Selbsthass und Selbstangriff sind die Saat der Krankheit."

„Genau damit arbeiten wir", sagt Todd „Ein Mensch, der sich selbst liebt, ist selten in Schwierigkeiten. Bei anderen sehen wir den Selbsthass unter der Oberfläche schwelen. Ein falsches Wort und alles bricht hervor."

Ich nicke: „Eine Beziehung zu dir selbst, die dich im Alltag erfüllt und dich in jedem Moment ehrt, bedeutet, dass praktisch der ganze Stress aus deinem Leben verschwindet. Und das ist wirklich nicht so schwierig. Die meisten Menschen leben ein *reaktives* Leben, d.h. sie reagieren negativ auf die Kommentare und Situationen in ihrem Leben. Es ist weit besser, das Leben auf eine *antwortende* Art zu leben. Angst reagiert, während Liebe antwortet. Das funktioniert!

Okay, Freunde, nächstes Thema!"

… FÜNFZEHN …

Verbrechen und Strafe

Dann trat einer der Richter der Stadt vor und sagte:
„Sprich uns von Verbrechen und Strafe.
Und er antwortete und sprach:
„Oftmals hörte ich euch sprechen von Einem, der da Übel tat,
als sei er nicht einer von euch, sondern ein euch Fremder und ein
Eindringling in eure Welt.
Aber ich sage, daß gleich wie der Heilige und der Gerechte sich
nicht erheben können über das Höchste, das in euch ist.
Also auch können der Böse und der Schwache nicht tiefer fallen
als das Tiefste, das gleichfalls in euch ist.
Und wie kein einziges Blatt gelb wird ohne das schweigende
Wissen des ganzen Baumes,
also kann der Übeltäter nicht übel tun, ohne euer Aller
verborgenen Willen.“

Khalil Gibran

Todd meldet sich erneut zu Wort. „Unsere Art der Arbeit bringt es manchmal mit sich, dass wir mit den Verbrechen zu tun haben, die ein paar unserer Leute begangen haben oder sogar begehen, während sie in unserer Obhut sind. Was ist deine Sicht auf unser modernes System von Verbrechen und Bestrafung?“

Ich starre ihn überrascht an. „Hm, ich muss zugeben, dass ich mit dem Thema Verbrechen und Strafe nicht gerechnet habe. Aber ich muss sagen, ich habe schon oft darüber nachgedacht. Auf der physischen Ebene befürworte ich sehr das Konzept und die Einführung von Sozialdienst als Strafe für Verbrechen an Menschen. Besonders bei den geringfügigeren Straftaten, wie es vermutlich die meisten sind. Ich halte es auch für die perfekte Strafe bei allen gewaltfreien Verbrechen.

Doch ihr fragt mich ja nicht nach meiner *Meinung* zu unserem System, Verbrechen zu bestrafen, sondern nach meinem metaphysischen Standpunkt. Interessanterweise wurde ich dreimal aufgefordert, meiner Pflicht als Geschworener bei Gericht nachzukommen. Jedes Mal habe ich meine Bereitschaft erklärt, so lange sie meinen Bedingungen zustimmten.

Todd lacht: „Was waren das für Bedingungen?"

„Ich sagte ihnen, ich sei ein Schüler des Lebens. Ich erklärte ihnen, dass das ganze Leben zunächst und vor allem metaphysisch sei. Das Metaphysische geht dem Physischen voraus. Nur weil wir uns dessen nicht gewahr sind, verändert dies nicht die Wirklichkeit, es verändert jedoch unser Verhältnis zur Wirklichkeit. Bei der Bestrafung von Verbrechen wird das ganz offensichtlich. Ich fragte, wie man von mir erwarten könne, eine Person zu verurteilen, obwohl ich die ganze Geschichte ihres Verbrechens am vermeintlichen Opfer nicht kenne."

„Was meinst du mit vermeintlichem Opfer?", will Bill wissen.

„Wir sind alle unsterbliche Seelen, die fortwährend in neue physische Körper inkarnieren. Lasst uns zum Beispiel zwei Männer nehmen, die beide voller Leidenschaft sind und eine Neigung zu Wut und Gewalt haben. Wir nennen sie A und B. In der einen Lebenszeit oder Inkarnation ermordet A aus irgendeinem Grund B. In der nächsten Inkarnation ist die Wahrscheinlichkeit groß, dass B an A einen Mord begeht. Das setzt sich über einige oder sogar viele Lebenszeiten fort.

Im Allgemeinen bemühen sie sich auf einer Seelenebene um eine Lösung, aber auf der physischen Ebene von Wut und Aggression gehen die Morde weiter. Also wer ist der Schuldige? Wer ist der Bösewicht? Wer ist das Opfer? Wenn ich unversehens gefragt werde, A oder B für ihr Verbrechen am anderen zu verurteilen, wie könnte ich das überhaupt tun? Natürlich bin ich unter all den Geschworenen ein Außenseiter. Ich bin der einzige Mensch, der da einen größeren Zusammenhang sieht. Könnte ich die anderen Geschworenen davon überzeugen, dass ihnen nur ein einziger Wirklichkeitsrahmen unter den zahllosen Rahmen der sich fortsetzenden Lebensfilme von A und B bekannt ist? Das bezweifle ich ernsthaft. Es ist eine Wahrheit außerhalb ihres Timings!

Also erkläre ich dies in einem Brief an das Geschworenenauswahlbüro auf eine einfache und präzise Weise und dann höre ich nichts mehr von ihnen – bis zum nächsten Mal! Mittlerweile höre ich gar nichts mehr von ihnen und ich habe keinen Zweifel, dass sie mich für einen Spinner halten. Das ist für mich in Ordnung. Eine unverstandene Wahrheit ist kein Problem, aber eine in mein Timing gehörende Wahrheit zu verletzen, würde meine eigene Integrität angreifen. Das mache ich nicht und ganz sicher nicht, um ein Mitglied von lauter Geschworenen zu sein, die voller guter Absichten und ohne jede Ahnung von der tieferen Bedeutung des menschlichen Lebens sind.

Bill schüttelt erstaunt seinen Kopf. „Und mal abgesehen von den großen Verbrechen und dergleichen, spielt sich all dies in unseren täglichen Leben ab. Bei jedem von uns und auf einem so beständigen und alltäglichem Niveau, dass es uns nicht bewusst ist. Hab ich Recht? Besteht daraus unser Alltagsleben?“

Ich nicke. „Ja, Bill. Was du sagst, ist richtig. Kein menschliches Leben ist eine neue, frische und saubere Erfahrung. Und wenn, dann ist das extrem selten. Das Leben ist die endlose Fortsetzung der endlosen Fortsetzung. Darum lernen Menschen wie ich, das Leben in einem größeren Zusammenhang zu sehen. Auf diese Weise können wir Veränderungen vornehmen, die zur Freiheit führen.

„Was ist wahre Freiheit?“, fragt Bill.

„Wahre Freiheit ist, wenn du frei bist, *frei* zu wählen. Wenn du tiefe Überzeugungen hast, wenn du in einem Vergeltungsprogramm festhängst, wenn du zutiefst religiös bist, wenn du dogmatisch bist, wenn du einen unbeugsamen Geist hast, nimmt dir all dies deine Fähigkeit, frei zu wählen. Wenn du ein frommer Buddhist bist, wirst du buddhistische Entscheidungen treffen, ein Katholik katholische, ein Moslem muslimische und so weiter.

Es gibt keine Freiheit in Gewohnheit oder Dogma, denn sie treffen für das immer Gleiche die alten, gut geölten Entscheidungen. Die Tatsache, dass diese vielleicht nicht funktionieren, spielt keinerlei Rolle. Gewohnheit und Dogma sind festgelegt. Der Ort der Freiheit ist, wo du innerhalb der Bewegung des Augenblicks lebst und dir dessen gewahr bist. Um in dieser Bewegung zu sein, musst du bewusst sein. Und damit du bewusst sein kannst, musst du dies bewusst wählen. Du könntest nie unterbewusst wählen, bewusst zu sein, weil das einfach unmöglich ist."

„Wow", sagt Todd zufrieden lächelnd. „Ich habe das Thema Verbrechen und Strafe gut gewählt. Ich gebe zu, dass ich dachte, du hättest vielleicht nichts dazu zu sagen. Aber wenn du darüber sprichst, erstaunt es mich, wie du mein Wissen über das Leben abschälst und immer tiefere Schichten zum Vorschein bringst, die ich überhaupt nie bedacht habe."

„Ich stimme zu", sagt Bill nachdrücklich. „Während ich mich bemühe, zuzuhören und dem zu folgen, was du sagst, tauchen alte Konzepte auf - und werden vernichtet. Ich frage mich verwirrt, ob ich an diesen alten, vertrauten Konzepten festhalten oder sie einfach loslassen soll. All dies rattert durch meinen Kopf und ich verpasse ziemlich viel von dem, was du uns mitteilst."

„Nun", sagt Marsha, „du hast die mentale Verwirrung gut beschrieben, die wir vermutlich alle gerade durchmachen. Und auch die emotionale Verwirrung. Während Michaels, äh ... tiefergehenden Erklärungen fühle ich die ganze Zeit Emotionen kommen und gehen. Manche sind traurig, andere auch befreiend und voller Freude. Es ist alles sehr verwirrend."

Ich lächle sie alle an. „Wie ich bereits sagte, *hört einfach zu.* Wenn ihr mit mir *im* Augenblick seid, wird Klarheit mit euch sein. Wenn ihr *außerhalb* des Augenblicks seid und meine Worte beurteilt, dann wird Verwirrung herrschen.

Bedenke einmal folgendes, Bill, als Beispiel für das Alltägliche. Ich habe das schon vorhin gestreift, aber es ausführlicher zu wiederholen, wird dir das begreiflicher machen. Du bist mit deinem Auto unterwegs und hast gerade an der Ampel angehalten. Während du auf Grün wartest, fährt dir von hinten ein Auto rein. Du steigst aus, um zu sehen, was passiert ist, und stellst fest, dass dein Auto eine Delle hat und dass die Fahrerin versucht, ihren Lippenstift zu verstecken, den sie gerade auftrug, als sie deinen Wagen beschädigte. Was tust du? In unserer bedingten Welt tauscht ihr eure Auto- und Versicherungsdaten aus. Du könntest dich entscheiden, ihr die Schuld zu geben und sie wegen des Schadens vor Gericht zu bringen. Das wäre dein gutes Recht."

Bill nickt. „Das wäre es, aber wahrscheinlich würde ich das nicht tun."

Ich lächle ihn an. „Das ist wahrscheinlich gut so. Ich schildere dieses Szenario manchmal in einem Intensivseminar. Sagen wir, dass auf der anderen Seite der Straßenkreuzung ein Café ist. Statt Namen, Nummernschilder und Versicherungen auszutauschen, bittest du die Frau, dir zum Café zu folgen und dort zu parken. Sobald ihr im Café seid, stellst du dich vor und sagst ihr, sie solle sich keine Sorgen wegen eines so unbedeutenden Vorfalls machen, und spendierst ihr einen Kaffee.

„Mann, *bin i*ch ein netter Kerl", grinst Bill.

„Natürlich bist du das. Das ist Teil deines Wesens. So und jetzt fragst du sie, warum sie so achtlos war und in dein Auto hineingefahren ist. Und du fragst dich selbst, warum du das Gefühl hattest, vor ihr stehen zu müssen, so dass sie in dich hineinfahren *konnte* und in niemand anderen. Du sagst ihr, dass es recht offensichtlich ist, dass dies nur ein weiterer Zusammenstoß von vielen Leben voller Zusammenstöße ist, wenn auch nur unbedeutenden. Doch wenn ihr damit vor Gericht ginget, würde es ein ganz anderes Gewicht bekommen und unangenehm werden. Sie mag denken, dass du verrückt bist, und das ist in Ordnung. Du sagst ihr, dass du in der Sache nicht verärgert bist und auch keinen Groll hegst, aber natürlich musst du dies wahrhaft fühlen. Du sagst ihr, dass es deine Wahl ist, für deinen und ihren Schaden zu zahlen, einfach weil du diesen Teufelskreis von Zusammenstößen mit einer positiven und liebevollen Energie beenden möchtest. Sie könnte dich überraschen, dich total verstehen und dich wegen deiner Entscheidung bewundern und respektieren. So oder so hast du auf wundervolle Weise ein lang währendes Problem aufgelöst, dass euch beide während mehr Lebzeiten verfolgt hat, als ihr euch vielleicht vorstellen könnt."

Bill freut sich. „Weißt du was? Ich finde, das ist eine wundervolle Art, das Leben zu betrachten. Zu mir – der recht pragmatisch ist – sagst du damit: ‚Aus dem Herzen agieren, statt aus der Geldbörse reagieren'. Ich danke dir für diese Anregung. Sollte mir so etwas passieren, werde ich entsprechend handeln. Und natürlich auch, wenn sich der Umstand des Zusammenstoßes in anderer Weise zeigt."

Ich lächle. „Das gefällt mir. Aus dem Herzen agieren, statt aus der Geldbörse reagieren. Sehr gut gesagt und zutreffend bei ganz vielen Gelegenheiten."

„Also sind wir mit allen Menschen verbunden, mit denen wir inkarnieren?", fragt Marsha.

„Absolut", sage ich ihr. „All die Tanten und Onkel, mit denen dich gegenseitige Abneigung verband, andere Verwandte und Freunde, die du nicht mochtest oder auf die du reagiert hast, alle inkarnieren sowohl örtlich als auch zeitlich nahe beieinander. Natürlich sind die Rollen in den Beziehungen alle vertauscht oder sonst wie verändert, aber es ist noch immer derselbe mentale und emotionale Aspekt in jeder Person, der das endlose Spiel von Reaktion und Groll spielt. Reaktion kommt von re-agieren und bedeutet wörtlich etwas erneut ausagieren."

„Oh je, dann bin ich in Schwierigkeiten. Ich habe einige Onkel, die ich nicht ausstehen kann. Sie sind alle ein Haufen scheinheiliger Mistkerle. Also, was soll ich tun?", will Marsha wissen.

Wir lachen alle. „Kurz und knapp: lass jegliches Urteilen los und erkenne, dass sie alle emotionale Kinder sind, egal welchen Alters. Sei gütig zu ihnen im Denken und Tun und behandle sie so, wie du von ihnen behandelt werden möchtest, aber ohne die Erwartung, dass sie nun Wertschätzung zum Ausdruck bringen oder sich in irgendeiner Weise verändern. Es geht alles von dir aus. Dies wird den Teufelskreis für dich beenden."

„Wirklich, ich meine, echt jetzt? Wow! Das könnte ich. Ich meine, ich muss mir da ein bisschen Mühe geben, aber das kann ich. Ist es wirklich so einfach?", stottert Marsha.

„Wirklich, genauso einfach. Es mag einfach sein, aber nicht leicht. Du musst dich nur daran erinnern, nicht reaktiv zu sein. Sei positiv und liebevoll und es wird ein Kinderspiel. Auf Nimmerwiedersehen all ihr reaktiven und negativen Wiederholungen - Willkommen sei das Neue!"

„Und jetzt, da wir so weit von Verbrechen und Strafe abgekommen sind, sind wir bereit für das nächste Thema."

„Eigentlich sind wir nicht von Verbrechen und Strafe abgekommen", stellt Marsha fest. „Wenn ich jede negative Reaktion auf meine Verwandtschaft in einem anderen Leben wiederholen muss…dann ist das wahrhaft Verbrechen und Strafe."

Ich nicke schmunzelnd. „Kluges Mädchen!"

Mir ist natürlich klar, dass sie nicht wirklich ein Mädchen ist, aber wenn man in meinem Alter ist und ein Jahr nach dem anderen hinzukommt, erscheinen alle jüngeren Menschen mehr und mehr wie Jungen und Mädchen!

… SECHZEHN …

Intelligenz und Intellekt

Es gibt enorme Unterschiede zwischen Intelligenz und Intellekt. Wir sind Wesen bewusster Intelligenz. Solange wir unterbewusst leben, werden wir vom Intellekt beherrscht. Bewusste Intelligenz wohnt unserem Wesen inne, während der Intellekt als Werkzeug großen Potentials dazu gedacht ist, als ein solches eingesetzt zu werden.

Michael J. Roads

„Ich hoffe, dass du das nächste Thema wählen kannst", sagt Todd. „Ich habe zwar ein paar Ideen, aber mir gefällt es, wenn du in Fahrt kommst. Wir wehren deine eindringlichen Worte der Weisheit nicht ab, das wollen wir gar nicht. Du führst uns in Bereiche, die für uns sehr neu und aufregend sind, besonders, wenn wir ihre Möglichkeiten sehen."

„Hmm, Möglichkeiten und Wahrscheinlichkeiten sind eine Möglichkeit, aber die Wahrscheinlichkeit ist, dass ich diese nicht wählen werde. Vielleicht ein andermal", murmle ich. „Ah, eines meiner Lieblingsthemen ist Intelligenz und Intellekt. So soll es das sein."

„Ist das nicht so ziemlich dasselbe?", fragt Peter.

Aha. Peter nimmt also wieder am Gespräch teil. Ich glaube, die Jungs haben ihm eine ordentliche Standpauke gehalten. Er war ziemlich kleinlaut, aber er wird gerade wieder munter. Ich bin froh, dass er sich wieder einbringt. Er hat sich stärker hinter seinen eigenen Meinungen verschanzt als die anderen und hat mehr Angst, deren trügerische Sicherheit aufzugeben. Doch er hat sich dafür entschieden, hierher zu kommen!

„Nein, sie sind weit davon entfernt, dasselbe zu sein", sage ich ihm. Der Intellekt gehört zum Gehirn, während die Intelligenz vor allem im Herzen wohnt. Deine Kollegen mit einer dominanten linken Hirnhälfte würden dem natürlich nicht zustimmen. Sie wären der Ansicht, dass Intelligenz absolut etwas mit dem Gehirn zu tun hat.

Es scheint komplett übersehen zu werden, dass wir *ganzheitliche* Wesen sind und als solche das Potential haben, unsere Einheit von Körper, Geist und Seele weit ganzheitlicher zu nutzen, als dies gegenwärtig der Fall ist. Ich habe die Gehirnhälften und die Dominanz der linken Hemisphäre bereits erwähnt. Für das Gehirn ist die vollkommene Ausgewogenheit beider Hemisphären ideal, so dass der Geist beide Gehirnhälften insgesamt nutzen und synchronisieren kann, so wie es für den unmittelbaren Augenblick stimmig ist. Wenn uns das gelingt, leben wir auf eine ganz andere Weise.

Nebst anderen Dingen lehre ich den Weg des Herzens: mit dem Herzen statt mit dem Kopf voran zu gehen. Menschen geraten immer mit dem Kopf voran in Schwierigkeiten, nie mit dem Herzen voran. Wenn wir mit der Ausrichtung leben, LIEBE zu wählen, dann ist dies buchstäblich Intelligenz in Aktion. Der Intellekt mag solch eine Lebensweise in Frage stellen und viele verschiedene negative Szenarien anbieten, was dabei schieflaufen könnte, aber die Intelligenz *weiß*. Wenn wir uns bis zu dem Punkt entwickeln, an dem wir bedingungslose Liebe für das Selbst empfinden, erfährt der Körper einen großen energetischen Wandel. Dieser Energiewandel beeinflusst jede Körperzelle auf der physischen Ebene. An diesem Punkt entwickelt das Herz auf natürliche Weise einen kohärenten Rhythmus, statt inkohärent weiter zu schlagen. Diese Kohärenz erlaubt dem Herzen, neue stärkere Energie mit neuen Informationen an das Gehirn zu senden und sich auf kraftvolle Weise mit ihm zu verbinden. Wenn dies geschieht, verbinden sich Gehirn und Herz energetisch mit der Zirbeldrüse. Auf der physischen Ebene ist die Zirbeldrüse mit der Produktion von Melatonin und Serotonin verbunden. Auf der metaphysischen Ebene ist die Zirbeldrüse die Schnittstelle zwischen der Spiritualität des Multiversums, in dem wir leben, und den ganzheitlichen metaphysischen Wesen, die wir sind. Metaphysisch betrachtet und abhängig von der spirituellen Entwicklung eines Menschen erscheint die Aktivität der Zirbeldrüse als Heiligenschein um den Kopf eines Menschen.

Durch diese Verbindung hat der Mensch Zugang zur Weisheit aller im Augenblick des Jetzt enthaltenen Zeitalter. Hier befindet sich die volle menschliche Intelligenz und letztendlich auch der geniale Geist. Genialität hat so gut wie nichts mit der Cleverness der isolierten linken Gehirnhälfte zu tun. Ich habe bereits davon gesprochen, sehen wir doch so viele Beispiele für intellektuelle Cleverness, die zutiefst dumm sind. Unser ganzes politisches System ist eines davon.

Der eigentliche Unterschied zwischen Intelligenz und Intellekt ist gewaltig. Wir *sind* Wesen bewusster Intelligenz. Solange wir unterbewusst leben, werden wir vom Intellekt beherrscht. Bewusste Intelligenz ist, wer wir sind. Der Intellekt ist ein Werkzeug großen Potentials. Wenn unser physischer Körper stirbt, erfährt unser Intellekt eine Form der Minderung, aber unsere Intelligenz bleibt uns unberührt und ununterbrochen erhalten. Natürlich würde es sehr helfen, wenn wir sie auch benutzten. Die meisten Menschen tun das nicht."

Peter starrt mich an, kreidebleich und ausdruckslos.

„Du empfindest das als ziemliche Herausforderung, weil du ein intellektueller Mann bist", sage ich zu ihm. „Aber ich werte in keinster Weise deinen Status ab. Das kannst nur du tun! Du bist mit dem üblichen Glauben an Intelligenztests zur Standardmessung unserer Intelligenz großgeworden. Ich sage dir, dass sie ein Witz sind, intellektueller Unfug. Bewusstsein kann nicht von der Intelligenz getrennt werden, genauso wenig wie Intelligenz von Bewusstsein getrennt werden kann. Sie sind EINS. Du oder irgendjemand anders können so viel Intelligenz nutzen, wie ihr wollt – unter einer Voraussetzung: Ihr müsst bewusst sein. Du kannst nicht unterbewusst intelligent sein. Du kannst unterbewusst den Intellekt nutzen, aber nicht die Intelligenz. Und wenn ihr die Welt betrachtet, in der wir leben, oder die Nachrichten aus aller Welt im Fernsehen schaut, werdet ihr es täglich eindeutig bestätigt sehen. Menschliche Intelligenz ist gewissermaßen eine Fremde auf diesem Planeten."

„Es ist sehr ernüchternd zu erfahren, dass wir als Gattung so, äh, unentwickelt sind. Ich dachte, sicher haben wir ein paar Probleme, aber während ich dir so zuhöre, überwältigt mich das Ausmaß unserer schieren Ignoranz und Unzulänglichkeit", stellt Bill fest. „Könntest du dich bei all dem irren?"

Ich lache. „Du erinnerst mich an mich selbst vor vielen Jahren. Ich war Anfang dreißig und meiner damaligen Frau und mir wurden zwei Bücher geschenkt. Der Autor war ein etwas rätselhafter Mann, Lobsang Rampa. Er behauptete, ein tibetischer Mönch zu sein, obwohl das umstritten war – nicht, dass es eine Rolle spielen würde. Jedenfalls hieß das eine Buch ‚Der Einsiedler' und das andere ‚Das dritte Auge'. Wir verschlangen beide, und sie fanden großen Anklang in unseren Herzen. Als wir sie ausgelesen hatten, sagte meine Frau zu mir: „Dürfen wir das glauben?" Ich sagte zu ihr: „Wenn der Recht hat, dann gibt´s verdammt viele Menschen, die falsch liegen. Könnte er sich irren?" Wir waren in der Sache hin- und hergerissen, bis wir schließlich beide erklärten: „Ich werde meinem Herzen vertrauen und dies akzeptieren." In diesem Augenblick veränderte sich der Lauf unseres Lebens. Wir haben nie zurückgeblickt. Indem wir so gut wir konnten das lebten, was wir lernten, schritten wir auf unserem Pfad zu einer größeren WAHRHEIT voran. Also wirst du verstehen, warum die Frage, ob ich mich irren könnte, mich so erheitert."

Ich schmunzle. „Vermutlich haben seitdem meine Bücher viele andere Menschen auf ihren Weg gebracht. Das hoffe ich jedenfalls und ich betrachte das als eine große Ehre!"

Ich begegne Bills Blick. „Nein, ich irre mich nicht, was das Leben angeht. Aber es ist nicht *an mir*, dies *für dich* zu entscheiden. Es ist wieder eine Frage des Timings. *Du* musst diese Entscheidung fällen." Ich lächle ihn an. „Und das hast du bereits getan. Dein Herz weiß es, denn dort sitzt die Intelligenz. Wenn Menschen sich fragen, ob sie für ein Intensivseminar bereit sind, sage ich ihnen gewöhnlich, dass alles, was sie brauchen, ein offenes Herz und ein offener Geist ist."

„Deine Klarheit und Gewissheit sind sehr vertrauenserweckend", sagt Anita. „Ich fühlte Zweifel aufkommen, aber du bist dir deiner selbst so sicher, dass deine Energie sehr überzeugend wirkt."

„Nochmal, das ist nur, weil du im richtigen Timing hier bist. Wenn du es nicht wärst, würde dich meine Energie viel mehr bedrohen, so, als ob ich dich zwingen würde, mir zuzustimmen. Aber das passiert nicht. Du hast die volle Freiheit, meine Worte anzunehmen oder abzulehnen. Als ihr alle hier ankamt und wir uns begegneten, fühlte ich, dass es eine Übereinstimmung zwischen uns geben würde. Ich fühlte den möglichen Kampf von Peter, und ich akzeptierte ihn. Jede Gruppe, ob groß oder klein, hat ihre eigene einzigartige Dynamik, und Peter ist Teil davon. Es ist perfekt."

Peter sieht mich zweifelnd an. „Meinst du perfekt oder nur okay?"

„Ich meine perfekt. Alles ist perfekt, wenn du es in einem größeren Zusammenhang betrachtest.

Das Chaos in der Menschheit ist dort, wo die Intelligenz vom bewussten Gewahrsein der Menschheit getrennt ist. Es ist perfekt. Warum? Weil dieses Chaos die Gelegenheit dazu bietet, diese Verbindung zu finden, sie anzunehmen und zu beherzigen. Das Ergebnis: kein Chaos mehr in deinem Leben. Um dich herum wird wahrscheinlich überall Chaos sein, aber das ist, weil andere Menschen ebenfalls den Quantensprung machen müssen, den du gerade gemacht hast. Das kannst du nicht für sie tun, und auch ich kann dies nicht für dich tun. Lasst mich festhalten, dass Klarheit und Gewissheit in meinem Leben sehr *befreiend* sind. Die meisten Menschen werden durch Zweifel, Skepsis und Zynismus *behindert*. Ich fordere diese Aspekte in einigen Menschen heraus."

… SIEBZEHN …

Möglichkeiten und Wahrscheinlichkeiten

Ich sage, dass die Energie deiner Aufmerksamkeit folgt. Wenn du also den Wahrscheinlichkeitsfaktor eines sich wiederholenden Musters problematischen Verhaltens bedenkst, dann ist offensichtlich das Letzte, das du tun solltest, auf dieses Problem zu fokussieren. Probleme gedeihen durch Energie auf die gleiche Weise wie wir. Wenn du dich weigerst, das problematische Verhalten weiterhin mit Energie zu füttern, wird es verkümmern und verschwinden. Statt zu versuchen, das Problem zu korrigieren, lenkst du deine Aufmerksamkeit auf die guten Eigenschaften und Fähigkeiten der Person, die du berätst.

Michael J. Roads

„All dies führt uns in perfektem Timing direkt zu Möglichkeiten und Wahrscheinlichkeiten", sage ich strahlend zu ihnen. „Ich wusste einfach, dass wir da hinkommen würden!"

„Ehrlich, ich habe keine Ahnung woher", erwidert Anita lachend.

„Nun, es ist gut möglich, dass die ganze Menschheit plötzlich damit beginnen könnte, mehr Intelligenz zu nutzen, aber die weit größere Wahrscheinlichkeit ist, dass dies nicht in absehbarer Zeit geschehen wird", sage ich ihr.

Bill hat wieder seinen durchtriebenen Blick und sagt: „Obwohl also alles möglich ist, heißt das noch lange nicht, dass es wahrscheinlich ist."

„Sehr gut, Bill. Darum geht´s. Lasst mich euch erklären, was ich den Wahrscheinlichkeitsfaktor nenne. Als Teenager verwendete ich ein Kleinkalibergewehr. Ich wurde ein guter Schütze, wie man so sagt. Würde ich damit auf ein Objekt in angemessener Entfernung schießen, bestünde die Wahrscheinlichkeit, dass die Kugel trifft. Es wäre sehr unwahrscheinlich, dass die Kugel nur die halbe Strecke fliegt, um dann im rechten Winkel am Ziel vorbeizufliegen. Also besagt der Wahrscheinlichkeitsfaktor, dass die Kugel in die beabsichtigte Richtung fliegen wird. Es besteht jedoch die Möglichkeit, dass durch irgendeinen Umstand die Kugel abgelenkt werden und einen rechten Winkel fliegen könnte, aber es ist höchst unwahrscheinlich, dass dies geschieht."

„Und wo ist der Zusammenhang zwischen all dem und unseren aktuellen Gesprächsthemen?", fragt Bill in etwas gereiztem Ton.

Ich lächle ihn an. „Okay, die Wahrscheinlichkeit ist groß, dass einer deiner Eltern eher wenig Geduld mit dir hatte. Möglicherweise dein Vater. Habe ich Recht?"

Bill sieht mich erstaunt an. „Wie in aller Welt bist du darauf gekommen? Ja, mein Vater hatte sehr wenig Geduld mit mir."

„Und das hast du wirklich nicht gemocht, nicht wahr?"

„Nein, ich hatte das Gefühl, er macht sich über mich lustig. Ich hasste es."

„Und als du älter wurdest, war er besonders ungeduldig, wenn du eine Bemerkung machtest, die keinen Bezug zu eurem Gesprächsthema zu haben schien", mutmaße ich.

„Unglaublich – aber es stimmt. Aber woher kannst du das nur wissen?"

„Einfach, weil du unwissentlich dieselbe Ungeduld mir gegenüber mit der Frage zum Ausdruck gebracht hast, welchen Bezug Möglichkeiten und Wahrscheinlichkeiten zu unserer aktuellen Diskussion haben", erwidere ich. „Also werde ich es dir sagen. Es besteht die Wahrscheinlichkeit, dass viele der Charaktereigenschaften deines Vaters, die du nicht mochtest, bis heute Teil deines täglichen Repertoires an Charaktereigenschaften sind – wie du es gerade demonstriert hast. Du hast sogar gesagt, dass du es gehasst hättest. Das deutet darauf hin, dass, je mehr es auf deine Gefühle wirkte, es umso wahrscheinlicher ist, dass du dies in dein eigenes Leben hineinträgst. Und das, so möchte ich wiederholen, alles unabsichtlich und unwissentlich."

Bill sieht etwas erschüttert aus. „Meine Mutter hat mir oft gesagt, dass ich genau wie mein Vater bin, aber ich habe ihre Worte als Unsinn abgetan. Warum sollte ich einen Mann nachahmen, den ich nicht besonders mochte, als ich älter wurde? Tatsächlich habe ich mich bemüht, das genaue Gegenteil zu sein. Offensichtlich bin ich gescheitert!"

Ich lege eine Hand auf seine Schulter und drücke sie. „Das ist in Ordnung. Ich kann dir sagen, wie du damit umgehen und die Veränderungen bewirken kannst, die du möchtest."

Er sieht mich hoffnungsvoll an. „Glaubst du, dass es möglich ist?", fragt er.

Ich lächle. „Sehr gut möglich und mit aller Wahrscheinlichkeit, ja, das glaube ich. Zunächst einmal beantworte eine Frage. Hast du als Ehemann von Mary, wenn ich mich recht erinnere, je festgestellt, dass du keine Geduld mit ihr hast?"

Er seufzt. „Ja, viel zu oft."

„Kennt sie deinen Vater?"

„Sie sind sich ein paarmal begegnet, aber wir leben weit entfernt von meinen Eltern, also sehen wir sie nur sehr selten. Vielleicht einmal im Jahr."

„Okay, so wie ich das sehe, bist du emotional noch sehr mit deinem Vater beschäftigt. Du denkst daran, wie er dich zu erniedrigen pflegte, auch, wenn du wahrscheinlich nicht darüber sprichst. So bringst du energetisch die Vergangenheit hinein in die Gegenwart. Wohin du denkst, deine Energie du lenkst – wenn ihm also deine Aufmerksamkeit gilt und deine Energie hin zu seinen Gewohnheiten fließt, die du nicht mochtest, dann wiederholst du sie – ohne es zu merken. Und die Wahrscheinlichkeit ist groß, dass es weiterhin so sein wird."

Bill starrt mich düster an. „Ich dachte, du hast gesagt, du könntest mir helfen."

„Das kann ich, aber ich möchte, dass du vollkommen begreifst, dass *du dich nicht verändern und derselbe bleiben kannst*. Hast du das kapiert?"

Er nickt, hoffnungsvoll grinsend.

„Folgendes musst du tun: Du beginnst mit einer umfassenden Beziehung zu dir selbst. Du lernst, all das an dir wertzuschätzen, das du magst. Du bittest deine Frau und einen engen Freund, eine Liste mit allen Dingen zu schreiben, die sie an dir am meisten wertschätzen. Und natürlich verbannst du deinen Vater aus deinem emotionalen und mentalen Leben. Du lernst, dich auf die Menschen in deinem täglichen Leben zu beziehen und nicht auf Menschen, die Erinnerungen aus der Vergangenheit sind."

„Und was mache ich mit meiner Vater-Besessenheit?"

„Du fokussierst auf alles an dir, das dir Freude macht. Jeden anderen Aspekt deiner selbst, den du nicht magst, ignorierst du komplett. Du versuchst nicht, die unerwünschte Besessenheit in Ordnung zu bringen, du ignorierst sie einfach. Was du ignorierst, wird durch den Mangel an Energie eingehen. Was du zu korrigieren versuchst, gedeiht durch die Energie der Aufmerksamkeit. Und dann geht es nicht weg. Es ist wirklich so einfach."

Er nickt nachdenklich. „Das ist genau das *Gegenteil* von dem, was ich bisher gemacht habe. Und was ich gemacht habe, hat nicht funktioniert."

Ich nicke. „Es ist ein wenig schmerzhaft, wenn man bedenkt, wie viele Menschen Wege zur Heilung emotionaler Probleme erlernen, die allen Prinzipien der WAHRHEIT zuwiderlaufen. Und natürlich funktionieren sie auch nicht. Es mag für dich kurzfristig funktionieren, aber schließlich wird dies nicht halten, und die alte

Gewohnheit setzt sich wieder durch. Das kommt häufig vor."

Bill verdreht die Augen. „Wem sagst du das! Während ich dir zuhöre, begreife ich, dass wir als Berater denselben Fehler machen. Wir wurden darin unterrichtet, wie wir Menschen beraten sollen, und wir folgen diesem Leitfaden gewissenhaft. Manchmal scheint es sehr gut zu funktionieren, dann bricht plötzlich alles zusammen, und der Mensch steht mit allem wieder am Anfang."

„Nichts als Kartenhäuser!"

„Also sagst du, dass wir uns nicht auf das konzentrieren sollen, was ... äh, keine Ahnung."

Ich schmunzle. „Ich sage, dass die Energie deiner Aufmerksamkeit folgt. Wenn du also den Wahrscheinlichkeitsfaktor eines sich wiederholenden Musters problematischen Verhaltens bedenkst, dann ist offensichtlich das Letzte, das du tun solltest, auf dieses Problem zu fokussieren.

Probleme gedeihen durch Energie auf die gleiche Weise wie wir. Wenn du dich weigerst, das problematische Verhalten weiterhin mit Energie zu füttern, wird es verkümmern und verschwinden. Statt zu versuchen, das Problem zu korrigieren, lenkst du deine Aufmerksamkeit auf die guten Eigenschaften und Fähigkeiten der Person, die du berätst. Du lehrst sie Selbstwertschätzung. Auf diese Weise nährt sie ihre *besseren* Eigenschaften. Manchmal wird dies sogar ungeahnte Fähigkeiten hervorrufen, die in einem anderen Leben entwickelt wurden."

Bill wirft mir einen skeptischen Blick zu. „Du nimmst mich doch auf den Arm!"

Ich schüttle den Kopf. „Es ist wahr. Du siehst gerade ein perfektes Beispiel dafür. Ich erinnere mich, wie ich vor langer Zeit als Bauer zu einer Tagung über Rinder ging. Am Ende wurden wir dazu aufgefordert, Fragen zu stellen. Ich hatte eine, die mir wichtig war, also hob ich, wie vorgeschlagen, die Hand. Dann arbeitete sich ein Mann mit Mikrofon durch die Reihen der Bauern, deren Fragen eine nach der anderen beantwortet wurden. Als er mich endlich erreicht hatte, war ich ein nervöses, schwitzendes, zitterndes Wrack – und das nur, weil ich eine Frage stellen wollte. Er gab mir das Mikro und alles, was ich hervorbrachte, war ein erstickter Krächzer, dann schob ich das Mikro zurück in seine Hand und wand mich vor Verlegenheit, während viele der Bauern um mich herum lachten."

Bill sieht sehr mitfühlend aus.

Ich schmunzle. „Wenn mir ein Bauer damals gesagt hätte: ‚Mach dir keine Sorgen, eines Tages wirst du öffentliche Vorträge in der ganzen Welt halten', hätte ich ihm sofortige psychiatrische Behandlung empfohlen! Und doch geschah genau dies. Nur wenige Jahre später stellte ich fest, dass im passenden Timing meine Kommunikationsfähigkeiten hervorsprudelten. Viel später auf meinem spirituellen Weg erfuhr ich, dass ich in einigen vergangenen Leben zu gewissen Zeiten ein wandernder Häretiker war, der sehr geschickt öffentliche Reden hielt, wenn auch vor einem ziemlich unfreundlichen Publikum."

„Also war die Tagung außerhalb deines Timings, aber ein Jahr später oder so kam das passende Timing?", hakt Bill nach.

Ich nicke. „Tatsächlich hat es noch viele Jahre gedauert. Wir sind unser eigenes Timing in jedem Aspekt unseres Lebens."

... ACHTZEHN ...

Emotionale Anhaftung – emotionales Gleichgewicht

Wenn du einer Meinung oder einem Ergebnis nicht verhaftet bist, wirst du feststellen, dass du nur sehr selten wütend wirst. Wenn du keine Anhaftungen an das hast, was andere von dir denken, sei es gut oder schlecht, hast du die Grundlage für inneren Frieden. Wenn du nicht an deiner eigenen Meinung haftest, dann wird es keine emotionale Reaktion der Wut geben, wenn andere Menschen nicht deiner Meinung sind. Das ist der Weg zum emotionalen Gleichgewicht.

Michael J. Roads

Carolyn kommt herein, nimmt Teller, gefüllte Schüsseln und Platten von der Anrichte und verteilt sie auf dem Esstisch. Sie ist schnell und effizient.

„Okay Leute, ich habe eine große Schüssel Salat gemacht und zwei Quiches. Eine ist vegetarisch, die andere nicht. Eure Teller stehen auf dem Tisch, also ist jetzt ein guter Zeitpunkt, um zu essen und zu entspannen."

Sie lächelt alle warmherzig an. „Ich bin mir sicher, eure Köpfe rauchen schon von diesem Mini-Seminar, das ihr erhaltet. Michael wird ein bisschen heftig, wenn er in Fahrt kommt, und wie ich es mitbekommen habe, ist er definitiv mächtig in Fahrt."

Sie blickt vom einen zum anderen. „Wenn jemand noch mehr heißen Tee oder Kaffee möchte, der steht auf dem Tisch. Ich kann auch Eistee mit frischer Minze und Honig bringen, wenn jemand das vorzieht. Also – esst, trinkt, genießt!“ Da der Tag immer wärmer wird, erhält sie sofort Bestellungen für ihre Eisteespezialität.

Ich überlege, Carolyn darum zu bitten zu bleiben und sich an unserer Diskussion zu beteiligen. Aber ich weiß, dass sie es ablehnen wird, weil sie noch einige Büroarbeit zu erledigen hat. Das hat sie immer! Im Büro mit ständigen Emails und dergleichen beschäftigt, ist ungestörte Zeit für Carolyn wertvoll. Wiewohl wir beide bei dem, was wir tun, mit endloser Begeisterung bei der Sache sind, betrachte ich sie als das organisierende Gehirn unseres Teams, während ich der Mund bin, der auch unter einer Tonne nassen Zements weiterquatschen könnte.

Ungefähr fünfzehn Minuten lang essen wir in aller Stille, dann, als ich mein Mittagessen beendet habe, entscheide ich zu reden, während sie weiter essen. Zuhören und essen vertragen sich bestens.

„Während ich heute Morgen mit euch sprach, bemerkte ich einige Male, dass einige von euch recht emotional wurden.“ Ich hebe rasch meine Hände in einer Friedensgeste. „Es ist nichts verkehrt daran, emotional zu sein. Ich halte mich selbst für einen gefühlsbetonten Mann. Aber dies bringt mich zu einem weiteren Thema, das jeden angeht. Und das ist unser nächster Punkt in der Diskussion: emotionales Gleichgewicht. Wenn ich sage, dies geht jeden etwas an, meine ich damit nicht, dass alle Leute emotional im Gleichgewicht sind, ganz im Gegenteil. Ich meine damit, dass wir nicht nur eine sehr gefühlsbetonte Gattung sind, sondern auch, dass die meisten Leute emotional ziemlich unzulänglich sind.“

Ihren Gesichtern kann ich ansehen, dass meine Feststellung eine Herausforderung für sie ist. Ich lächle sie an. „Ich sage nicht, dass irgendeiner von *euch* emotional unzulänglich ist, aber eure Energie, die sich durch eure Körpersprache zeigt, bringt genau das zum Ausdruck. Was ich sage, drückt bei dreien von euch die emotionalen Knöpfe.“

Ich unterdrücke ein Grinsen, während ich innehalte und beobachte, wie sie sich gegenseitig ansehen. „Ach, kommt schon, wir sind alle Freunde, ja? Also, Todd hat kein Problem mit meiner Feststellung und, zu meiner kleinen Überraschung, Anita auch nicht. Der Rest von euch drückt verschiedene Grade emotionaler Verlegenheit aus. Warum? Bill, wo hakt es? Peter, warum siehst du wieder so wütend aus? Marsha, was ist los in deiner emotionalen Welt?"

Ich schenke ihnen ein großes, freundlich forschendes Lächeln, während die drei finster zurückblicken. Offensichtlich gefällt ihnen diese persönliche Behandlung überhaupt nicht.

„Mir ist absolut klar, dass ich ein emotionales Wrack bin", sagt Marsha seufzend, „und dass es meine Beratungstätigkeit stark erschwert. Ich tue mein Bestes, es vor den Leuten zu verstecken, und weil ich mir meiner Unzulänglichkeit bewusst bin, kompensiere ich das recht erfolgreich."

„Nun, alle Achtung!", sage ich zu ihr. Dann blicke ich zu Bill und Peter.

„Ich persönlich sehe nicht ein, was dich das angeht", erklärt Peter.

Ich grinse. „In Ordnung – das tut es auch nicht."

„Auch ich bin mir meines emotionalen Problems bewusst", sagt Bill. „Ich weiß, dass es vom alten Verhältnis zu meinem Vater herrührt. Doch wenn ich deine Vorschläge von vorhin aufgreife, dann bin ich ziemlich sicher, dass mir das emotional helfen wird."

„Ich denke auch, das wird es, wenn du sie *lebst*!", ermutige ich ihn.

„Okay, ich habe im Laufe des Vormittags mehrmals Emotionen erwähnt – wenn ihr euch erinnert. Wir hatten die niedrigen Gefühle, die mittleren Gefühle und die Hochgefühle. Bedauerlicherweise hängen die meisten Menschen zwischen den niedrigen und den mittleren Gefühlen fest, was nicht von Vorteil für sie ist."

„Und warum ist das so?", fragt Peter aggressiv. Ich kann die unterdrückte Wut in seiner Stimme hören. „Weil dort die emotionale Reaktion entsteht. Gerade in diesem Augenblick reagierst du auf mich. Du bist wütend auf mich, weil ich dich provoziert habe, aber du bist noch viel wütender auf dich selbst, weil du dich so leicht von jemandem provozieren lässt, der dich eigentlich gar nicht provozieren will. Dies, Peter, ist der fiese Schmortopf der emotionalen Verwirrung, der emotionalen Unzulänglichkeit."

Peter schluckt und atmet schaudernd durch. „Du hast völlig Recht. Ich habe so eine Wut auf mich und schon so lange. Das muss aufhören." Er lässt die Schultern sinken und fragt dann fast flehend: „Wie mache ich das?"

Ich strecke meine Hand nach ihm aus und drücke sanft seine Schulter. „Peter, ich bin kein Berater. Ich berate zwar Menschen, aber mehr als weiser Mann und spiritueller Lehrer denn als Berater. Ich kenne die schlauen modernen Methoden der emotionalen Beratung oder überhaupt irgendeiner Beratung nicht. Alles, was ich weiß, ist WAHRHEIT. Doch wenn du bereit bist, kann ich dir einen Weg vorschlagen, der allmählich Ausgewogenheit in deine Gefühle bringt und der funktioniert. Ausgewogene Gefühle gehen nicht rauf und runter, sind im einen Augenblick erregt und niedergeschlagen im nächsten – sie sind unerschütterlicher und viel weniger launenhaft. Gut ausgeglichene Gefühle sind optimal."

Peter sieht besorgt aus. „Ist das etwas, das ich intellektuell begreifen oder etwas, das ich machen muss?"

Ich lächle ihn an. „Zunächst einmal erinnere dich an Folgendes und gebe dein Bestes, es zu leben. Ich habe das von Carolyn gelernt: ‚*Zwischen beleidigt sein und jemand anders beleidigen gibt es keinen Unterschied*'. Viele Leute sind beleidigend, sie teilen aus und stecken ein und leben so in einer endlosen Serie emotionaler Reaktionen. Euch hat sehr oft etwas gekränkt, das ich sagte, aber nicht einmal habe ich euch mit Absicht gekränkt. Solche Dinge tue ich nicht. Wenn ihr diesen ‚Beleidigung-Verteidigung-Teufelskreis' aus eurem Alltagsleben verbannt, werdet ihr emotional deutlich entspannter sein. Und das ist gut. Das klingt zwar nach wenig, aber von wenig kommt viel!"

Ich schaue Peter in die Augen. „Du hast gefragt, ob dies etwas ist, was du intellektuell begreifen musst: Nein, dem ist nicht so. Die meiste Zeit ergeben Gefühle überhaupt keinen Sinn, dennoch versuchen Menschen, sie intellektuell zu verstehen. Was bringt das? Gefühle ergeben selten Sinn, weil es Gefühle sind! Es ist nicht ungewöhnlich, bei einer Beerdigung zu lachen oder bei einer Hochzeit zu weinen. Verwirrte Gefühle. Manche Männer können nicht weinen und lachen hysterisch, obwohl sie es gar nicht wollen. Emotionaler Aufruhr. All dies ist gewöhnlicher alltäglicher Kram. Was ich also sage ist, lasst Gefühle Gefühle sein, ohne sie stark zu unterdrücken oder zu analysieren."

„Und was ist mit meiner Wut?", fragt Peter.

Ich nicke. „Ja, es ist keine gute Idee, sie zu unterdrücken, noch sie auszudrücken. Was also machst du damit? Nun, Peter, denke einmal gründlich über Folgendes nach: Was kann dich wütend machen, wenn du keine Anhaftung an eine Meinung oder ein Ergebnis hast?"

Er öffnet einige Male seinen Mund für eine schnelle Antwort, klappt ihn dann aber wieder zu. Ein verblüffter Ausdruck zeigt sich in seinen Zügen, und er entspannt sich sichtlich. Ein kleines Lächeln umspielt seine Mundwinkel. „Das klingt verrückt, aber mir fällt keine einzige Sache ein."

Ich nicke erneut und stelle fest, dass die anderen unserem Gespräch gebannt folgen.

„Richtig. Wenn du keine Anhaftung an eine Meinung oder ein Ergebnis hast, dann wirst du feststellen, dass du selten, wenn überhaupt, wütend wirst. Wenn du dem, was andere über dich denken, sei es gut oder schlecht, nicht verhaftet bist, hast du die Grundlage für inneren Frieden. Wenn du deiner eigenen Meinung nicht verhaftet bist, wird es keine emotionalen Reaktionen und keinen Ärger geben, wenn andere Menschen deine Meinung nicht teilen. Dann gibt´s keine Versuche, sie davon zu überzeugen, dass du Recht hast! Es ist so viel friedlicher, auf diese Weise zu leben. Das ist der Weg zum emotionalen Gleichgewicht."

„Und was ist mit den Elefanten, die wegen ihres Elfenbeins abgeschlachtet werden, oder mit der massiven Abholzung von Wäldern überall auf der Welt?", wirft Anita ein. „Macht dich all diese sinnlose Zerstörung nicht wütend?"

„Ich verstehe natürlich, was du sagen willst. Aber wie könnte meine Wut darüber den Elefanten oder den Wäldern nützen? Ich unterschreibe viele Petitionen, um zu helfen, diese schrecklichen Dinge zu verhindern, und ich spende dafür, aber ich rege mich darüber nicht auf. Für mich sind Kinderpornographie und Pädophile weit schlimmer, aber das gibt es und hat es schon immer gegeben. Meine Energie folgt meiner Aufmerksamkeit. Ich weigere mich, derart entwürdigender Verdorbenheit Energie zu geben.

Ich helfe, dem entgegenzuwirken, indem ich Menschen lehre, in einem höheren Bewusstseinszustand zu leben. Ich helfe, dem entgegenzuwirken, indem ich Menschen lehre, wie man LIEBE wählt. Ich wirke dem entgegen, indem ich mich weigere, mein eigenes Bewusstsein auf die niedrigere Frequenz dieser kranken und verdorbenen Menschen zu senken."

Anita sieht zerknirscht aus. „Ich wünschte, ich hätte dieses höhere Bewusstsein."

„Um wieder auf das zurückzukommen, was ich bereits sagte: Wut ist eine Wirkung, keine Ursache. Kann mir irgendeiner von euch die Intelligenz hinter einem ‚Wut-Management' erklären? Warum muss die Wut gemanagt werden? Warum sie erschaffen, um sie dann zu bewältigen? Wir sind eine wahnsinnig werdende Gattung!

Alles, was du tun musst, ist die Ursache zu entfernen. Und die Ursache von Wut und Ärger *ist* die emotionale Anhaftung an unsere Meinung, ans Rechthaben und an unsere erwünschten oder erwarteten Ergebnisse. Ich habe diese sinnlosen Anhaftungen losgelassen, und ich werde nicht wütend. Einmal in zwanzig Jahren – und das werde ich nicht wiederholen! Warum? Weil Wut wütende

Menschen umbringt – das Selbst, dass sich selbst tötet –, und, als ob das nicht dämlich genug ist, bringen wütende Leute auch andere um. Was für eine völlige Verschwendung von Energie, Zyklen aus Schmerz und Leiden zu erschaffen. Wie ich bereits sagte, sind wir eine Spezies, die versucht, ihren Wahnsinn zu bewältigen. Und wir werden scheitern. Alles, was du tun musst, ist, bewusste Entscheidungen zu treffen, die deiner würdig sind, und Wut hat keine Würde. Und natürlich ist es erforderlich, dass du bewusst diese bewussten Entscheidungen lebst. Ich empfehle, LIEBE zu wählen!"

Plötzlich steht Peter mit seiner beachtlichen Größe auf und beugt sich über mich, um mich etwas ungelenk zu umarmen. Das ist für ihn offensichtlich ungewohnt.

„Lass mich aufstehen, das erleichtert das Umarmen", sage ich und springe auf.

Er ist noch immer über mich gebeugt, während wir uns unbeholfen, aber von Herzen, umarmen.

Als er sich wieder hinsetzt, lächelt er mich verlegen an. „Es tut mir wirklich leid, dass ich so unhöflich und schwierig war. Dir zuzuhören war für mich wie Zähne ziehen ohne Betäubung. Ich war wie benommen, aber fühlte den tiefen, stechenden Schmerz deiner WAHRHEIT."

Er blickt zu Todd und Bill. „Und ich danke euch, Jungs, dass ihr mich nicht habt weglaufen lassen, als es das Einzige war, was ich tun wollte. Todd, als du mir gesagt hast, ich solle deinen Wagen nehmen und wegfahren … da wusste ich, dass ich das nicht durfte, nicht konnte und auch nicht wagte. Ich wusste, dass ich nie wieder eine solche Chance bekommen würde wie diese. Also, Dank euch allen für eure Toleranz und Geduld mit mir."

Bill fällt mir ins Auge, er lächelt voller Freude. Er mag Peter offensichtlich und ist ihm erkennbar ein guter Freund.

… NEUNZEHN …

Innere Harmonie und Hingabe

Du gibst deine Fragen auf, du gibst dein Bedürfnis auf, die Welt zu retten, du gibst das Bedürfnis nach einer Bestimmung auf, du gibst das Suchen auf. Du gibst schließlich auf. Du lässt los. Du erlaubst. Du erlaubst dir selbst, ganz zwanglos du selbst zu sein, kein Sollen oder Nichtsollen, kein Können oder Nichtkönnen … du entspannst dich einfach. Aber lass mich ganz deutlich sein, diese Entspannung ist keine Trägheit, keine Passivität, sie ist ein dynamisch-lebendiger Bewusstseinszustand.

Michael J Roads

„Ich kann mir vorstellen, dass dein Leben voller Widerstände ist", sage ich zu Peter.

Er sieht mich fragend an. „Wie meinst du das?"

„Ich meine, du widersetzt dich dem Weg deines Vaters, deiner Spontaneität, deinen tieferen Impulsen und dem Leben allgemein, während du deinen eigenen Lebensweg gestaltest. Im Gegensatz dazu könntest du dem Leben gestatten, sich durch dich auszudrücken, aber du wählst stattdessen, dem Leben deine persönliche Prägung aufzudrücken. Sowas in der Art."

Er lächelt mich an. „Endlich kann ich gelassen sagen, dass ich keine klare Vorstellung von dem habe, worüber du sprichst. Aber es stimmt, ich denke, ich habe meinen eigenen Lebensweg gestaltet, und ich habe darauf geachtet, dass ich dabei weder Zeit verschwendet, noch mich habe ablenken lassen.

Meinst du das?“

Ich nicke. „Ja, und das ist in Ordnung. Doch meine Frage ist, weißt du wirklich, wohin dein Leben führt, während du diesen Weg erschaffst?“

Er sieht traurig aus. „Das dachte ich – bis heute. Jetzt erkenne ich, dass es bei meinem Weg nur um finanzielle Sicherheit geht und dass er angstgesteuert ist. Ich habe wirklich geglaubt, es sei ein Weg in Richtung Erfolg und Erfüllung. Ich habe mich oft gefragt, warum ich so unglücklich bin.“

„Um es klar zu sagen, das ist kein falscher oder schlechter Weg, aber es ist ein Weg, der dich immer tiefer in die Angst, in die Illusionen des Lebens führt. Darum bist du unglücklich. Ein solcher Weg enthält keine WAHRHEIT“, sage ich ihm.

Peter ist jetzt viel offener und empfänglicher. Er macht sich gut.

„Was schlägst du also vor, wie soll ich meinen Lebensweg gestalten?“, fragt er.

Ich schüttle meinen Kopf. „Ich werde dir keineswegs Vorschläge machen, wie du leben sollst. Es ist Teil deines eigenen Ermächtigungsprozesses, deinen eigenen Weg zu entdecken. Ich werde dir jedoch sagen, wie ich meinen Weg gehe. Zunächst einmal vertraue ich mir selbst vollkommen, weil ich mich selbst bedingungslos LIEBE. LIEBE und Vertrauen sind eine super-kraftvolle Kombination. Auf dieser Grundlage habe ich mich dem Leben hingegeben. Ich erlaube dem Leben, mich zu leben, statt dass ich das Leben lebe. Ich habe keine Widerstände gegen das Auf-und-Ab des Lebens, kämpfe nicht darum, *meinen* Weg durchzusetzen. Ich habe gelernt, dass jeder Weg mein Weg ist, wenn ich in Harmonie mit dem Leben bin. Und das ist der Schlüssel, diesen Platz der inneren Harmonie zu finden.

Wenn wir in Disharmonie mit uns selbst sind, sind wir in Disharmonie mit dem Leben. Dann kämpfen wir mit dem Leben und geraten in die Beschuldigungsfalle. Wir beschuldigen Regierungen, andere Menschen, wen immer, was immer … wir klagen an. Aber *wir* sind die Schöpfer unseres Lebens. Niemand anders kann unser Leben erschaffen. Beschuldigung funktioniert nicht, dennoch verschwenden Menschen Lebenszeiten damit, sich in Beschuldigungen zu verlieren. Ich nenne es das Beschuldigungsspiel. Es ist sinnlos!

In Wirklichkeit gestalten die in der Illusion lebenden Menschen ihren Lebensweg, indem sie vor allem für finanzielle Sicherheit und Erfolg ihr Bestes geben.

Wenn du deine Spiritualität vollkommen annimmst und beherzigst, dein EINSSEIN mit dem Leben, wandelt sich all dies. Du wirst nun mit der Frage konfrontiert: *Was ist mein Weg? Gibt es einen Weg für mich? Was ist meine Bestimmung?*

Diese und andere Fragen werden dich zu einer Menge sinnloser Unternehmungen verleiten, bis du schließlich das Ende dieses Prozesses erreichst. Manche Leute brauchen viele Lebenszeiten, um die eigene Bestimmung zu verwirklichen. Wenn du dranbleibst, gibst du schließlich die Fragen auf, du gibst dein Bedürfnis auf, die Welt zu retten, du gibst das Bedürfnis nach einer Bestimmung auf, du gibst das Suchen auf.

Du gibst schließlich auf. Du lässt los. Du erlaubst. Du erlaubst dir selbst, ganz zwanglos du selbst zu sein, kein Sollen oder Nichtsollen, kein Können oder Nichtkönnen … du entspannst dich einfach. Aber lass mich ganz deutlich sei, diese Entspannung ist keine Trägheit, keine Passivität, sie ist ein dynamisch-lebendiger Bewusstseinszustand."

Ich halte inne und schaue mein Publikum an.

Marsha seufzt schwer. „Ich kann dir folgen, gerade so eben, aber ich verliere mich auch in meinen ‚ach, wenn doch nur'- Gedanken. Wenn ich doch nur so leben könnte, wenn es mir doch nur möglich wäre."

„Glaubst du ernsthaft, ich würde meine Zeit damit verschwenden, Menschen eine Lebensweise zu lehren, von der ich glaube, sie ist ihnen unmöglich? Natürlich könnt ihr so leben. Es ist euer Schicksal. Es ist jedermanns Schicksal. Aber der *Zeitrahmen* ist eure eigene Wahl. Die meisten Menschen treffen diese Wahl nie, aber *nicht* zu wählen, ist die Wahl der Selbstverleugnung. Also kannst du nicht *nicht* wählen. Es ist besser, eine klare Wahl zu treffen und, so gut du kannst, diese Wahl zu leben. Natürlich kannst du dir damit so lange Zeit lassen, wie du willst, Lebenszeiten, Jahrhunderte, Äonen, oder du kannst dem, wie ich, deine volle Aufmerksamkeit widmen und buchstäblich Berge versetzen. Und, um das klarzustellen, diese *metaphorischen* Berge bestehen aus Beschuldigung und Zweifel, aus Unsicherheit und Illusionen, und sie sind tatsächlich massiv, fast – aber nicht völlig – unbewegliche Berge!"

Marsha sieht mich ernst an. „Nein, ich glaube nicht, dass du deine Zeit damit verschwenden würdest, das Unmögliche zu lehren, nicht für einen Augenblick. Ich denke, ich offenbare damit meine Selbstzweifel ... mir selbst! Ich habe meine Selbstzweifel immer außer Sichtweite versteckt, damit ich sie vergessen kann. Vermutlich habe ich gehofft, sie würden verschwinden."

Ich nicke. „Selbstzweifel sind eine Eigenkreation. Für mich ist es ein Hinweis darauf, dass du recht selbstkritisch bist. Wenn ein anderer dich den ganzen Tag und jeden Tag kritisieren würde, würdest du viel Zeit mit ihm verbringen? Nein, du würdest ihn meiden. Aber du kannst nicht dich selbst meiden. Also, liebes Mädchen, höre auf, dich selbst zu kritisieren und ersetze es durch Selbst*wertschätzung*. Wenn du das machst, wird der Selbstzweifel allmählich schwinden – wie du es dir erhoffst – und dein Selbstvertrauen wird im gleichen Maße wachsen. Und schließlich läuft alles darauf hinaus, dass du das, was *dir nicht dienlich* ist, mit dem austauschst, was *dir dienlich* ist. Wie ich ständig sage: *Du* bist die Schöpferin deines Lebens!"

„Du sprichst von Hingabe. Es braucht sehr viel Mut, sich dem Leben einfach hinzugeben", sagt Todd. „Ich bin mir nicht ganz sicher, ob ich das verstanden habe. Wem oder was gibst du dich hin? Was hält dich davon ab, ziellos durchs Leben zu treiben?“

Ich schmunzle. „Tatsächlich braucht es viel Mut, auf eine spirituelle Weise zu leben. Vieles von dem, was du tust, wirst du nicht verstehen, auch die meisten anderen Menschen nicht.“ Ich lächle. „Aber ein spiritueller Lehrer würde es verstehen!

Okay, du gibst also dein persönliches Programm oder deinen persönlichen Weg auf und gibst dich der Seele hin, die du bist. Du lässt das Streben der dominanten linken Gehirnhälfte nach Erfolg los und erlaubst dem Gefühl und der Intuition, die aus deinem Herzen kommen, den neuen Weg zu bestimmen, den du leben wirst. Und ernsthaft, das *braucht* viel Mut! Es wird dich erschrecken. Deine Gedanken werden gegen dich rebellieren. Du wirst diesen Weg irrational und unlogisch finden, und du wirst unfähig sein, ihn vor deiner Familie oder Freunden zu rechtfertigen. Doch wenn du so weitermachst, durch die dadurch entstehende innere Verwirrung gehst und beständig dem Flüstern deines Herzens lauschst, während du das Schreien deines Gehirns ignorierst, wirst du schließlich an einen neuen Ort innerer Harmonie kommen. Du wirst einen Platz inneren Friedens finden.“

Ich sehe Todd an. „Kannst du mir folgen?“

Er nickt.

„Von diesem Ort des inneren Friedens und der Harmonie aus wird sich dein neues Leben von selbst entfalten, wie die ewige Lotusblume ihre Blütenblätter. Und du vertraust. Du vertraust nun dir selbst und dem Leben. Wenn du im Herzen verankert bist, das dich mit dem Leben verbindet, wirst du eines Tages diesen inneren Ort unergründlicher Freude finden. Dein Leben wird ein Tanz sein, und nur du und die LIEBE hören die Musik, zu der ihr tanzt, denn die Musik wird deine Schöpfung sein.“

Todd blickt mich ungläubig an. „Wirklich? Ich meine, sagst du ernsthaft, dass all dies geschehen kann, wenn man sich auf seinem Lebensweg dem, äh, den Bewegungen im Herzen hingibt? Sagen wir, ich glaube dir – und das tue ich, aber wie lang ist der Prozess, den ein Mensch durchlaufen muss, um das zu erreichen. Ich meine, das mit der inneren Verwirrung, den Zweifeln, den Ängsten, all dies – bevor man zum inneren Frieden gelangt?“

Ich nicke ihn mitfühlend an. „Das, mein Freund, hängt ganz allein von der betroffenen Person ab. Lass mich dir eine Metapher geben. Stell dir vor, du fragst mich, wie lange eine Zugfahrt nach Sydney dauert. Meine Antwort wäre, dass die Länge der Zugfahrt vollkommen davon abhängig ist, an welcher Station du in den Zug steigst. Manche Menschen sind spirituell weiter als andere, also brauchen sie weniger Zeit. Ein paar wenige werden sich – unabhängig von ihrem spirituellen Status – dem Prozess schneller hingeben und rascher vorankommen. Mit anderen Worten, es hängt von jeder einzelnen Person ab.“

„Könntest du mir nicht doch einen Hinweis geben?“, bittet er lächelnd.

Ich seufze. Jeder will eine Schnelllösung. „Möglicherweise ein paar Monate, aber mit größter Wahrscheinlichkeit etliche Jahre.“

Todd nickt. „Und man kann die Hingabe nicht erzwingen, oder?“

Ich schüttle meinen Kopf. „Nein, die kann man nicht erzwingen. Aber lass mich Folgendes sagen: Je bewusster du bist, umso schneller wird der Prozess voranschreiten. Bewusst zu sein wird sehr viel ausmachen. Unterbewusst zu bleiben wird das Timing verzögern und den gesamten Prozess beängstigender und schwieriger machen. Tatsächlich würde ich so weit gehen zu sagen, dass du Recht hast, wenn du denkst, du kannst das nicht. Aber genauso stimme ich dir zu, dass du Recht hast, wenn du denkst, du kannst es.“

„Also geht´s nur ums Timing, ja?“, fragt Todd.

Ich nicke. „Wieder einmal geht es nur ums Timing. Wie ich jedoch fortwährend sage, bist *du* das Timing deiner WAHRHEIT. Du und nur du bestimmst, wann du bereit bist, den Quantensprung im Bewusstsein zu machen. Doch egal, wie lange es dauert, letztendlich wird dieser unglaubliche Sprung von jedem einzelnen Menschen gemacht werden müssen."

… ZWANZIG …

Gebet und Religion

Dann sagte eine Priesterin: Sprich uns vom Beten
Und er antwortete und sprach:
Wer den Tempel betritt, um nur zu bitten, wird nichts erhalten;
Und wer ihn betritt, sich zu erniedrigen,
der wird nicht erhöht werden;
Und selbst wer ihn betritt, um für Andere Gutes zu erbitten,
wird nicht erhört werden.
Es ist genug, den unsichtbaren Tempel zu betreten.

Khalil Gibran

Für eine Weile herrscht Schweigen unter uns. Auf einem Baum in der Nähe scheint ein Lachender Hans (Kookaburra) zu denken, er habe eine Botschaft für uns und kreischt seinen hysterischen, eigenartig lachenden Ruf. Ihn ignorierend sind meine Gäste damit beschäftigt, ihren Salat und ihre Quiche aufzuessen. Ich lächle. Hmm, vielleicht lag ich falsch, und man kann nicht gleichzeitig essen und zuhören – auf eine wirkungsvolle Weise!

Anita sieht mich gedankenvoll an. „Okay, wie wäre es mit etwas ganz anderem", sagt sie. „Wie sind deine Ansichten über Religion und Gebet? Du scheinst zu jedem Thema eine strittige Meinung zu haben, wie wäre es damit?"

Ich lache. „Ich? Strittig?! Aus meiner Perspektive bin ich derjenige mit einer WAHRHEIT, die in Harmonie mit allem natürlichen Leben ist. Ich bin zeitgemäß. Die heutige ‚Normalität' ist strittig, lächerlich, auf dem Weg in den Wahnsinn und vollkommen unzeitgemäß. ‚Normalität' ist heutzutage dem Leben radikal entgegengesetzt, während meine Wirklichkeit für das Leben wesentlich ist. Hältst du es ernsthaft für möglich, dass ich mit Religion übereinstimme? Warum? Kommst du aus einer religiösen Familie? Was hat dich darauf gebracht?"

„Ja, meine Eltern sind sehr religiös. Aber, um fair zu sein, auch, wenn ich in meiner Jugend zur Kirche gehen musste, waren sie in keiner Hinsicht extrem, noch haben sie versucht, mich zur Religion zu zwingen", erwidert Anita.

Ich nicke. „Und waren deine Großeltern religiös?"

„Ja, die Eltern meines Vaters. Streng und extrem. Deswegen war mein Vater so strikt dagegen, seinen Kindern die Religion aufzuzwingen. Wir haben alle unsere eigenen Entscheidungen getroffen, als wir so fünfzehn, sechzehn Jahre alt waren. Meine ältere Schwester ist dabei geblieben, ich nicht. Irgendwie behagte mir Religion nicht."

„Christen? Welcher Konfession?", frage ich.

Sie lächelt. „Methodisten. Recht vernünftig im Vergleich zu manch anderen."Ich nicke. „Vor einer Weile erschien auf meiner Facebookseite ein Satz. Ich habe keine Ahnung, wer der Urheber ist, aber er ist sehr scharfsinnig: ‚Deine Spiritualität ist deine Beziehung zum Göttlichen. Religion ist die Beherrschung der Massen.' Ich vermute, dass er scherzhaft gemeint war, aber er ist so wahr. Es gibt viele Religionen auf der Welt, und die meisten kenne ich nicht. Von außen betrachtet scheinen viele von ihnen gewisse Eigenschaften zu teilen; was das Gebet angeht, so stellen sie einen Vermittler zwischen dich und Gott. In einer Welt des EINSSEINS ist dies entweder tiefste Ignoranz, wo die Religion nichts von der WAHRHEIT weiß, oder es ist zutiefst dumm. Wir sind nicht von Gott getrennt. Oder – und das ist meine Sicht – Religion ist ein Mittel, die Menschen durch eine von ihr erzeugte Angst vor Gott zu beherrschen.

... ZWANZIG ...

Gebet und Religion

Ich wurde als Christ erzogen, in der anglikanischen Kirche. Das war also das Fundament, auf dem ich mein spirituelles Leben aufbauen sollte. Meine Geschichtskenntnisse mögen ein bisschen eingerostet sein, aber ich weiß, dass während der Regierungszeit von Heinrich VIII. die katholische Kirche mehr Macht über die Leute hatte als der König von England. ‚Das ist nicht gut', sagte Henry, ‚überhaupt nicht wünschenswert.' Also gründete Henry die anglikanische Kirche, die sehr *unkatholisch* war. Und natürlich machte er sich selbst, nebst all seiner skrupellosen sexuellen Ansprüche, zum Oberhaupt der Kirche. Schlau! Dieser Schachzug war so erfolgreich, dass es die nächsten hundert Jahre oder so sehr unklug war, andere wissen zu lassen, dass du Katholik bist. Wir können heute darüber lächeln, doch diese traurige und energetisch kranke Fundamentierung in der Vergangenheit ist die Wurzel all der ekelerregenden und schändlichen sexuellen Aktivitäten so vieler Priester in den verschiedenen christlichen Religionen. Jene Menschen, die, wie ich, in die anglikanische Kirche hineingeboren wurden, haben eine jämmerliche spirituelle Grundlage, die im Ehrgeiz eines skrupellosen Mannes ihren Ursprung hat. Das ist wirklich nicht die richtige Energie für spirituelle Entwicklung!"

„Wow", erwidert Anita „Das wusste ich nicht. Wie hast du dich dann dem Einfluss der Kirche entzogen? Was hat dich dazu bewogen?"

Ich schmunzle. „Ich war etwa fünfunddreißig, als mich, aus heiterem Himmel, plötzlich eine Frage eiskalt erwischte: Wer bin ich? Ich hatte keine Vorstellung, keine Ahnung. Aber das war der eigentliche Beginn meines spirituellen Weges, und er führte mich entschieden weg von der Religion. Um es deutlich zu sagen: Ich habe nichts gegen Religion. Wenn Menschen geführt, manipuliert und damit herabgesetzt werden wollen, so ist das ihre Wahl. Ich will nicht Teil davon sein. Und, um ehrlich zu sein, ich habe wenig Verständnis für jene, die sich wie Schafe verhalten, bereit, sich in einen religiösen Irrglauben treiben zu lassen, der sie eigentlich in den spirituellen Verfall führt.

Ich beriet mal einen Mann bezüglich seiner Spiritualität und seiner Religion. Er war als Katholik erzogen worden und kämpfte darum, den katholischen Glauben aufzugeben und die örtliche Pfarrgemeinde zu verlassen. Er erzählte mir, ihm sei buchstäblich mit ewiger Verdammnis gedroht worden, wenn er dies täte. Unglaublich! Ein anderer Mann berichtete mir in einer ähnlichen Diskussion, dass er von seinem katholischen Glauben und seinem neuen spirituellen Weg hin- und hergerissen werde. Ich fragte ihn, warum er noch immer zur Kirche ginge. Er sagte mir, damit er zu Mutter Maria beten könne. Ich fragte ihn, wofür er betete, und zu meiner Überraschung erzählte er mir, dass er die Dinge, die Mutter Maria in sein Leben bringen sollte, von einer Liste ablas. Als ich ihn fragte, ob er je in seinem Gebet der Mutter Maria seine LIEBE und Verehrung zum Ausdruck gebracht hätte, sagte er, dass ihm ein solcher Gedanke noch nie in den Sinn gekommen sei."

Todd lacht. „Religionen beeindrucken dich offensichtlich nicht."

Ich schüttle meinen Kopf. „So einfach ist das nicht. Jedes Jahr, wenn ich in Japan bin, besuche ich viele ihrer buddhistischen und shintoistischen Tempel. Manche dieser Tempel sind meilenweit entfernt und schwer zu erreichen, doch jeden Tag findet ein Strom von Menschen seinen Weg durch Felsen und Wälder zu diesen Tempeln, um dort zu beten. Ich habe keine Ahnung, wofür oder warum sie beten, aber, wenn sich eine christliche Kirche an einem solchen Ort befände, wäre sie völlig menschenleer. Ich habe einen metaphysischen Freund, der eine japanische Gottheit ist. Er ist ein Gott des menschlichen Herzens. Dieser Gott erzählte mir, dass heutzutage die meisten Gebete in Japan im Wollen gründen. Vor langer Zeit drückten sie Verehrung aus. Wir sind deswegen alle ärmer geworden. Und um diesen Aspekt abzuschließen, die japanischen Götter, die ich kennengelernt habe, sind alle auf einen Höchsten Schöpfer ausgerichtet."

„Aber es gibt nur einen Gott", protestiert Peter.

„Danke Peter, das erinnert mich an einen Aspekt unserer Religion, den ich übersehen haben mag: christliche Arroganz. Ich habe keinen Zweifel, dass du christlich erzogen wurdest."

Er nickt stirnrunzelnd.

„Auch ich hatte diese unwissentliche Arroganz. Ich wuchs ebenfalls in dem Glauben auf, dass es nur einen Gott gibt. Wir Christen hatten Recht, alle anderen Religionen, die uns nicht zustimmten, waren im Irrtum. Was für eine atemberaubende Arroganz. Indien hat hunderte, vielleicht tausende von Göttern und Göttinnen, aber mein christlicher Glaube tat sie alle ab. Wir hatten Recht, also mussten sie falsch liegen. All die anderen nichtchristlichen Religionen und Kulturen, die um sie herum aufkamen, oblagen einer Täuschung. Bis ich auf einer metaphysischen Reise zwei japanische Götter und eine Göttin traf. Glücklicherweise lehrten sie mich eine erweiterte Sicht des Lebens. Heute hat sich meine Beziehung zu Gott komplett verändert."

„In welcher Weise?", fragt Anita.

Ich kratze mich am Kopf. „Hm, ich weiß nicht, ob es das richtige Timing dafür ist." Dann treffe ich meine Entscheidung. „Okay, als Kind wurde mir beigebracht, dass Gott den Menschen nach seinem Bilde erschuf. Ich habe erfahren, dass das falsch ist. Die Wahrheit ist, dass der Mensch Gott nach *seinem* Bilde schuf. Dabei geht es nur um die religiöse Beherrschung der Massen. Wenn du eine überzeugende Lüge lange genug aufrechterhältst, wird sie schließlich akzeptabel. Wenn du im Laufe der Jahrhunderte mit dieser Lüge fortfährst und sie verewigst, wird die Lüge eine allgemeine ‚Wahrheit'. Schließlich hat eine leider ignorante Menschheit diese zu einem so starken Glauben gefestigt, dass es, egal wie falsch, nun eine ‚Tatsache' geworden ist, obwohl sie weiterhin falsch bleibt.

Doch die Götter haben mich gelehrt, dass es einen göttlichen Zustand der Höchsten Schöpfung gibt. Diese ist weder eine Singularität – wie der Gott, der vom Menschen erschaffen wurde – noch ist es eine Dualität oder ein Kollektiv. Diese Höchste Schöpfung – welche die niemals endende Schöpfung ist – ist ein Zustand bewusster Intelligenz fern jedes menschlichen Begriffsvermögens, die weit, weit außerhalb des Timings für die menschliche WAHRHEIT ist. Darum zögere ich, darüber zu sprechen."

„Aber wie kannst du das wissen, wenn es außerhalb des menschlichen Timings ist?", fragt Peter.

„Ich habe dazu nichts mehr zu sagen."

Anita lächelt mich gewinnend an. „Ich glaube dir. Aber wo befindet sich diese Höchste Schöpfung? Ich meine, wo ist sie?"

„In der Ewigkeit", erwidere ich.

… EINUNDZWANZIG …

Eine metaphysische Welt

Metaphysisches Reisen ist nicht etwas, das du zielbewusst übst, es ist ein grundsätzliches menschliches Potential, das dich erwartet, wenn deine Beziehung zum Leben einen tiefen Wandel erfahren hat. Wenn du wahrhaft im Bewusstseinszustand des Wissens bist, dass du ein unsterbliches, metaphysisches Wesen bist und kein physischer Körper, dann steigt dieses mystische Potential an die Oberfläche deines Gewahrseins – wenn es das richtige Timing und für dich stimmig ist.

Michael J. Roads

„Aber was genau ist Ewigkeit?", beharrt Anita.

Ich lache. „Du bist gut! Ewigkeit ist ewig, unendlich. Lineare Zeit ist ein menschliches Konstrukt. Wenn du dem SeelenSELBST, das du bist, erlaubst, deinen physischen Körper zu verlassen, und all die endlosen Konstrukte des Verstandes hinter dir lässt, dann vielleicht – Ewigkeit."

„Das ergibt keinen Sinn", widerspricht Anita.

„Ich nicke. „Stimmt. Ewigkeit ist eine Erfahrung weit jenseits von Sinn und Verstand. Selbst die Vernunft, der Intellekt und ihre Vielzahl an einschränkenden Überzeugungen müssen zurückgelassen werden. Wir sprechen hier von reiner Metaphysik."

„Was genau ist Metaphysik? Du hast den Begriff metaphysisch mehrfach verwendet, und ich hatte vor, dich zu fragen", sagt Todd.

„Zunächst und vor allem bedeutet metaphysisch jenseits des Physischen. Mit anderen Worten ist jegliche metaphysische Wirklichkeit nicht physisch. Alles, was auf einer langsameren Energiefrequenz als die Lichtgeschwindigkeit[8] ist, können wir sehen. Sie ist physisch. Wenn die Energiefrequenz schneller ist als Lichtgeschwindigkeit, können wir sie nicht sehen. Sie ist metaphysisch.

Wie ich schon ein paarmal sagte, sind wir nicht die physischen Wesen, die wir in einem Spiegel sehen. Wir sind keine Körper, die in Fleisch gekleidet sind. Wir sind Wesen reiner Energie auf einer sehr hohen Frequenz. Wir, ein jeder von uns, sind unsterbliche, metaphysische Wesen. Wir leben primär in einer metaphysischen Welt. Dies weist darauf hin, dass das Metaphysische dem Physischen *vorausgeht*. Wir haben das Bewusstsein über unsere Unsterblichkeit verloren, wir haben unsere metaphysische Verbindung zum SELBST verloren, und wir haben unsere metaphysische Verbindung zur NATUR verloren. Wir sind im Grunde eine Gattung, die sich tief in der Illusion verirrt hat. Wenn ihr einen Baum oder einen Wald betrachtet, glaubt ihr, dass dieser physisch sei, weil ihr euch als physische Person *nur* auf eine physische Welt bezieht. Aber das ist nicht, wie es ist. Es existiert eine größere Wirklichkeit. In dieser größeren Wirklichkeit ist der Baum die physische Reflektion einer größeren metaphysischen Wirklichkeit. Ein Baum ist metaphysische Energie und, wie wir alle, hat auch er einen physischen Ausdruck. Aber dieser ist am *kleinsten* im Vergleich zu dem sich entwickelnden, unsterblichen energetischen Ausdruck des Baumes. Die Vorstellung, dass ein Baum rein physisch ist, führt zu falschen, in der Illusion gründenden Überzeugungen.

Wie dem auch sei, jetzt ist nicht die Zeit, all das zu erklären. Es ist ein riesiges und ziemlich komplexes Thema. Wie ich vorhin sagte, geht das Metaphysische dem Physischen voraus. Mit anderen Worten, Gedanken gehen Handlungen voraus. Ich weiß, wir glauben, gedankenlos handeln zu können, aber die Gedanken sind

8. Lichtgeschwindigkeit: ca. 300.000 km pro Sekunde

vollkommen unbemerkt auf einer unterbewussten Ebene da. Gedanken gehen auch den Gefühlen voraus, und auch das wird meist nicht erkannt. Jedes unserer gesundheitlichen Probleme wirkt sich zuerst auf unseren metaphysischen Energiekörper aus, doch unsere übliche medizinische Praxis bleibt auf die ausschließliche Behandlung der physischen Körper beschränkt. Es gibt Heiler, wie Joao de Deus in Brasilien und andere überall auf der Welt, die mit dem metaphysischen Körper arbeiten. Alle heilen Menschen auf eine Weise, welche die westliche Medizin nicht akzeptieren kann."

„Ich habe genügend von deinen Büchern gelesen, um zu wissen, dass du oft metaphysisch reist", sagt Todd. „Wie machst du das eigentlich? Könnte ich das auch? Kann das irgendein normaler Mensch?"

Ich lache laut. „Definiere ‚normal'!"

Todd schüttelt lachend seinen Kopf. „Okay, verstanden. Aber könnte ich das?"

Noch immer glucksend antworte ich: „Ich gehe davon aus, dass du nicht ganz normal bist. Glaubst *du*, dass dir das metaphysische Reisen möglich ist?"

Todd sieht nachdenklich aus. „Mir gefällt die Vorstellung sehr."

Ich lächle. „Also gut. Aber du musst begreifen, dass kein ‚normaler' Mensch je auf die Idee käme, seinen Körper zu verlassen, bis der Tod ihn davon scheidet. Und wenn du wahrhaft ‚normal' wärest, würdest du wahrscheinlich meine Bücher nicht lesen, es sei denn natürlich, du würdest die Normalität verlassen wollen. Auch wärest du dann nicht hier und würdest mit mir sprechen. Also bist du vielleicht über die Normalität weit genug hinaus, um metaphysisch reisen zu können."

„Würdest du mir ... uns sagen, wie?", fragt Todd.

„Ja, bitte, ich habe auch ein bisschen über deine Reisen gelesen und würde auch gern dazu fähig sein", bittet Anita nachdrücklich. Mit einem winzigen Anflug von Zögern nicken auch die anderen drei.

Hmm, es scheint, als hätten wir unser nächstes Thema. Sie alle denken, es sei eine Fähigkeit, die es zu meistern gilt, aber ganz so einfach ist das nicht. Zunächst einmal ist es ein Bewusstseinszustand, der erreicht werden muss, und *dann* eine Fähigkeit, die es zu meistern gilt. Ich erkläre ihnen das.

„Wie können wir im Bewusstsein entsprechend wachsen?“, fragt Anita.

Ich schüttle meinen Kopf. „Ihr nähert euch dem alle an wie ein hoffnungsfroher Schwimmer das Training für die Olympiade angehen würde. Das ist nicht etwas, das du zielbewusst übst, es ist ein grundsätzliches menschliches Potential, dass dich erwartet, wenn deine Beziehung zum Leben einen tiefen Wandel erfahren hat. Wenn du wahrhaft im Bewusstseinszustand des Wissens bist, dass du ein unsterbliches, metaphysisches Wesen bist und kein physischer Körper, dann steigt dieses mystische Potential an die Oberfläche deines Gewahrseins – wenn es das richtige Timing und für dich stimmig ist.“

„Was meinst du damit?“, fragt Anita leicht verzweifelt.

Ich grinse. „Eigentlich habe ich das sehr deutlich gesagt. Woher weißt du, dass außerhalb des Körpers zu reisen etwas ist, was du entwickeln musst?“

Anita zuckt die Achseln. „Das weiß ich nicht.“

„Genau. Jede Nacht, während du schläfst, durchläufst du fünf Grundschlafzyklen, jeder davon dauert etwa anderthalb Stunden. Wenn du tiefer in einen Zyklus sinkst, kommst du in die REM[9]-Schlafphase. In dieser Phase des Schlafs ist es für deinen metaphysischen Astralkörper normal, deinen physischen Körper für ein paar Stunden, Minuten oder auch nur einige Sekunden zu verlassen. Du erfährst dies im Allgemeinen als kraftvolle, bunte

9. Im Deutschen wurde der Begriff aus dem Englischen übernommen, REM steht für Rapid Eye Movement (schnelle Augenbewegungen) bei geschlossenen Lidern.

Träume. Das ist gewöhnlich bei jedem so. Würde der Astralkörper den physischen Körper nicht verlassen, würde unsere geistige Gesundheit schnell zusammenbrechen."

„Ich habe davon gehört", sagt Todd. „Es wird AKE[10] genannt."

Bill, Marsha und Anita nicken heftig. Nur Peter sieht ratlos aus. Ich nicke. „Ja, zu meiner Zeit nannte man das Astralprojektion. Heutzutage wird es gewöhnlich außerkörperliche Erfahrung genannt. Was auf einer gewissen Ebene lächerlich ist, weil wir energetisch weit mehr außerhalb des Körpers sind als innerhalb. Wenn die Menschen tatsächlich bewusste innerkörperliche Erfahrungen machen würden, wären sie in der Lage, ihre körperliche Gesundheit besser zu überwachen. Aber das tun wir nicht!

Wie dem auch sei, Astralprojektion heißt, dass du dein waches Bewusstsein mit deinem Astralkörper bewusst woanders hin projizierst oder sendest, während dein physischer Körper in den Schlaf sinkt. Auf diese Weise sind wir in der Lage, auf einer völlig anderen Ebene im Bewusstsein zu wachsen und zu lernen. Mit Übung kannst du wählen, wohin du astral reisen willst, und das kann Vergangenheit, Gegenwart oder Zukunft sein, weil, wie ich bereits sagte, alle Zeit denselben Augenblick einnimmt. Wenn du eine Astralerfahrung machst, die in deiner Zukunft stattfindet, behältst du möglicherweise eine tiefe Erinnerung, auch wenn der dazugehörige Traum längst vergessen ist. Oft erreichen wir diesen zukünftigen Moment und Bingo – Déjà-vu!"

„Meine Güte, ich habe mich oft gefragt, woher das Déjà-vu kommt", sagt Todd. „Sag mir, ist metaphysisches Reisen sicher?"

„Es ist vollkommen sicher. Allerdings solltest du dabei vermeiden, ängstlich zu sein. Angst darf bei allen außerkörperlichen Erfahrungen nicht aufkommen."

„Das kann ich mir vorstellen, aber warum genau?", fragt Todd.

Ich lächle ihn an. „Eine Astralwirklichkeit ist genauso wie unsere

---

10. Außerkörperliche Erfahrung, manchmal auch mit dem englischen Akronym OOBE – out of body experience .

sogenannte physische Wirklichkeit. Mit …“

„Warum sogenannt?“, unterbricht Anita.

Ich sehe sie missbilligend an. „Bitte, Anita – unterbrich mich nicht. Höre zu! Wie ich gerade sagte, mit *sogenannt* meine ich, dass diese Welt für uns physisch ist. Aus der Vielzahl von Astralwelten – und wir sind tatsächlich eine davon – ist die Welt, die wir physisch nennen, für die meisten Bewohner der anderen astralen Reiche nicht physisch. Für die Bewohner der mentalen und emotionalen Astralwelten sind *wir* nicht physisch in der Art, wie wir das Physische erfahren. Und wenn wir uns in ihren Welten aufhalten – metaphysisch habe ich einige besucht[11] – sind ihre Welten für uns nicht physisch. Also hat *physisch* eine bestimmte Bedeutung für uns als physische Wesen, doch hat es auch eine komplett andere Bedeutung für uns als metaphysische Wesen.“ Ich halte inne. „Könnt ihr mir folgen?“

Anita sieht mich zerknirscht an. „Tut mir leid wegen der Unterbrechung, aber was das Verstehen angeht, steht meine Welt wieder Kopf.“

Die anderen sehen mich auch recht verständnislos an.

Ich schmunzle. „Ich glaube, Anita entwickelt sich gerade zügig zum menschlichen Flughund – für die steht unsere Welt auch Kopf! Es tut mir leid, Leute, aber was die größere Wirklichkeit des Lebens angeht, kann ich an einem einzigen Tag oder selbst in einer Woche nicht all die enormen Hohlräume menschlicher Ignoranz füllen. Wenn ihr jedoch übt, den physischen Körper mit metaphysischem Gewahrsein zu verlassen, werdet ihr feststellen, dass es möglich und recht leicht ist.

Der Grund, warum ihr das angstfrei tun solltet, ist, weil ihr auf der Astralebene eure Ängste sehr *schnell* manifestiert. Was ihr fürchtet, werdet ihr dann sehr schnell erleben. Auch, was ihr in unserer physischen Normalität fürchtet, werdet ihr manifestieren und

---

11. Mehr darüber im Buch ‚Wandern zwischen den Welten‘, Michael J. Roads, Hierophant-Verlag, 2016.

erleben, allerdings in einem weit *langsameren* Zeitmaß. Auf einer metaphysischen Ebene geschieht alles früher und schneller als auf der physischen Ebene, einfach deswegen, weil wir nicht länger in der Wirklichkeit einer linearen Zeit eingeschlossen sind.

Hinsichtlich unseres physischen Todes wird das richtig interessant."

Anita zieht die Nase kraus. „Das ist ein eher gruseliger Aspekt."

Ich grinse. „Wenn das ein Wortspiel[12] war, dann war´s ein gutes. Allerdings habe ich nie einen Ghul gesehen, wenn es die überhaupt gibt, und ich habe auch nicht das Bedürfnis danach. Geister ja, und die nicht länger physisch lebendigen, entkörperten Leute, die keine Ahnung haben, dass sie ihren physischen Körper verloren haben – aber keine Ghuls!

Wie dem auch sei, ich habe nicht die Absicht, die heutige Diskussion über den physischen Tod und darüber hinaus zu führen. Wenn ihr darüber mehr wissen wollt, schlage ich vor, dass ihr *Geheimnisse von Jenseits und Diesseits*[13] lest. Darin habe ich über solche Dinge recht ausführlich geschrieben.

Doch bevor wir dieses Thema verlassen, möchte ich euch noch daran erinnern, dass beim metaphysischen Reisen, das ich unternehme, mein physischer Körper während der Reise wach ist. Bei einer außerkörperlichen Astralerfahrung hingegen schläft der physische Körper üblicherweise während des Reisens. Bei mir ist nicht nur der Körper wach, sondern ich bin mir auch bewusst, was um mich herum geschieht. Ich befinde mich nicht in einer Trance, ich bin nur sehr entspannt und nicht verhaftet."

„Ich finde das faszinierend!", bemerkt Marsha.

„Ich stimme dir zu. Aber ihr seid zu mir gekommen, um über das Leben in einer dreidimensionalen Welt zu lernen und jenen

12. Im englischen Original sagt Anita ghoulish, was einerseits schaurig oder gruselig bedeutet, andererseits aber von Ghul kommt – also einem „ghulischen" Aspekt. Ein Ghul ist ein leichenfressendes Fabelwesen.

13. Erschienen im Schirner Verlag, 2013

benachteiligten Menschen zu helfen, mit denen ihr arbeitet. Die brauchen nichts über das Leben nach dem Tod zu wissen. Vielmehr müssen sie etwas über das Leben vor dem Tod wissen, gemeinsam mit Millionen anderer Leute!“

… ZWEIUNDZWANZIG …

Intelligenz, Weisheit und der Intellekt

Wenn ein Mensch auf seinem spirituellen Weg das Stadium erreicht, in dem seine Gehirnhälften gleichmäßig zum Einsatz kommen und sein Herz sich ihm geöffnet hat, dann entsteht eine energetische Verbindung zwischen dem Herzen, dem Gehirn und der Zirbeldrüse. Einfach ausgedrückt führt dies wiederum dazu, dass dann die Weisheit aller Zeiten verfügbar ist, denn Weisheit ist sowohl persönlich als auch universell.

Michael J. Roads

Ich schaue hinüber zu meinen Gästen. Marsha und Peter scheinen das Essen vergessen zu haben. „Bevor wir zum nächsten Thema übergehen, schlage ich vor, dass ihr euer Mahl beendet und wir es uns dann ein bisschen bequemer machen."

Peter und Marsha essen schnell auf, und die ganze Gruppe erhebt sich vom Esstisch und setzt sich wieder auf die bequemeren Sitzplätze.

Ich lächle Todd an. „Okay, was steht als nächstes auf dem Plan?"

Todd grinst zurück. „Nun, dies steht nicht auf dem Plan, aber je mehr ich dir zuhöre, umso mehr nehme ich die Weisheit in deinen Worten wahr. Vielleicht könnte sich das Thema aus meiner Frage ergeben, denn, ganz im Ernst: Was ist mit der Weisheit der Welt geschehen? Während ich *deiner* Wahrheit lausche, erkenne ich, wie rar diese geworden ist. Wir hören selten Weisheit im Fernsehen, wir hören sie nie von unseren Politikern und nur gelegentlich von einer wahren Führungspersönlichkeit von Weltrang. Wo ist die Weisheit hin?“

Ich lache. „Aus deinem Mund klingt es, als ob Weisheit ein Rohstoff sei statt eines rein menschlichen Ausdrucks. Aber ich stimme zu, Weisheit kommt selten über moderne Lippen. Nelson Mandela hatte Weisheit, und er durchlief einen zermürbenden Prozess, um sie zu erlangen. Die Frage, die sich daraus ergibt, ist grundsätzlicher: *Was ist Weisheit?*“

Todd nickt. „Ja, darauf wollte ich im Grunde hinaus.“

„Wie ich euch bereits am Anfang des Tages sagte, ist alles, worüber ich spreche, miteinander verbunden. Nichts ist getrennt. Um also zu bestimmen, was Weisheit ist, werden einige der Aspekte berührt, die wir bereits diskutiert haben.

Heutzutage nutzt die Menschheit hauptsächlich die linke Hirnhemisphäre. Es gibt viele Bücher darüber, also fasse ich mich kurz. Die Dominanz der linken Gehirnhälfte bedeutet nicht, dass diese Menschen die rechte Gehirnhälfte nicht nutzen oder nicht nutzen können. Das können sie, jedoch wird ihr Alltagsleben von der linken Gehirnhälfte dominiert. Das ist das Reich des Intellekts. Der Intellekt ist ein brillantes Werkzeug, das wesentlich für das Leben als menschliches Wesen ist. Aber er ist ein *Werkzeug*, keine Lebensweise. Leider hat die Dominanz der linken Gehirnhälfte den Intellekt zu einer Lebensweise gemacht, und das ist uns nicht dienlich. Dem modernen Intellekt mangelt es gewöhnlich an Intelligenz, während er vor Arroganz überfließt. Das erzeugt eine tödliche Mischung, welche wir weltweit in den Regierungen und der Politik angewandt sehen. Die linke Gehirnhälfte scheint nie zu begreifen, dass clever mit dumm sein einhergeht.

Würden wir lernen, unsere *rechte* Gehirnhälfte in gleichem Maße wie unsere linke im Alltag einzusetzen, würden wir uns zu Menschen mit ganzheitlichen Gehirnen entwickeln. Das ist das Ideal. Das ist unser Weg nach vorne. Auf diese Weise sind wir in der Lage, Intelligenz mit dem Intellekt zu kombinieren. Heutzutage *habe*n viele Menschen diese Fähigkeit, aber *nicht* die Masse und leider findet man sie auch nicht in der globalen Politik und ihren Vorgehensweisen.

Ich lehre auf meinen Intensivseminaren, wie man die Gehirnhälften ins Gleichgewicht bringen und die Zirbeldrüse anregen und entwickeln kann. Mit diesem Vorgehen befinden wir uns auf dem Weg der Weisheit.

Wie gesagt befindet sich die Zirbeldrüse zwischen den beiden Gehirnhälften. Die medizinische Wissenschaft spricht davon, dass diese beim heutigen Menschen schrumpft. Sie hat nun die Größe eines Reiskorns statt der einer Bohne. Sie sieht aus wie ein winziger, unentwickelter Tannenzapfen. In dem Maße, wie unsere Zirbeldrüse schrumpft, so wird auch unsere Zukunft als inkarnierte Wesen stetig düsterer. Aber ich habe nicht die Absicht, diese Aussichten weiter zu vertiefen.

Wenn ein Mensch auf seinem spirituellen Weg das Stadium erreicht, in dem seine Gehirnhälften gleichmäßig zum Einsatz kommen und sein Herz sich ihm geöffnet hat, dann entsteht eine energetische Verbindung zwischen dem Herzen, dem Gehirn und der Zirbeldrüse. Einfach ausgedrückt führt dies wiederum dazu, dass die Weisheit aller Zeiten – der Ewigkeit – verfügbar ist.

Dies ist tatsächlich *spirituelle* Weisheit, welche sinnvoll, praktisch und nutzbringend in allen irdischen Situationen angewendet werden kann, denn Weisheit ist sowohl persönlich als auch universell.

Ein Mensch kann weise sein und viel Weisheit zu seiner Zeit beitragen, aber die Essenz seiner Weisheit wird in der Energiewelt verewigt und damit allen Menschen zu allen Zeiten verfügbar sein – sofern sie dieses Stadium der Entwicklung erreichen. Mit anderen Worten, wir erschaffen das Timing, weise zu sein und unsere persönliche Weisheit gemeinsam mit der zeitlosen Weisheit aller Weltalter zu teilen.“

Todd sieht verblüfft aus. „Aber wir können doch die Weisheit anderer Menschen lesen. Sie steht in der großen Literatur, von bedeutenden Philosophen gesagt und aufgeschrieben, und auch in der Bibel, dem Koran und dergleichen. Sie steht physisch zur Verfügung."

Ich nicke. „Ja, es sind viele weise Worte von weisen Männern und Frauen geschrieben worden. Aber das meine ich nicht. Ich spreche von der Weisheit, die *energetisch* im Äther der Ewigkeit enthalten ist.

Die menschliche Weisheit hat eine weit höhere Frequenz als unsere gewöhnliche Dummheit. Die Frequenz der Dummheit wird sich lange Zeit halten, aber sie hat ein Verfallsdatum. Die Frequenz reiner *spiritueller* Weisheit ist so hoch und fein, dass sie, solange es eine Menschheit gibt, verfügbar sein wird, wenn die Energie eines Menschen diese hohe Frequenz erreicht."

„Oje, und das geht durch die Zirbeldrüse?", fragt Anita.

Ich seufze. „Nein, Anita. Ich habe es gerade erklärt. Die Zirbeldrüse ist daran beteiligt, aber es geschieht, wenn ein Mensch einen ganzheitlichen Bewusstseinszustand erreicht und das EINSSEIN allen Lebens erfährt. Und das ist etwas ganz anderes als die Summe seiner Teile."

Jetzt seufzt Anita. „Okay, ich verstehe wieder nur Bahnhof. EINSSEIN *ist* doch sicher die Summe der Teile! Wie könnte es denn anders sein?"

Ich lehne mich in meinem Sessel zurück und blicke auf die in der Nähe wachsenden Eukalyptusbäume, den Tanz ihrer Blätter beobachtend. Warum mache ich das? Warum setze ich mich diesem menschlichen Irrsinn immer wieder aus? Ich lächle. Wahrscheinlich, weil ich das universelle Kind, die Menschheit dieser Erde, LIEBE.

Anita ansehend rolle ich mit den Augen. „*Bitte, hör zu.* Wie ich sagte, ist alle Energie EINE Energie. Die ganze Menschheit, die ganze Natur, die Erde ... ist alles EINE Energie. Also, sag mir, Anita, woher kommen die Teile? Erklär mir das!"

Sie grinst kleinlaut und nickt. „Okay, ja, wenn du es so ausdrückst, dann kann ich nicht widersprechen. Aber du musst zugeben, dass es in unserem Alltagsleben so scheint, als sei alles voneinander getrennt – das sind die Teile."

Ich nicke. „Ja, ich gebe zu, dass die Illusion der Trennung eine überwältigende Kraft hat. Sie überwältigt unsere Verbindung mit dem ALLSEIN, unsere uns innewohnende Intelligenz, unsere spirituelle Ausrichtung, unser Verhältnis zum ganzheitlichen Leben – ein Großteil der Menschheit ist von ihr vollkommen überwältigt. Dementsprechend leben wir in einer Welt der Illusionen."

„Hast du vorhin etwas über unsere Fähigkeit gesagt, wie wir unsere Intelligenz steigern können? Mir platzt langsam der Kopf, so schnell wie etwas reingeht, so schnell kommt es auch wieder raus", stellt Marsha lachend fest. Dann wird sie ernst. „Und ich will nichts davon verpassen. Ein Glück, dass wir das Aufnahmegerät haben."

„Ja, das habe ich erwähnt. Wir sind eine vorherrschend unterbewusste Gattung geworden, also nutzen wir unterbewusst unseren Intellekt. Dies hat offensichtlich keinerlei Beziehung zur Intelligenz.

Um unsere Intelligenz zu nutzen, müssen wir bewusst sein. Das deutet darauf hin, dass du umso mehr Intelligenz nutzen wirst, je bewusster du bist.

Genie entsteht in der menschlichen Frequenz, wenn das Herz, beide Gehirnhälften und die Zirbeldrüse energetisch miteinander verbunden sind.

Es gibt keine Möglichkeit, die menschliche Intelligenz wahrhaft zu messen, einfach, weil dies rein vom Bewusstseinszustand eines Menschen abhängig ist, und der kann sich wandeln in eine höhere oder niedrigere Frequenz.

Also, Marsha, indem du in deinem Alltagsleben bewusster bist, erhöhst du aktiv deine Fähigkeit, dich mit der Intelligenz zu verbinden. Intelligenz ist kein festgelegtes Maß, welches du bei deiner Geburt erhältst. Wohl oder übel gehen Intelligenz und dein Bewusstsein Hand in Hand."

Marsha presst die Lippen aufeinander. „Ich weiß nicht, ob das eine gute oder eine ziemlich schlechte Neuigkeit ist."

Ich lächle. „Das, Marsha, hängt allein von dir ab."

… DREIUNDZWANZIG …

Über Schmerz und Leiden

Und ein Weib redete und sagte: Sprich uns vom Schmerz.
Und er sprach: „Euer Schmerz ist das Brechen der Schale, die euer Verstehen umschließt.
Gleichwie der Stein der Frucht brechen muß, daß sein Herz in der Sonne stehen möge, also müsset ihr den Schmerz kennen.
Und könntet ihr euer Herz verwundert halten über die täglichen Wunder eures Lebens, so würde euer Schmerz nicht weniger wunderbar erscheinen als eure Freude."

Khalil Gibran

Ich lächle sie an. „Und das bringt uns zu unserem nächsten Thema. Die Wahl, die du triffst, Marsha, wird dein Leben bestimmen. Wenn dies wirklich schlechte Neuigkeiten für dich sind und du deinem Bewusstsein erlaubst, durch die Selbstangriffe der Selbstkritik geschwächt zu werden, dann wird es in deinem Leben mehr Schmerz, mehr Selbstsabotage und immer mehr Leiden geben. Sie gehen alle miteinander einher, aber wir sind nicht verpflichtet, ihnen die Hand zu geben.

Als junger Mann war mein Leben von Schmerz und Leiden erfüllt. Mit neunundzwanzig Jahren verletzte ich ernstlich meine Bandscheiben, und die Folge davon war, dass ich die nächsten zwanzig Jahre litt. Mein spiritueller Weg war einer von Schmerz und Leiden. Wann immer ich im Laufe der Jahre darauf zurückblicke und darüber spreche, staune ich über meine schiere Dummheit. Ich hatte keine Ahnung, dass Energie der Aufmerksamkeit folgt. Wenn mich jemand mit den Worten begrüßte: ‚Hallo Michael, wie geht´s dir?', erzählte ich ihm von meinem *schlimmen* Rücken. Ohne dass ich es wusste, war *‚schlimmer Rücken'* mein Fokus und ein *‚schlimmer Rücken'* war das, was ich bekam. Erinnert euch an das, was ich euch fortwährend sage, wir sind die Schöpfer unseres Lebens, und Schmerz und Leiden sind wahrscheinlich die am meisten verbreiteten Schöpfungen von allen."

„Und es ist *sehr einfach*, sie zu erschaffen", wirft Anita ein.

„Und Schmerz und Leiden sind nicht nur physisch", fügt Peter hinzu. „Ich hatte wenig physische Schmerzen in meinem Leben, aber jede Menge mentalen und emotionalen Schmerz und Leiden."

Ich lächle ihn an. „Gut gesagt. Aus metaphysischer Sicht sind Schmerz und Leiden das Maß unseres Widerstands gegen Veränderung. Ich erinnere mich, wie ich mit meiner beachtlichen Energie Wandel hervorrief, nur um mich dann in genau demselben Maß dem Wandel, den ich hervorgerufen hatte, zu widersetzen. Ich dachte immer, dass Wandel nur das Unerwünschte aus meinem Leben entfernen würde. Ich lernte bald, dass Wandel wie ein Tornado in dein Leben fährt und alles zerfetzt und wegreißt, dem du emotional verhaftet bist. Und natürlich war ich im Widerstand. Das ist fast sicher der Hauptgrund, warum wir uns alle dem Wandel widersetzen. Wir haben Angst davor. Wir haben wahrhaft Angst vor dem Unbekannten. Wir klammern uns ans Vertraute, selbst wenn es voller Schmerz und Leiden ist. Während der vielen Inkarnationen erschaffen wir unwissentlich ein enormes Maß an Leiden und halten es aus.

Ich habe das wahrscheinlich schon gesagt, aber Leiden ist die größte Sucht der Menschheit. Sei es durch Alkohol oder Drogen, Hass und Krieg, Wut und Boshaftigkeit, Reichtum oder Armut oder durch die gebräuchlichsten Arten von Selbstangriff – wir erschaffen unser eigenes Leiden."

„Bei unserer Arbeit begegnen uns die ganze Zeit Selbstangriff und Leiden. Warum ist das so verbreitet? Auf jeden Menschen, der für sich selber Sorge trägt, scheinen hundert zu kommen, die sich selbst fertigmachen. Warum ist das so?“, fragt Peter.

Ich nicke. „Ohne wieder in die vorigen Diskussionen einzusteigen, muss ich euch daran erinnern, dass Selbstangriff und Leiden sehr stark mit dem unterbewussten Leben verknüpft sind. Das menschliche Unterbewusstsein ist angefüllt mit Leiden aus der Vergangenheit. *Immer-mehr-vom-Gleichen* im Leben verhaftet zu sein, weist darauf hin, dass die Gründe und Ursachen für das eigene Leiden sich endlos wiederholen, mit dem Ergebnis, mehr zu leiden. Und so setzt sich das fort. Ich bin der lebendige Beweis – gemeinsam mit vielen anderen –, dass wir über den Klammergriff des Leidens hinauswachsen können, indem wir bewusster sind.

Sorge erzeugt Ängstlichkeit, Ängstlichkeit erzeugt Sorge, gemeinsam sind sie die Grundlage der Vielzahl an menschlichen Krankheiten. Ein Mann sagte mal zu mir, *dass Sorgen das vorzeitige Interesse an noch nicht geschehenen Missgeschicken sind.* Er war kein weiser Mann, er hatte es irgendwo gelesen, aber, was er sagte, war in perfektem Timing für mich. Sorge gründet *immer* in einer erfundenen Zukunft. Das bedeutet, dass Sorge auf sehr wirkungsvolle Weise den Augenblick sabotiert und sein größeres Potential zerstört. Und die meisten Menschen machen sich Sorgen. Mein Vater war ein sehr cleverer Mann und auch voller Ängste und Sorgen. Er schien sich über alles und jedes Sorgen zu machen. Er runzelte oft die Stirn, so dass sich Sorgenfalten in seinem Gesicht entwickelten. Er starb mit Anfang sechzig. Für mich spricht es Bände, dass der clevere Intellekt die Sorgen erschafft und nie die Intelligenz. Es ist eine Ironie des Schicksals, dass die Krieger der vergangenen Inkarnationen die Bedenkenträger[14] von heute sind.“

„Willst du damit sagen, dass Leid absichtlich zugefügt wird?“, fragt Peter.

14. Außerdem ein Wortwitz im Englischen: Krieger heißt Warrior und Beden-

„Hm, eine gute Frage. Nein, das sage ich nicht. Aber *was ich sage ist,* dass wir uns unterbewusst mit gezielter Absicht selbst Leid zufügen. Wenn ein Mensch keine Ahnung hat, dass er den Inhalt und die Richtung seines Lebens in jedem Moment erschafft, dann gelten Sorgen und Ängste als wesentlicher Bestandteil des Alltagslebens. Sorgen sind normal geworden, weil alle sie haben. Aber diese Sorgen und Ängste bringen sie langsam um. Sie manifestieren sich schließlich als körperliche Erkrankung und ihre Körper leiden, bevor sie sterben.

Eine andere Art zu leiden, ist weniger offensichtlich. Als meine erste Frau 2006 in ihren Übergang eintrat, war ich besinnungslos vor Trauer. Etwa zwei Wochen nach der Beerdigung stand ich vor einem großen, dicken und schweren Blumentopf im Garten und versuchte, diesen umzudrehen. Später begriff ich, dass etwas Blumenerde innen am Topf geklebt haben musste. Denn als der Topf umstürzte, löste sich diese Erde und wurde mit der verdrängten Luft aus den drei Abflusslöchern im Topfboden geblasen. Aus einem dieser Löcher richtete sich ein Strahl nasser sandiger Erde direkt auf mein linkes Auge. Innerhalb einer Woche war ich auf diesem Auge blind. Als Folge davon erfuhr ich etwa drei Monate später ein Wunder der modernen Chirurgie in Form einer Glaskörperoperation."

„Was ist das?", will Anita wissen.

„Sie versiegelten mit einem ins Auge gerichteten Laserstrahl die Äderchen, die geblutet hatten, und entfernten dann die Verschmutzung. Die Folge war, dass ich mein Augenlicht zurück erhielt. Als ich später darüber nachdachte, erkannte ich, dass wir beim eigentlichen Akt des Trauerns ungewollt uns selbst angreifen. Das Bewusstsein kennt keinen Unterschied zwischen Trauer und Selbstangriff. Wie viele Menschen würden das begreifen? Es ist eine Tatsache, ob anerkannt oder nicht, dass Trauer den Körper angreift, vor allem das Herz und die Lungen. Unter Verschluss gehaltene

kenträger Worrier.

Trauer kann buchstäblich solch eine Erfahrung auslösen, wie ich sie gerade geschildert habe. Natürlich würde die modernde Gesellschaft dies als Unsinn abtun und es einfach als Unfall bezeichnen. Aus Sicht der Konsens-Wirklichkeit geschehen Unfälle. Doch aus jener des Meisters gibt es keine Unfälle. Beispielsweise warf die Erblindung auf einem Auge die Frage auf, was ich in meinem Leben nicht richtig sehen konnte? Während ich darüber grübelte, musste ich akzeptieren, dass Treenies Übergang kein Zufall oder Unfall war. Frei von Angst vor dem Tod oder dem Glauben an ihn wollte sie nach Hause – wie sie es nannte. Ich fühlte mich als Opfer und sah deutlich, wie tief und stark meine emotionale Anhaftung an sie in Wahrheit war. Und so sehr ich es auch verleugnen wollte, eine emotionale Verhaftung ist *keine* LIEBE!

Ein weiteres Ereignis, das zur gleichen Zeit geschah, verstärkte diese Botschaft. Es betraf meinen Ehering. Ich hängte ihn an einer sicheren goldenen Kette um meinen Hals. Eines Tages, als ich von einem einsamen Spaziergang am Strand zurückkehrte, stellte ich voller Entsetzen fest, dass die Kette zwar noch unbeschädigt um meinen Hals hing, aber ohne den Ring. Wie war das möglich? Ich fuhr zurück zum Strand und folgte wieder und wieder meinen eigenen Fußspuren, aber vergebens. Das Leben sagte sehr deutlich zu mir: ‚Du bist nicht länger verheiratet, lass los!‘, dennoch fuhr ich fort zu klammern und hielt meine emotionale Verhaftung an sie für ein weiteres Jahr aufrecht, bis sich schließlich die *bedingungslose* LIEBE durchsetzte. Wir alle machen solche Erfahrungen oder erleben Momente, in denen wir die Zeichen und Botschaften ignorieren, die uns das Leben offeriert.“

„Geschieht sowas oft beim Tod eines anderen?“, fragt Anita.

Ich nicke. „Wahrscheinlich weit häufiger, als allgemein erkannt wird. Aber sicherlich nicht immer. Außerdem ist auch nicht jede Ehefrau oder jeder Ehemann beim Tod des Partners untröstlich. Recht häufig ist es eine enorme Erleichterung. Meine verstorbene

Schwiegermutter war mit ihrem Mann über sechzig Jahre verheiratet. Bei ihrer diamantenen Hochzeit sahen sie aus wie das perfekte, einander treu ergebene Ehepaar. Was für eine Lüge! In den letzten zwanzig Jahren ihrer Ehe hatte sie Angina-Tabletten für ihr Herz schlucken müssen. Als ihr Ehemann starb, hörte sie innerhalb weniger Monate auf, die Tabletten einzunehmen, weil sie die nicht länger brauchte. Sie wurde fast hundert Jahre alt. Er war buchstäblich ein Herzschmerz für sie gewesen. Er war gewiss keine verlorene Liebe!

Wir haben ein seltsames Verhältnis zum Schmerz. Schmerz ist nicht genau das, was er zu sein scheint. Als ich ein junger Kerl war, beobachtete ich einen Mann, der sich selbst durch Hypnose suggerierte, dass sein linker Arm nicht *sein* linker Arm sei. Dann schob er entschieden eine lange, altmodische Hutnadel durch den fleischigen Teil seines Arms und in den kleinen leichtgewichtigen Beistelltisch, auf dem sein Arm lag. Er ergriff die Spitze der Hutnadel und hob den Arm samt Beistelltisch in die Luft. Kein Schmerz. Da ich direkt vor ihm saß, sah ich alles sehr deutlich. Das hatte eine enorme Wirkung auf mich. Was war mit dem Schmerz? Da war kein Schmerz, weil er ihn nicht erschuf. Also erschaffen wir den Schmerz, wenn wir verletzt werden, oder entsteht Schmerz einfach so? Ich vermute, dass beides wahr ist.

Einmal unterhielt ich mich mit Freunden und lehnte dabei an einem Türrahmen ohne zu merken, dass meine Finger sich in der Türzarge mit dem Scharnier befanden. Meine erste Frau ging durch die Tür und schloss sie. Als sie dies tat, hörte ich einen furchtbaren Schrei. Es war meiner. Als sie die Tür wieder aufriss, waren meine drei gequetschten Fingerspitzen wieder frei. Der Schmerz war unerträglich. Dann machte ich den Fehler, die Finger unter einen Kaltwasserhahn zu halten. Noch mehr Qual. Es war gerade Mittagspause und in einer Stunde musste ich mein Wochenendseminar fortsetzen. Ich bat alle, mich alleine zu lassen, was sie auch taten. Dann legte ich mich hin, und mit meiner bewussten Vorstellungskraft stellte ich mir rosafarbenes Licht vor, dass langsam vom Kronenchakra hinunterströmte, durch meine Schulter, weiter durch meinen Arm, bis in meine Hand und dann in und durch meine Finger. Ich stellte mir vor, wie der Schmerz aus meinen Fingern geschoben wurde und diese als grauschwarze Energie verließ. Innerhalb von zehn Minuten hatte ich keine Schmerzen mehr in meinen bös gequetschten Fingern und war in der Lage, das Seminar fortzusetzen und zu beenden."

„Wow, das ist ziemlich beeindruckend", staunt Anita. „Sind sie gut verheilt?"

Ich nicke. „Danke, ja, das sind sie. Dieses Ereignis hat mich eine Menge über Fokus gelehrt. Wenn so etwas geschieht, schreien wir normalerweise vor Schmerz, und dann konzentrieren wir uns auf den Schmerz und darauf, wie schlimm dieser ist. Wir erhöhen ihn ungewollt durch unsere ängstliche Ausrichtung. Das habe ich nicht getan. Ich tat das Gegenteil, und der Schmerz verschwand, als es, ganz ehrlich, beinahe so schien, dass er das nicht hätte tun sollen. Nochmal: Wir sind die endlose Schöpfung, und wir können unseren eigenen Schmerz steigern oder senken. Auf die Gefahr hin, es ständig zu wiederholen: Wohin du denkst, Energie du lenkst – und die Energie, *mit* der wir fokussieren, bestimmt auch das Ergebnis."

„Du hast vorhin gesagt, dass du zwanzig Jahre lang Rückenschmerzen hattest. Während ich dich heute beobachtete – und ich gebe zu, mit kritischem Blick – wurde deutlich, dass du keinerlei Schmerzen verspürst. Rückenschmerzen sind eine ernste Sache. Wie bist du die losgeworden? Hattest du eine Wirbelkörperversteifung oder sowas?", fragt Peter.

Ich schmunzle. „Hm, interessante Frage. Dies wirft außerdem die Frage nach unserem Verhältnis zum Schmerz und dem Schmerzbewusstsein auf. Dinge, die selten in Betracht gezogen werden. Okay, ohne die ganze Geschichte zu erzählen, die ausführlich in meinem Buch *A Glimpse of Something Greater*[15] geschildert wird, das Todd gelesen hat, nur so viel: Im Augenblick meiner spirituellen Erleuchtung heilte mein Rücken von selbst. Kurzgesagt, im einen Augenblick lag ich auf dem Boden mit furchtbaren Schmerzen, ging jedoch durch einen inneren Prozess der totalen Hingabe, und im nächsten Augenblick war ich erfüllt von LICHT und LIEBE und etwa zwanzig Minuten lang in einer anderen Wirklichkeit. Als ich da heraus kam, war mein Körper geheilt. Keine Rückenschmerzen oder sonst irgendeine Erkrankung mehr, die ich hatte."

„Das klingt unglaublich", sagt Peter. „Aber was geschah genau?"

„Wie gesagt kannst du die ganze Geschichte mit allen Details nachlesen. Aber was eigentlich geschah, war, dass ich einen Bewusstseinssprung von solchem Ausmaß tat, dass mein Körper vollkommen geheilt wurde. Meine ganze Beziehung zu mir selbst wandelte sich in jenem Moment und damit meine Beziehung zum Leben und zum Schmerzbewusstsein."

„Ich habe ehrlich gesagt noch nie so etwas gehört", erklärt Peter.

„Ist es das, was man einen Quantensprung nennt?", fragt Anita. Ich nicke. „Einen Quantensprung im menschlichen Bewusstsein."

„Darum bist du so, äh, anders?", fragt sie.

Ich lache. „Nicht so sehr anders, aber ja, ich denke, dem ist so."

15. „Ein kleiner Einblick in etwas viel Größeres" Noch nicht übersetztes Buch von Michael von 2013. Im Kapitel, auf das er hier anspielt, schildert er genau, wie er die Identifikation mit seiner Persönlichkeit und allem, was dazu gehörte, aufgab und sein Bewusstsein im EINSSEIN aufging.

… VIERUNDZWANZIG …

Die Evolution des Bewusstseins

In allem Leben geht es nur um die Evolution des Bewusstseins. Nicht nur des menschlichen Lebens, sondern allen Lebens, und das schließt natürlich die NATUR ein. Wir neigen dazu, der NATUR gegenüber recht respektlos zu sein, als sei sie etwas Geringeres als wir. Dies ist ein Irrtum von epischem Ausmaß. Wir sind EINS mit der NATUR. Es gibt nicht die NATUR und die Menschheit, es gibt kein ‚und'. Wir sind EINE Energie, die sich auf eine unterschiedliche Weise ausdrückt.

Michael J. Roads

Bill fängt meinen Blick auf. „Bei allem was du sagst, kommt immer wieder das Wort Bewusstsein vor. In jeder Erklärung erwähnst du Bewusstsein. Ich verstehe, warum du das tust – denke ich –, aber was, bitte, ist Bewusstsein?"

Ich lächle ihn an. „Hmm, ja, was eigentlich? Das ist die GROSSE Frage. Ich könnte sagen, dass Bewusstsein die Triebfeder des Lebens ist, und das wäre wahr. Ich könnte sagen, dass Bewusstsein völlig passiv und ohne jegliche Motivation ist, und auch das wäre wahr. Diese Gegensätzlichkeit von beidem als EINS. Ergibt das einen Sinn?"

„Ich bin bereit dafür, dass meine Welt mal wieder auf den Kopf gestellt wird, aber nein, das ergibt keinen Sinn", antwortet Anita lachend.

Ich lächle sie an. „Lasst uns mit dem grundsätzlichen Lebensprinzip, das Bewusstsein betreffend, beginnen. *Bewusstsein zieht physische Form an, durch welche es sich ausdrückt, aber dieser Ausdruck ist Bewusstsein.* Verstehst du das?"

„Ich bin sicher, dass ich das sollte, aber ich bin so vollgestopft mit all dem, was du uns gesagt hast, dass es mir schwerfällt, mich zu konzentrieren", sagt Anita entschuldigend.

„Okay, ich komme gleich zum Kern des Bewusstseins. In der Menschheit dreht sich alles darum, dass man sich seiner Existenz oder seiner selbst gewahr ist. Die Wissenschaft ist der Meinung, dass die NATUR kein Bewusstsein hat, weil, ihr zufolge, die Natur sich ihrer selbst nicht gewahr ist. Allerdings ist es aus meiner metaphysischen Sicht weit umfassender und komplexer als das. Ein Baum ist sich seiner selbst nicht bewusst, das stimmt, aber ein Baum ist ein anderer Ausdruck des Bewusstseins. Es scheint, als ob die Wissenschaft nur das menschliche Bewusstsein anerkennt. Vielleicht übersehen sie die Tatsache, dass wir diesen Planeten mit einer Vielzahl von bewussten Lebensformen teilen. Wie schon gesagt sind wir tatsächlich die am wenigsten bewusste dieser Lebensformen, weil wir unterbewusst leben.

Nehmen wir einen Felsen oder einen Berg. Beide sind ein Ausdruck des Bewusstseins, bei denen die Bewegung im Augenblick u-n-g-l-a-u-b-l-i-c-h l-a-n-g-s-a-m ist. In einem Tier bewegt sich Bewusstsein weit schneller und ist viel dynamischer in seinem Ausdruck. Bei uns Menschen ist der Intellekt viel mehr am Bewusstsein beteiligt als unser *ganzes* Wesen. Der Intellekt definiert und bestimmt, was Bewusstsein ist, aber der Intellekt *erlebt* dies selten bewusst. Dies führt zu einer falschen Information, die schließlich zu falschem Wissen wird – und damit *eigentlich* gar kein ‚Wissen' ist. Verrückt! Um völlig bewusst zu sein, ist es erforderlich, dass wir uns unseres Bewusstseins im Augenblick bewusst sind. Es wird offensichtlich, dass man reines Bewusstsein nicht sehen, einfangen oder auf Flaschen ziehen kann – obwohl wir die Bewusstsein *ausdrückenden* Geschöpfe fangen und einsperren können.

Bewusstsein ist universell. In unserer Galaxis gibt es bewusste Lebensformen, die weit jenseits unseres Bewusstseins sind, und andere, die weit hinter unserem potentiellen Ausdruck liegen. Ich sage potentiell, einfach, weil wir alle unser persönliches Bewusstsein auf unterschiedliche Weise ausdrücken, manche großzügig, andere grollend, manche aggressiv, andere friedlich und so weiter. Wenn ihr hingegen beispielsweise Kaninchen betrachtet, drücken sie alle Bewusstsein auf die ziemlich gleiche Weise aus. Die Menschen sowie einige der höher entwickelten Tierarten haben ein individualisiertes Bewusstsein, während Vogelschwärme oder Tierherden mehr ein Schwarm- oder Herdenbewusstsein haben. Um es zu zusammenzufassen, Bewusstsein ist die Energie, die alle natürlichen Lebensformen im Mineralien-, Pflanzen- und Tierreich durchdringt, belebt und energetisiert – einschließlich uns. Sicherlich nutzen wir das Bewusstsein individuell und einzigartig, aber gewiss nicht als einzige."

Peter starrt mich angespannt an. „Was mich so beeindruckt – und herausfordert –, ist, dass du die Energie deiner Worte, deines Wissens, deiner *Erkenntnis* verkörperst. Ich habe hunderte von Vorträgen gehört und konnte bis zu einem gewissen Grad folgen, das Wissen jedoch blieb immer nur in meinem Kopf. Bei dir ist das innere *Wissen*, das du beschreibst, in mich eingedrungen und hat irgendwie Orte erreicht, die ich nicht für möglich gehalten habe. Das ist so anders. Zuerst war ich alarmiert, und ich spürte starken Widerstand, aber irgendwas in mir ist zusammengebrochen wie irgendeine alte Barriere und während sie zerbrach, fühlte ich eine neue Freiheit. Wie kann ich dir für so etwas danken?"

Ich lächle ihn an. „Das ist ganz einfach – indem du es lebst. Das ist für mich der schönste Dank."

Bill lacht. „Okay, du hast auf jeden Fall meine Frage zum Bewusstsein beantwortet. Ich beabsichtige, meine Kopie von der Aufnahme ganz oft anzuhören. Der heutige Tag hat auch mein Leben sehr bereichert. Ich werde nie wieder derselbe sein. Ich kann nur hoffen, dass Mary mein neues Ich annehmen kann … obwohl ich persönlich glaube, dass es ihr Freude machen wird. Dafür danke ich dir sehr."

„Uns bleiben noch ein paar Stunden, also werde ich mit dem Bewusstsein fortfahren, aber mit einer kleinen Warnung: Bitte zieht bei allen Themen, die ich mit euch diskutiert habe, keine voreiligen Schlüsse.

„Äh, was ist falsch daran?", fragt Anita.

Ich lächle. „Ich empfehle euch, Schlussfolgerungen zu meiden. Eine Schlussfolgerung ist das Schließen einer Tür, sie schließt den Geist bezüglich eines bestimmten Aspekts unseres Lebens. Stell dir vor, die Schlussfolgerung ist komplett falsch? Dann wäre es besser, die Tür nicht zu schließen und sie auf deinem weiteren Weg durchs Leben einen Spaltbreit offen zu lassen. Im richtigen Timing kann ein lebensveränderndes *Erkennen* durch diese Tür kommen, was unmöglich ist, wäre sie geschlossen."

„Ist das das gleiche wie etwas abzuschließen?", hakt Anita nach.

Ich nicke ihr zu. „Ein sehr guter Punkt. Nein, Schlussfolgerungen sind mental, während es beim Abschließen eher um unsere Gefühle und Emotionen geht. Abschließen ist in Ordnung, doch bezieht es sich auf unsere normale, kurzfristige Sicht aufs Leben. Wenn du *weißt,* dass es keinen Tod gibt, ist ein Abschließen nicht notwendig. Ich bin vollkommen zufrieden im Wissen, dass meine erste Frau ihr Leben in ganzer Fülle lebt – ohne mich. Ich akzeptiere das. Wenn du dein emotionales Gleichgewicht erreichst, ist das Abschließen nicht mehr etwas, das du brauchst oder suchst. Allerdings bietet das Abschließen enormen emotionalen Trost, wenn das Leben mit dem üblichen Glauben an Anfang und Ende(n) gelebt wird. Abschließen bedeutet ein Ende, auch wenn es nicht real ist. Mit aller Wahrscheinlichkeit wird der Handlungsfaden in der nächsten Inkarnation fortgesponnen.

Das waren zwei gute Fragen, Anita. Aber darf ich jetzt bitte mit unserer Diskussion über Bewusstsein fortfahren?“

Sie lächelt schelmisch. „Du hast meine Erlaubnis.“

Ich schmunzle. „Danke. In allem Leben geht es nur um die Evolution des Bewusstseins. Nicht nur des menschlichen Lebens, sondern allen Lebens, und das schließt natürlich die NATUR ein. Wir neigen dazu, der NATUR gegenüber recht respektlos zu sein, als sei sie etwas Geringeres als wir. Dies ist ein Irrtum von epischem Ausmaß. Wir sind EINS mit der NATUR. Es gibt nicht die NATUR und die Menschheit, es gibt kein ‚und‘. Wir sind EINE Energie, die sich auf unterschiedliche Weise ausdrückt. Erinnert ihr euch, was ich eingangs zu diesem Thema sagte, als Bill mich fragte, was Bewusstsein ist?“

Sie sehen mich alle schuldbewusst an, die Frage hat sie etwas kalt erwischt.

„Ich werde es wiederholen: *Bewusstsein zieht physische Form an, durch welche es sich ausdrückt, doch dieser Ausdruck ist Bewusstsein.* Wenn du dies auf der Herzebene vollkommen verstehst und fühlst, wirst du eine tiefere Verbindung zur WAHRHEIT haben. Leider bleibt es gewöhnlich nur eine intellektuell verstandene Aussage, ohne echte Verbindung zur WAHRHEIT des Prinzips.“

Ich lächle sie an. „Hoffentlich gelingt euch das besser. Alles Leben dreht sich nur um die Bewusstseinsevolution. Es ist nicht die physische Form, die sich entwickelt, auch wenn sie Verbesserungen im Einklang mit dem sich entwickelnden Bewusstsein erfährt. Wir orientieren uns stark an der physischen Form, im Glauben, wir seien Körper. Wenn Menschen bei einer Massenkarambolage getötet werden, verkünden die Fernsehnachrichten, wie viele Menschen das Leben verloren haben. In WAHRHEIT kann jedoch kein Leben jemals verloren werden. Die physische Form geht verlustig, aber das war nie *das Leben* des Menschen. Leben und Bewusstsein sind ein und dasselbe. Es herrscht große Verwirrung in dieser Sache. Wir sprechen vom großen *kollektiven Unterbewussten*, aber so etwas gibt es nicht. Bewusstsein kann nie un-bewusst, bewusstlos oder nicht-bewusst sein, genauso wenig wie un-lebendig. Wenn ihr mir mit einem Holzscheit auf den Kopf hauen würdet und ich auf den Boden fiele, würdet ihr mich als bewusstlos bezeichnen. In WAHRHEIT habt ihr mein Gehirn lahmgelegt und die Verbindung meines Gehirns zum Bewusstsein unterbrochen. Das bedeutet wiederum, dass, wenn mein Gehirn abgeschaltet ist, mein Körper bewegungsunfähig ist. Wenn wir bei einer Operation narkotisiert werden, sind wir *bewusstlos*, wie man sagt. Das bedeutet eigentlich, dass wir uns nicht länger des Bewusstseins *bewusst* sind! Bitte, hört genau zu! Einige Menschen konnten wörtlich die Gespräche wiederholen, die während einer Operation um ihren anästhesierten Körper herum stattfanden. Das ist gründlich erwiesen. Was ich damit sagen will, ist, dass unsere Sprache in Kombination mit der Illusion, in der die Menschen leben, unsere falschen Überzeugungen und Vorstellungen darüber erschaffen hat, was Bewusstsein wirklich ist."

„Willst du damit sagen, dass Freud und Jung falsch liegen?", fragt Marsha.

„Ich sage, dass sie innerhalb ihrer Beschränkungen Behauptungen aufgestellt haben, die nicht Teil der größeren ganzheitlichen Wirklichkeit sind. Was sie lehrten, war ihrer Zeit angemessen, aber, ehrlich gesagt, ist es das nicht länger. Wenn wir uns fortwährend auf die Vergangenheit beziehen, um etwas zu verstehen, dann gehen wir rückwärts in die Zukunft statt vorwärts. Mit anderen Worten, die Geschichte wiederholt sich, wie schon oft bewiesen wurde. Wir sind diese Geschichte. Wir sind die Vergangenheit, Gegenwart und Zukunft, die alle denselben Augenblick in der Ewigkeit einnehmen."

„Oh Gott, du tust es schon wieder – ich stehe wieder Kopf und bin hoffnungslos verwirrt“, sagt Anita. „Wie können wir gleichzeitig in der Vergangenheit, im Jetzt und in der Zukunft sein, oder habe ich dich missverstanden?“

„Nein, du hast mich richtig verstanden. Wenn du dich auf einer ganzheitlichen Ebene auf das Leben beziehst, siehst und erfährst du es anders. Wie ihr sicher wisst, behandeln viele Filme und Bücher das Thema Zeitreise und schildern die vielen Inkarnationen ihrer Helden und Bösewichte, wie sie sich meist in endlosem Konflikt gegenseitig ihre Leben nehmen. Der Film ist vorbei, es wird Pizza serviert, und schon ist der Film vergessen. Selten fragen sich die Menschen, wenn das Leben jetzt ist, wie kann denn da gleichzeitig ein Leben in der Vergangenheit sein? Sie sehen nur den Oberflächenwert eines Buchs oder Films.

Nun, alles Leben und dessen Erfahrung ist gleichzeitig. Dies bedeutet im Grunde, dass alle Menschen, die je gelebt haben, noch immer in ihrem eigenen Zeitrahmen der Wirklichkeit leben. Das Zeitreisen wird durch die Wissenschaft ernsthaft erforscht. Glaubt ihr, sie würde das tun, wenn die Vergangenheit bar jeglichen Lebens gewesen wäre? Natürlich nicht. Das ganze Thema der Zeitachsen kann sehr verwirrend sein, so sehr, dass es die meisten Leute abtun. Aber, überlegt mal, wenn ein Mensch stirbt und seinen Körper verlässt, ist er dann noch immer lebendig in den vorherigen Jahren seines Lebens, welche Vergangenheit sind?“

„Und die Antwort ist?“, fragt Todd.

„Weil der Tod ein Hochstapler ist und wir eigentlich keine in einem physischen Zeitrahmen eingeschlossenen Menschen sind, ist die Antwort: Ja, sie sind noch immer lebendig auf *sämtlichen* Zeitachsen ihrer vergangenen Leben *und* auf denen ihrer noch nicht verwirklichten oder erfahrenen Zukunft.“

„Okay, genug!“, sagt Anita. „Noch mehr davon und ich schnappe über!“

Ich schmunzle. „Ganzheitliches Leben ist nicht nur ein Wort

oder eine Beschreibung. Ganzheitliches Leben bedeutet, wir leben alle gleichzeitig und zeitlos. Das ist ein wesentlicher Bestandteil unserer Bewusstseinsevolution. Und nicht nur unserer. Denkt bitte einmal an die geschätzten zweihundert *Millionen* Jahre, die die Dinosaurier hier lebten. Die allwissenden Fachexperten schätzen, dass wir seit etwa zweihundert*tausend* Jahren hier sind. Tatsächlich sind wir am Ende des fünften, zweihunderttausend Jahre währenden Zyklus. Wir sind weit länger hier als angenommen wird. Aber wenn ihr die Zeit der Dinosaurier auf Erden in Betracht zieht, müsste euch klar sein, dass es dabei auch um die Evolution des Bewusstseins ging und geht. Glaubt ihr ernstlich, dass nach zweihundert *Millionen* Jahren der Evolution die verschiedenen Dinosaurierarten jene dummen, dumpfen Geschöpfe waren, für die wir sie halten? Und sie konnten eine ewig lange Zeit ihre Bewusstseinsevolution fortsetzen, seit ihrer angenommenen Zeit auf Erden! Das Leben ist weit, weit größer, als wir begreifen. Das Leben ist nicht ein einziger Bewusstseinsfluss, der zu irgendeinem großen zentralen See fließt; das Leben besteht aus zahllosen, endlosen Flüssen des Bewusstseins, welche sich schließlich zu einem großen Bewusstseinsstrom vereinen, der von so einer kolossalen Größe ist, dass er eine Quantenexplosion des Potentials in allen entsprechenden Lebensformen auslösen wird. Es würde mich nicht im Mindesten überraschen, wenn viele der Dinosaurierarten inzwischen weit jenseits unseres menschlichen Bewusstseinsgrades sind. Wir sind zu großer Grausamkeit, schrecklichen Verbrechen, umfassendem Abschlachten fähig und dazu in der Lage, unseren Mitgeschöpfen entsetzliche Qualen zu bereiten. Doch genauso sind wir auch zu großen Taten voller Mitgefühl, LIEBE und Güte fähig. Aber wenn wir zu irgendeinem künftigen Zeitpunkt den Dinosaurier-Wesen begegnen werden, könnten wir feststellen, dass wir die Primitiven und sie die Zivilisierten sind!“

„Ich werde nie wieder Jurassic Park und sowas gucken und genießen können“, jammert Anita.

Ich lache. „Wir begreifen selten, dass unser Leben genauso wenig real ist wie ein Film. Es ist alles ein großes Spiel des Scheins. Und wenn der physische Körper dann sein Verfallsdatum erreicht hat, setzen wir dasselbe dämliche Spiel auf einer rein metaphysischen Ebene der Wirklichkeit fort. Wenn du natürlich bewusster und deiner gewahrer bist und dich wirklich im Bewusstsein *entwickelst*, dann ist die Erfahrung nach dem physischen Tod eine ganz andere. Wir begegnen unseren Seelenführern, lernen erneut die Prinzipien der Wahrheit, nehmen uns eine Auszeit für Ruhe, Entspannung und Reflektion und treffen unsere wahre Seelenfamilie. Und all dies in einer Periode der Zeitlosigkeit. Gemeinsam mit unserem Seelenführer erschaffen wir den Spielplan für unsere nächste Inkarnation, während wir uns bemühen, diesen furchtbaren Moment so lange hinauszuschieben wie wir können. Wir halten wahrscheinlich jede Inkarnation für den Tod der Freiheit. Vergesst den Tod – genaugenommen werden wir aus dem Metaphysischen ins Physische geboren, um dann schließlich wieder aus dem Physischen zurück ins Metaphysische geboren zu werden."

„Ist das für alle so?", fragt Marsha.

Ich lächle sie an. „Das führt uns zurück zum vorherigen Prinzip: *In jedem Augenblick deines Lebens erschaffst du den Inhalt und die Richtung eines jeden Moments deines Lebens.* ‚In jedem Augenblick' meint genau das – nicht nur jener in deinem physischen Leben, sondern auch jeden Augenblick deines ewigen Lebens. Wenn du dir selbst eine Hölle im physischen Leben erschaffst, wirst du damit im metaphysischen fortfahren – was dich sehr schockieren und verblüffen wird."

Todd seufzt tief. „Ich vermute, dass spirituelle Erleuchtung ein großer Sprung im Bewusstsein ist. In Anbetracht deiner Worte zum EINSSEIN, hat die Erleuchtung eines einzelnen Menschen Einfluss auf alle?"

„Ich habe das, glaube ich, erwähnt: Aber ja, nur wird das keiner bemerken. Genauso wie große Taten der Güte und schreckliche Taten der Grausamkeit uns auf einer tieferen Ebene des Bewusstseins berühren, so hat die spirituelle Erleuchtung eines einzelnen Menschen eine Seelenverbindung mit allen Seelen. Es ist EINE Energie! Es sind die Seelen, die wir sind, welche im Bewusstsein wachsen. Anders als bei einem Bodybuilder, der seine Muskeln eines Tages verlieren wird, bleiben das Wachstum und die Entwicklung einer Seele ihr für immer."

Ich blicke auf meine fünf Gäste, während sie mich anschauen. „Ich kann sehen und fühlen, dass ihr alle ein bisschen müde seid, während ich energiegeladener bin als zu Beginn unseres Gesprächs. Warum ist das so? Einfach, weil ich auf dem universellen See der WAHRHEIT Schlittschuh gelaufen bin. Durch ihn fühle ich mich *gestärkt*, während ihr alle das Eis geprüft habt, ob es wohl euer Gewicht tragen wird. Vertraut mir, das wird es. Wenn ich Worte sage oder schreibe, die irgendeine absichtliche oder im Ego wurzelnde Unwahrheit enthalten und auch nur eine Person durch das, was ich mitgeteilt habe, verletzt wird, dann werde auch ich dadurch verletzt. Ich verliere Energie. Ich verliere Leuchtkraft. Ich verliere meine Verbindung mit der WAHRHEIT. Glaubt mir – dies passiert nicht. In meiner Welt bin ich ihr und ihr seid ich, wir sind EINS. Für mich ist die Beziehung zwischen uns ein heiliger Bund, ich LIEBE euch."

Bei diesen letzten drei Worten sehen die Männer alle mächtig verlegen aus. Aber nicht Anita. Sie kommt zu mir und umarmt mich stürmisch.

„Und ich LIEBE dich!", flüstert sie und dann laut und dramatisch: „Du bist der Hammer, unglaublich. Ich weiß nicht, wie ich dir genug danken kann, aber ich werde bei deinem nächsten Intensivseminar dabei sein. Soviel steht fest."

… FÜNFUNDZWANZIG …

Gut und Böse – Richtig und Falsch

Die Illusion gibt vor, dass es Unfälle gibt und versehentlich Böses geschieht. Die WAHRHEIT bietet ein anderes Bild. Die WAHRHEIT besagt, dass wir unsterbliche Wesen sind, und wenn wir jemandem ernstlich Böses antun, dann haben wir diese Tat am Hals, weil wir im Laufe der Lebenszeiten die Reaktionen und Auswirkungen dessen, was wir getan haben, erfahren müssen. Das Böse haftet uns an, bis wir die Lektion unserer eigenen Schöpfung gelernt haben.

Michael J. Roads

Peter schüttelt langsam seinen Kopf. „Nun, du hast auf jeden Fall Bills Frage beantwortet. Ich kapier´s nicht ganz, aber ich kapiere ganz, warum ich´s nicht ganz kapiere!" Alle lachen zusammen mit Peter.

Ich sehe die Gruppe nachdenklich an. „Okay, was ist unser nächstes Thema?"

Todd sieht aus, als würde er aus einem Traum auftauchen. „Die Vielschichtigkeit des Bewusstseins, puh! Okay … eines der Themen, das wir auf unserer Liste haben, ist Gut und Böse, Richtig und Falsch, solche Sachen."

Ich nicke gedankenvoll. „Ja, das ist für euer Arbeitsgebiet sinnvoll. Die meisten Menschen glauben definitiv an das Böse. Das ist sehr offensichtlich bei all unseren Filmen, die von den Guten und den Bösen handeln und dem übelwollenden Bösen in so vielen

Horrorfilmen.“ Ich lächle. „Nicht, dass ich mir die je ansehe. Ich bin sehr vorsichtig und achtsam mit dem, was ich in mein Energiefeld lasse. Wir …“

„Tut mir leid, dass ich unterbreche, aber was genau meinst du damit?“, fragt Anita.

Ich nicke ihr zu. „Verstanden. Zurück zu meinem alten und regelmäßigen Spruch: Wohin du denkst, Energie du lenkst – und dort *erschafft* sie. Stell dir die Gefühle vor, die ein Horrorfilm in dir erzeugt, während du ihn ansiehst. In einer Hinsicht sind dies freiwillige Gefühle, weil du unklugerweise entschieden hast, den Film anzuschauen, und in anderer Hinsicht sind die Gefühle unfreiwillig, weil der wahrgenommene Horror sie erzeugt. Das Endergebnis ist emotionale Verwirrung, die mit einer ziemlich unreinen Energie einhergeht – Horror. Hier wird es interessant. Das Bewusstsein weiß nichts über Filme und gespielten Horror, das Bewusstsein weiß nur, was mit deinen Gefühlen geschieht. Dieser Horror ist nun Teil deiner Lebensgeschichte. Deine linke Gehirnhälfte sagt: ‚Sei nicht albern, das ist nur ein Film ‘. Aber der Intellekt weiß nichts vom Leben. Du bist Energie bzw. Bewusstsein, und du hast soeben Horror in den Bewusstseinszustand eingeführt, der du bist. Glaubst du wirklich, dass das Leben danach fröhlicher oder *erhebender* sein wird? Wenn du regelmäßig Horrorfilme anschaust – und Millionen tun das – dann wird der Horror schließlich Einzug in dein Leben halten, in welcher Form auch immer er dir entspricht.“

Anita starrt mich entsetzt an. „Im Ernst?“

Ich grinse. „Absolut. Jedes Leben ist selbsterschaffen. Das kannst du akzeptieren oder abweisen. Wenn du es akzeptierst, wirst du feststellen, dass Menschen, die in ihrem Leben entsetzlich traumatisiert wurden, mit Horror zu tun hatten. Nichts ist ein Unfall oder Zufall. Wenn du dies ablehnst, dann schließt du dich dem verbreiteten illusionären Glauben an, dass Unfälle eben passieren können. Es ist deine Wahl!“

„Wieso wird das Leben umso erschreckender, je mehr ich von dir lerne?“, fragt Anita mit einem übertriebenen Ausdruck von Entsetzen.

„Eigentlich tut es das nicht“, erwidere ich. „Je mehr du von mir lernst, umso mehr begreifst du, wie viele unkluge Entscheidungen du getroffen hast, die dir nicht dienlich waren. Manche haben dir deutlich geschadet. Mich zu wählen war eine deiner klügeren Entscheidungen.“

Sie lacht. „Okay, ich muss dir zustimmen.“

„Gut und Böse sowie Richtig und Falsch sind außerhalb der Illusion nicht real. Sie begleiten unsere *Wahrnehmung* des Lebens. Es sind Konzepte, erschaffen von der Gesellschaft, in der wir leben. Sicher, ich stimme zu, wir sind uns alle darin einig, was die guten Dinge des Lebens sind, und vielleicht auch, was die guten Taten angeht. Aber wir haben unterschiedliche Gefühle darüber, was böse ist und was nicht. Es gibt da eine bekannte Redensart: ‚Während gute Männer nichts tun, gedeiht das Böse‘. Das ist nachvollziehbar, aber es gehört zu den Illusionen des Lebens. Die Illusion gibt vor, dass es Unfälle gibt und versehentlich Böses geschieht. Die WAHRHEIT bietet ein anderes Bild. Die WAHRHEIT besagt, dass wir unsterbliche Wesen sind, und wenn wir jemandem ernstlich Böses antun, dann haben wir diese Tat am Hals, weil wir im Laufe der Lebenszeiten die Reaktionen und Auswirkungen dessen, was wir getan haben, erfahren müssen. Das Böse haftet uns an, bis wir die Lektion unserer eigenen Schöpfung gelernt haben.

Wenn eine Person auftaucht, wie zum Beispiel Idi Amin, ein Mann, der für etwa eine Million Tode verantwortlich gemacht wurde – dann wird auf einer Seelenebene jeder, der aufgrund seiner früheren Schöpfungen nun Opfer von Bösem und Horror sein muss, innerhalb des Einflussbereichs dieses Mannes inkarnieren. Auf diese Weise machen sie eine ganz persönliche Erfahrung dessen, was sie vor langer Zeit in einer anderen Inkarnation selbst erschaffen haben. Das Bedauerliche daran ist, dass sie sich, statt an einer solchen Gelegenheit zu wachsen und ihre Energie ins Gleichgewicht zu bringen, in der illusionären Welt der Anklage, Wut und Unterstellung von Bösem verlieren. Und auch Idi Amin wird ernten, was er gesät hat. Und so setzt sich das immer weiter fort. Dies ist aus Sicht einer größeren Wirklichkeit die WAHRHEIT des Bösen. Richtig und Falsch sind subtiler und schwerer zu definieren."

„Das regt ganz schön zum Nachdenken an", sagt Marsha. „Aber ich wette, *du* kannst Richtig und Falsch definieren, auch wenn es nicht so leicht ist."

„Ich werde mein Bestes tun. Richtig und Falsch sind nicht mehr als die beiden Enden eines Streits. Aber jeder der Streithähne denkt, dass er richtig liegt und der andere falsch. Wer hat also Recht? Meist keiner von beiden, einfach, weil Richtig und Falsch nicht anwendbar sind – sie haben unterschiedliche Meinungen. Jemand hat mal gesagt, dass nichts richtig oder falsch sei, nur das Denken mache es dazu. Sehr wahr. Bedenkt Folgendes: Vor zweihundert Jahren geht in Australien ein Aborigine den Strand entlang. Er ist ein Jäger und beobachtet wachsam alle Natur um sich herum.

Plötzlich sieht er eine große Schildkröte in den Wellen nah am Strand. Er stürzt ins Wasser, ergreift die Schildkröte und zieht sie mit großer Mühe den Strand hinauf. Mit noch mehr Anstrengung dreht er die Schildkröte anschließend auf ihren Rücken. Dann geht er weg und lässt das arme Tier in seinem hilflosen Zustand, unfähig, sich selbst wieder auf den Bauch zu drehen. Er geht unbekümmert am Strand weiter und verschwindet schließlich in einiger Entfernung im salzigen Dunstschleier. Heute würden wir das als eine absichtlich grausame Handlung werten, und dass es falsch von ihm war, dies zu tun. Er jedoch ist ein Jäger. Seine Familie wandert ein paar Tage hinter ihm an der Küste entlang, und wenn sie die Schildkröte erreichen, erwartet sie Nahrung. Er hat nicht den Luxus eines Strandhauses mit Elektrizität und einem modernen Kühlschrank, wo er die rasch getötete und geschlachtete Beute bereitlegen könnte. Er muss mit dem arbeiten, was er hat – ist das falsch?"

Marsha seufzt und schüttelt ihren Kopf. „Du hast ein sehr gutes Argument angebracht. Wie kann er im Unrecht sein, wenn man es von diesem Standpunkt aus betrachtet?"

„Ich habe gehört, dass der bekannte erleuchtete Meister Krishnamurti eine Geschichte zu erzählen pflegte, die ungefähr so ging – ich verdrehe vielleicht ein paar Details, aber das Wesentliche stimmt: Er war mit drei europäischen Männern auf einer gemächlichen Reise durch die etwas abgelegeneren Dörfer Indiens unterwegs. Auf einmal mussten sie ihren alten Wagen anhalten, als ein Mann mit seinem riesigen Bullen mitten auf der schmalen und staubigen Straße langsam vor ihnen herging. Der Mann verdiente seinen Unterhalt damit, dass er den Bullen von Dorf zu Dorf führte, um dort die paar Kühe zu decken, die die meisten Familien besaßen. Für eine Weile war das Fahrzeug von Krishnamurti und seiner kleinen Gruppe gezwungen, dem Mann und seinem Bullen einfach hinterher zu fahren. Sie beobachteten, wie der Mann immer mal wieder einen dünnen Stock hob und dem Bullen auf die Hoden schlug, damit er sich weiterbewegte. Die Männer beschwerten sich bei Krishnamurti und sagten ihm, dass er den Mann davon abhalten solle, dem Bullen solch offensichtlich unnötigen Schmerz zuzufügen. Das sei sehr falsch.

Krishnamurti lächelte sie gleichgültig an. „‚Warum sollte ich das tun? Diese Männer machen das mit ihren Bullen seit Jahrhunderten auf diese Weise. Es ist, was sie tun. Glaubt ihr für einen Augenblick, dass sie die Hoden des Bullen schädigen, wenn doch ihre Existenz von deren perfektem Funktionieren abhängt? Sie haben vor langer Zeit gelernt, dass so ein massiges Tier nur reagiert, wenn es leicht auf seine empfindlichsten Teile geschlagen wird, statt voller Gewalt auf sein Fell."

Ich schmunzle. „Richtig und Falsch gehen einher mit Bigotterie und Vorurteil. Ich habe keinen Zweifel, dass die voreingenommenen Leute im Ku Klux Klan glauben, im Recht zu sein, doch die

Menschen ohne Rassenhass sagen, sie hätten Unrecht. Meinungen!

Aber, wie ich bereits sagte, *wir haben und brauchen* eine gemeinsame Übereinstimmung darin, was richtig und falsch ist. Das brauchen wir dringend in einer Gesellschaft, die furchtsam in der Illusion lebt. Wir müssen Grenzen für das Verhalten von Menschen erschaffen, die unfähig sind, sich diese selbst zu setzen. Ich finde es faszinierend, dass ein paar der extremeren Religionen, die Fegefeuer und Verdammnis predigen, weit mehr darauf ausgerichtet sind, das Böse in den Menschen zu beschreien als in ihnen das Gute zu sehen. Was finden Menschen an einer solchen Religion anziehend? Ich kann nur vermuten, dass es der ihnen innewohnende Selbsthass ist. Wenn sie ihren Hass auf andere herausschreien, dann mildert das wahrscheinlich für eine Weile ihren eigenen Selbsthass."

„Wir sehen diese Thematik in Filmen", sagt Marsha.

„Ja, das tun wir. Ich habe Spaß an einem guten Film, aber ich *brauche* keinen Film. Aus vielen unterschiedlichen Gründen, scheint es, brauchen viele Menschen ihre Filme. Vielleicht aus Langeweile mit sich selbst. Ich habe die Rambo-Filme im Fernsehen gesehen. Sehr interessant. Diese Filme machen ungewollt Werbung für die Idee oder das Konzept, dass Rache gut, richtig und gerechtfertigt ist. Und sie fördern außerdem die Vorstellung, dass, je böser die Übeltäter sind, die sie heimsuchende Rache umso gewalttätiger sein sollte. Dieses Thema hat Sylvester Stallone auf jeden Fall eine Menge Geld eingebracht. Und das ist in Ordnung. Aber es ist die Welt unserer Filme und Bücher, die das Konzept von Gut und Böse, Richtig und Falsch im alltäglichen Leben gewöhnlicher Menschen aktiv und lebendig hält."

„Und ich gehöre zu jenen mit den besten Absichten und möchte, dass die Guten den Bösen in den Hintern treten!", sagt Anita lachend.

„Wollen wir das nicht alle?", fügt Bill hinzu.

Ich nicke. „Ich auch. Wenn ich schon absichtlich mit der Illusion spiele, dann kann ich es auch genießen. Aber ich muss sagen, dass ich Wohlfühlfilme bei weitem vorziehe."

„Ich verstehe, was du meinst", sagt Peter, „besonders am Beispiel von Idi Amin. Aber bedeutet das auch, dass alle Menschen, die während des zweiten Weltkriegs an den Kampfhandlungen beteiligt waren – auf welcher Seite sie auch immer gewesen sein mögen – inkarnierten, um Teil dieser Erfahrung zu sein? Ich finde eine solche Vorstellung atemberaubend."

„Ja, das ist genau das, was ich damit sagen will. Erinnere dich – nichts ist ein Unfall oder Zufall. Und das gilt nicht nur für die Menschen in den Armeen oder für die aktiv am Kampf Beteiligten, sondern auch für die Menschen in den bombardierten Städten, in den zerstörten Familien – für jeden der vom Krieg Betroffenen, für alle sogenannten Opfer. Dies ist alles Teil eines endlosen Seelenfilms, der darauf abzielt, dass Menschen ihr Gleichgewicht finden."

„Gleichgewicht! Was hat Gleichgewicht damit zu tun?", wirft Bill ein.

… SECHSUNDZWANZIG …

Universelles Gleichgewicht

Harmonie ist das Ergebnis perfekten Gleichgewichts. Wenn ein Orchester in Harmonie ist, dann wird die Musik perfekt ausgewogen sein. Kannst du dir die Qualität der Musik vorstellen, wenn jedes Mitglied im Orchester perfekte Ausgewogenheit in seinem persönlichen Leben hätte? Eine solche Musik wurde noch nie von menschlichen Ohren gehört, aber es gibt sie!

Michael J. Roads

Ich sehe Bill überrascht an. „Gleichgewicht hat alles damit zu tun. Tatsächlich hat beim Gleichgewicht einfach alles mit allem zu tun."

„Und das bedeutet … was genau?", fragt Bill. „Bitte erkläre das."

„Okay, universelles Gleichgewicht ist ein gutes Thema. Die Menschen, die du berätst – sind ihre Leben im Gleichgewicht? Nein, sind sie nicht – tatsächlich sind sie weit davon entfernt. Aber bedenke Folgendes, wenn ihre Leben ausgewogen wären, würden sie sich dann um Hilfe an euch wenden? Würden sie die brauchen?"

Bill nickt zustimmend. „Wahrscheinlich nicht. Ich verstehe, was du damit sagen willst."

„Gut, bitte habt nun ein wenig Geduld mit mir", bitte ich. „In unserer Sternenkonstellation haben wir Schwarze Löcher. Über sie ist nicht viel bekannt, obwohl es sehr viele, sich fortwährend verändernde Spekulationen über sie gibt. Meine Sicht der Schwarzen Löcher würde man offenbar lachhaft finden. Nichtsdestotrotz ist, aus meiner metaphysischen Sicht, ein Schwarzes Loch eine Region in der Raumzeit, die solch starke Gravitationskräfte hat, dass nichts – nicht einmal die elektromagnetische Energie des Lichts – aus ihrem Innern hervordringen kann. Dennoch ist es nicht gefangen. Aus meiner Sicht ist ein Schwarzes Loch eine Form von unglaublichem universellen Gleichgewicht.“

Ich lächle lauter überraschte und leicht skeptische Gesichter an. „Also, lasst uns das genauer betrachten. Aus einer 3D-Perspektive ist der Weltraum unermesslich groß. Aus der metaphysischen Perspektive gesehen erscheint er nicht ganz so wie in 3D. Für mich ist der Weltraum eine riesige, holographische und dennoch sehr reale kosmische Darstellung einer Energie von gewaltigen ganzheitlichen Ausmaßen. In 3D haben wir Zeit und Entfernung, aber metaphysisch sind sie nicht Teil der Raumdefinition. Innerhalb der weitläufigen Unendlichkeit ist alles Energie in zigtausend verschiedenen Ausdrucksformen und unzähligen Dimensionen. Es ist alles holistisch, aber physisch sehen wir es nur als 3D. Dies ist so, als ob man die Inhalte eines Kaleidoskops nähme und sie flach hinlegte. Es hätte nicht länger dieselbe kaleidoskopische Wirkung. Dennoch ist dies die Art, wie wir physisch Raum sehen und glauben, dass er so sei. Wir sehen nicht das wahre, ganzheitliche Bild.

Im ganzen Universum befindet sich die Energie in dynamischer Bewegung, und doch gibt es, wie bei einem strömenden Fluss, sich stauende Nebenarme, wo die Energie sich bis zum Stillstand verlangsamt. So wie dies einen ungünstigen Einfluss auf das ganze Gewässersystem hat, so kann dies auch in weit größerem Maßstab eine allgemein schädliche Wirkung auf den universellen Energiefluss haben, schlicht, weil alle Energie EINS ist.“

Ich blicke in die Runde. „Könnt ihr mir noch folgen?“

Sie antworten mit vorsichtigem Nicken.

„An dieser Stelle kommt der Balanceakt zum Tragen. Wenn Energie feststeckt, träge, stagnierend ist in einem solch universellen Ausmaß, dass unsere eigene Milchstraße wie ein paar verstreute Sandkörner erschiene, dann hat das weitreichende Auswirkungen. Hier spielen die Schwarzen Löcher nun eine große Rolle. Sie ziehen gewaltige Gebiete stagnierenden Raumes und alles, was sich darin befindet, in sich hinein und nichts kann dem Widerstand leisten. Durch diesen Prozess wird die Schöpfung von inaktiver Stagnation zu aktiver Lebendigkeit gezwungen.“ Ich halte inne, denke nach. „Es ist schwierig für mich, Worte dafür zu finden. Nun denn, diese physische und metaphysische Alchemie universellen Maßstabs erschafft eine totale energetische Transformation von physischer und metaphysischer Materie, indem sie fortwährend aus dem Schwarzen Loch in einen komplett anderen Bereich des universellen Raums ausgestoßen wird. Und sie wird nicht willkürlich ausgestoßen, wie wir das vielleicht vermuten. Das scheinbar chaotisch agierende Schwarze Loch wird von einer *Ordnung* bestimmt, die weit jenseits menschlicher Definition ist. Lasst uns einfach sagen, dass die Höchste Schöpfung nichts dem Zufall überlässt, denn der Zufall ist ein menschliches Konzept.

Worauf ich jedoch hinaus will, ist, dass wenn etwas von der Größenordnung eines Universums permanent das Gleichgewicht für das Wohlergehen aller Lebensformen wahren muss, dann müssen auch wir, was unser Leben auf der Erde betrifft, gewiss unseren Beitrag zur Wahrung des Gleichgewichts leisten.“

„Aber es heißt, dass alles, was von einem Schwarzen Loch aufgesaugt wird, ausgelöscht wird“, protestiert Peter. „Wie kann dies zum Wohle allen Lebens sein?“

Ich nicke. „Ich verstehe, was du meinst. Aber du übersiehst die Tatsache, dass alles Leben metaphysische Energie ist, nicht physische Form. Also besteht Unsterblichkeit immer fort.

Ich war metaphysisch in einem Schwarzen Loch[16]. Glaubt mir, es war ganz anders, als ich erwartet habe. Die Wissenschaft setzte den Glauben in die Welt, dass Schwarze Löcher der Tod für das

---

16. Wandern zwischen den Welten von Michael J. Roads, Hierophant-Verlag Heppenheim 2016

Leben sind. Ich habe das Gegenteil erfahren. Aus meiner Sicht sind Schwarze Löcher das Leben für den Tod."

Anita schaut mich mit hochgezogenen Augenbrauen an. „Ist das dein Ernst? Ich meine, wie ist es möglich, in ein Schwarzes Loch zu gehen und am Leben zu bleiben? Und doch, so verrückt es auch sein mag, glaube ich dir. Du bist wahrscheinlich der geistig gesündeste Mensch, dem ich je begegnet bin!"

Ich schenke ihr ein großes, breites Lächeln. „Danke dir. Das bin ich wahrscheinlich auch! Wenn also das Universum bereit ist, so viel kosmische Energie aufzuwenden, um endloses universelles Gleichgewicht zu erschaffen, dann wären wir gut beraten, darauf zu achten, dass wir Gleichgewicht in unserem *persönlichen* Leben haben. Wut ist ein Ausdruck außerhalb des Gleichgewichts, gemeinsam mit so vielen anderen unserer negativen Emotionen."

„Aus dem Gleichgewicht mit was?", fragt Bill.

„Aus dem Gleichgewicht der Harmonie. Und, wie ich bereits sagte und wahrscheinlich immer wieder sagen werde, ist Krankheit in Disharmonie mit Gesundheit. Harmonie ergibt sich aus perfektem Gleichgewicht.

Wenn ein Orchesterkonzert in vollkommener Harmonie ist, dann wird der Klang der Musik ausgewogen sein. Kannst du dir jedoch die Qualität der Musik vorstellen, wenn jedes Mitglied des Orchesters in seinem persönlichen Leben perfekte Ausgewogenheit hätte? Eine solche Musik wurde noch nie von menschlichen Ohren gehört, aber es gibt sie!

Würde man mich bitten, einen Namen für Gott zu finden, der tatsächlich seine Wirklichkeit definiert, dann wäre es *Das endlose Lied ewigen Gleichgewichts*."

„Oh, das gefällt mir", haucht Anita. „Das Wort Gott vermittelt mir nur ein unbegreifliches Konzept. Aber *Das endlose Lied ewigen Gleichgewichts* erzeugt ein Bild, auf das ich mich beziehen und das ich verinnerlichen kann."

„Diese Beschreibung ist nicht von mir, ich habe sie mir ausgeliehen“, sage ich ihr. „Vor vielen Jahren las ich ein Büchlein[17] über ein erleuchtetes Leben, und Gott wurde darin in dieser Weise beschrieben. Das hat mich zutiefst berührt.

Nach meiner Ansicht bietet die NATUR die vollkommensten Beispiele für das endlose Auf und Ab des Gleichgewichts“, fahre ich fort. „Das Gleichgewicht von Sonne und Regen, Tag und Nacht, heiß und kalt. Sicher, in manchen Gegenden ist es immer kalt und in anderen immer heiß, aber global sind sie im Gleichgewicht. Dürreperioden gleichen Überflutungen aus, auch wenn sie jeweils Chaos in den Gegenden anrichten, die sie heimsuchen. Der Planet ist mehr für ein globales statt für ein lokales Gleichgewicht angelegt. Heute führt das Ungleichgewicht in der NATUR zu Verwüstungen, aber das Ungleichgewicht kommt aus der Menschheit. Wir sind eine sehr unausgewogene Gattung.“

„Aber erschafft nicht auch die NATUR Ungleichgewicht?“, fragt Bill. „Was ist mit den gewaltigen Büffelherden, die einst durch die amerikanischen Prärien streiften. Millionen von Mäulern, die gleichzeitig das Land abgrasten, müssen ein massives Ungleichgewicht verursacht haben.“

Ich lächle ihn an. „Eigentlich nicht. Die Millionen Mäuler grasten das Grasland ab, und eine Million Hinterteile stießen Dünger für das Grasland aus … und die Büffel wanderten weiter. Sie kamen nicht wieder bis zum nächsten Jahr, wenn sie von üppigen, natürlich gedüngten, heimischen Gräsern begrüßt wurden – alles war in vollkommenem Gleichgewicht mit dem von der NATUR erschaffenen Zyklus von Abgrasen und Düngen. Aber, wie wir wissen, zerstörten die einfallenden weißen Jäger unter den ersten Immigranten das Büffelgleichgewicht, das die nordamerikanischen Indianer während vieler Jahrhunderte genährt und aufrechterhalten hatten.“

---

17. The Endless Song of Infinite Balance: Realizing the Non-Power that is All Power von Lucille O’Dell, DeVorss&Co , Los Angeles, USA 1974, 65 Seiten

„Wie würdest du vollkommenes Gleichgewicht in einem Menschen definieren?“, fragt Marsha.

„Hmm … gute Frage. Für mich gibt es ein metaphysisches Gleichgewicht und ein physisches Gleichgewicht. Wenn ich die professionellen Surfer im Fernsehen betrachte, bin ich immer beeindruckt von ihrem unglaublichen Sinn für physisches Gleichgewicht. Wenn ich die olympischen Turmspringer beobachte, während sie sich auf Absprung und Eintauchen vorbereiten, dann sind sie kurz vor dem Springen vollkommen ruhig. Das ist der Ort der dynamischen Ruhe. Dieser Augenblick repräsentiert für mich das perfekte physische Gleichgewicht in einem Menschen. Ruhig, mit Haltung, alle Muskeln angespannt, ein einziger Ausdruck von Gleichgewicht.

Dann gibt es das metaphysische Gleichgewicht. Das sieht man selten bei den Leuten. Ich halte mich für ziemlich gleichgewichtig – nicht perfekt, aber auf dem Weg dahin. Natürlich ist metaphysisches Gleichgewicht konstant und nicht etwas, das wir nur für ein paar Augenblicke erreichen. Darum ist es so selten.

Aber wenn ein Turmspringer, ähnlich dem Orchester, in metaphysischem Gleichgewicht sein könnte, dann könnte er das physische Gleichgewicht für seinen hochtrainierten Körper leichter erreichen. Und jeder Sprung wäre ein Superlativ, eine noch nie dagewesene Erfahrung. Es wäre möglich, in solchem Gleichgewicht und Einklang ins Wasser einzutauchen, dass kaum ein Kräuseln sichtbar würde. Doch wenn ein Turmspringer in dieser Verfassung ins Wasser eintaucht, dann muss auch das Wasser im Gleichgewicht sein, und das ist in einem Schwimmbecken nie der Fall. Das Wasser ist tot. Wenn der Turmspringer metaphysisch im Gleichgewicht wäre und in ein ausgewogenes lebendiges Wasser spränge, dann Wow! Dann wäre das eine wahrhaft besondere Sache.

Das Streben nach persönlichem Gleichgewicht ist sehr weise. Wenn Reichtum am Gleichgewicht einer Person gemessen würde und nicht am ausgeglichenen Kontostand, dann würde uns dies für die Bezeichnung Homo sapiens qualifizieren. Doch die Art, wie wir in der Illusion leben, qualifiziert uns eher dazu, als Homo Un-sapiens bezeichnet zu werden!"

Peter lacht. „Unwissender Mann trifft auf mich für den größten Teil meines Lebens zu. Aber ich habe vor, das zu ändern. Ich fühle mich, als sei eine große, schwere Last von meinen Schultern genommen worden und dies, *bevor* ich die notwendigen Veränderungen vorgenommen habe."

Ich lächle ihn an. „Peter, eigentlich ist es schon eine riesige Veränderung, sich von ‚starr und festgefahren' hin zu ‚offen und flexibel' zu bewegen. Und das hast du bereits getan. Wenn du dich einmal dem Leben in dieser Weise geöffnet hast, kann das Gleichgewicht einfließen.

Du bist ein perfektes Beispiel für die Bewegung vom Ungleichgewicht zum Gleichgewicht. Und das ist nur der Anfang. Während du dir deiner Handlungen und Worte sowie deiner Gedanken, Emotionen und Gefühle immer bewusster und gewahrer wirst, bewegst du dich stetig hin zu einem größeren Gleichgewicht.

Ich möchte etwas erwähnen, das ich in meinen Büchern[18] beschrieben habe, also werde ich jetzt nicht zu ausführlich. Ihr könnt es nachlesen, wenn es euch interessiert.

Wenn ein Mensch oder ein Aspekt der NATUR in vollkommenem Gleichgewicht ist, dann flackert metaphysisch ein weißes Licht um den physischen Körper der Person, des Tieres oder des Baums. Es sieht ein bisschen wie ein blaues Elmsfeuer aus, während das metaphysische Licht der Balance ein reines, flackernd vibrierendes Weiß ist. Ich habe es noch nie physisch gesehen, aber metaphysisch ist es faszinierend und wunderschön."

„Okay, ohne ins Detail zu gehen, haben Angst oder Wut eine metaphysische Farbe?", fragt Anita verschämt.

---

18. Durch die Augen der Liebe – Weitere Reisen mit Pan, Michael J. Roads, Schirner Darmstadt 2008-2013

Ich lächle sie an. „Wie kann ich das beantworten, ohne ins Detail zu gehen? Hm, ich werde das nur knapp skizzieren. Alles Lebendige ist Energie, und jede Energie hat ein dazugehöriges farbiges Energiefeld. Es gibt drei elementare Energiefelder, und jedes davon hat seine eigene Farbe mit einem großen und breiten Spektrum. Ich sehe CHAOS als rot mit vielleicht tausend Rotschattierungen. Ich sehe ORDNUNG als schwarz mit ungefähr tausend Schwarzschattierungen und dann das Gleichgewicht oder BALANCE als leuchtendes, flackerndes Weiß.

Wenn ich die Worte CHAOS, ORDNUNG und BALANCE in Großbuchstaben schreibe, dann will ich darauf hinweisen, dass sie dann nicht dieselbe Bedeutung haben wie sie üblicherweise interpretiert werden.

In der westlichen Welt haben wir keine Worte oder Sprache für eine metaphysische Wirklichkeit oder zumindest habe ich keine. Ich bin mir bewusst, dass der Sufismus über eine esoterische Sprache verfügt, der Begriffe für viele metaphysische Phänomene hat, aber weil ich nicht Teil dieser Tradition bin, sind diese Worte für mich bedeutungslos."

„Ach, komm schon", sagt Anita. „Das ist alles recht faszinierend, aber so kannst du es nicht stehen lassen. Bitte werde noch ein kleines bisschen ausführlicher", bettelt sie mit gekonntem Augenaufschlag.

Ich seufze. „Also gut, nur kurz. Das CHAOS, auf das ich mich beziehe, ist nicht dein normales alltägliches Verkehrschaos! Alles, was ich beschreibe, ist metaphysische Energie. *CHAOS ist der Motor, der antreibt.* Er ist wesentlich. Ein Buschfeuer ist CHAOS fast ohne ORDNUNG. *ORDNUNG ist die Stabilität der Struktur.* Ein Stein ist ORDNUNG fast ohne Chaos. *BALANCE ist, wo die Torsion zwischen CHAOS und ORDNUNG ausgeglichen ist.* Das erzeugt den Effekt des weißen Lichts, alles klar?"

Anita starrt mir in die Augen. „Nein, nix ist klar. Wenn ich dir verspreche, dass ich deine Bücher lesen werde, könntest du mir, uns dann ein kleines bisschen mehr dazu sagen? Ich für meinen Teil finde das wahrhaft und absolut faszinierend. Aber was meinst du mit Torsion? Bitte, bitte, bitte!“

Ich lache. Anita hat in der Tat den gewinnenden Charme der Jugend.

„Also gut. Wenn ihr euch ein nasses Handtuch vorstellt, von dem Todd das eine Ende hält und es nach rechts dreht und Bill das andere Ende und dieses nach links dreht, gerät das Handtuch zwischen ihnen unter immer mehr Spannung, wodurch das Wasser ausgewrungen wird. Dieser Spannungseffekt ist Torsion. Wenn sie die Kraft hätten, das Handtuch immer weiter zu wringen, würde das Handtuch schließlich in der Mitte reißen, weil die Torsion zu groß war. Kapiert?“

Anita und die anderen nicken.

„Jede Zelle deines Körpers hat diese in sie eingebaute Torsion, da die Energien von CHAOS und ORDNUNG in deinem täglichen Leben zusammenspielen. CHAOS und ORDNUNG sind einander nicht entgegengesetzt. Sie erzeugen eine Dynamik, die das Potential für vollkommenes GLEICHGEWICHT enthält.

Angst führt dich stark ins CHAOS, da deine Körperzellen weniger flexibel werden, je mehr sie sich vom Gleichgewicht entfernen. Alle menschlichen Krankheiten sind ein Hinweis darauf, dass CHAOS und ORDNUNG aus dem Gleichgewicht geraten und nicht mehr in Harmonie sind.“

„Aber woher weißt du das alles? Ich meine, wer hat je davon gehört? Oder zumindest habe ich das nicht und habe auch niemals irgendjemanden dergleichen überhaupt erwähnen gehört. Es klingt sehr merkwürdig“, stellt Anita fest.

Ich nicke mitfühlend. „Das ist sicher so. Aber du musst mir nicht glauben. Wenn die Mediziner oder andere Leute nichts davon wissen, dann muss ich sicher falsch liegen. Also, lass es fallen.“

Anita wirft mir einen ärgerlichen Blick zu. „Nein, das werde ich nicht! Dafür kenne ich dich schon zu gut. Ich habe bereits zu viel Respekt vor deinen Erkenntnissen und deiner Weisheit, um diese abzutun. Aber bitte, bitte erkläre, woher du das alles weißt?"

„Ich weiß das, weil wir tatsächlich eine *verborgene* metaphysische Sprache haben. Es ist eine Sprache, die energetisch zu den Emotionen spricht, nicht zum Intellekt. Eines Tages, in ferner Zukunft, wenn wir sechsdimensionale Wesen sind, werden wir nicht länger verbal kommunizieren. Wir werden eine Mischung bewusster Gefühle in Kombination mit bewussten Gedanken als eine fortgeschrittene Form der Telepathie anwenden.

Ihr müsst euch darüber im Klaren sein, dass CHAOS nicht per se schlecht und ORDNUNG gut ist – das hat nichts mit Dualität zu tun, und die menschlichen Begriffe sind dafür nicht anwendbar.

Die Vielzahl an Rotschattierungen des CHAOS bezeichnen alle verschiedene Energien von CHAOS, wie die vielen Arten und Ausdrucksformen von Wut, von Angst, Zorn, Selbsthass, aber auch Selbstannahme, Selbstwert usw. Und das gleiche gilt für ORDNUNG.

Die Energiefarben kommunizieren oder interagieren mit dem Emotionalkörper. Beide erschaffen und bilden ein enorm breites Spektrum tiefer innerer Emotionen ab, die ich erkenne und für mich übersetzen kann, für die ich aber keine Bezeichnungen, keine Worte habe. Diese unglaubliche emotionale Sprache geht über Worte hinaus.

Metaphysisch sehe ich die verschiedenen Farbtöne bei Wäldern und einzelnen Bäumen, ihrer Gesundheit, Energie und ihrem Wohlbefinden entsprechend. Ich sehe es bei größeren Gruppen und bei einzelnen Personen. Es ist in jeder Körperzelle von jedem Menschen und in seinem ganzen Körper.

Aber ... die Menschheit ist noch nicht bereit dafür. So lange wir unterbewusst leben, ist eine solche Kommunikation nicht möglich. Wir haben noch nicht das erforderliche Bewusstseinsniveau entwickelt, um eine solche Sprache anzunehmen. Wir haben nicht das erforderliche Gleichgewicht in unserem Leben. Ich bin ein komischer Kauz. Ich bin das Gegenteil eines Dinosauriers. Ein Dinosaurier ist in dieser Hinsicht seiner Zeit hinterher, ich bin meiner voraus."

… SIEBENUNDZWANZIG …

Eine Frage der Gesundheit

Während ihr eurer Beratungstätigkeit nachgeht, fokussiert, schöpft und verbindet ihr. Begreift ihr das? In jedem Augenblick schöpft und verbindet ihr. Allerdings dürft ihr entscheiden, worauf ihr dabei fokussiert. Wenn ihr euch auf das Problem eures Klienten konzentriert, verbindet ihr euch mit diesem und dessen problematischer emotionaler Energie. Wenn ihr euch hingegen auf die Lösung ausrichtet, verbindet ihr euch mit dieser und daher auch mit den erhebenden Energien, die diese bietet.

Michael J. Roads

Anita starrt mich an. „Fühlst du dich deswegen nicht manchmal sehr einsam?"

Ich schaue weg. „Jetzt wirst du makaber. Aber, um ehrlich zu sein, ja, es gibt Momente, in denen ich mich quälend einsam fühle. Aber es sind wenige und ich habe Carolyn. Zwar teilt sie meine Erfahrungen nicht, aber sie ist ganz und wahrhaftig in meinem Herzraum und teilt mein Energiefeld der LIEBE. Das ist genug.

Ich wusste, würde ich mich tiefer in die metaphysische Welt hineinbewegen, müsste ich einen Preis zahlen. Aber ich wusste nicht, welcher das sein würde. Doch der Preis ist klein genug, und ich zahle ihn gern für die unendliche Weite, den Reichtum und die Fülle des ganzheitlichen Lebens, dem ich begegne und das ich erfahre. Und zugegebenermaßen auch für die unschätzbaren Gelegenheiten für mich, das Erfahrene mit jenen meiner geliebten

Menschheit zu teilen, die bereit sind zuzuhören und zu wachsen.

Weil wir vom menschlichen Energiefeld gesprochen haben, bringt uns dies indirekt zu einem weiteren Thema, nämlich zur Frage der Gesundheit."

„Und was genau ist die Frage?", erkundigt sich Anita vorwitzig.

Ich lächle sie an. Sie ist der lebendige Beweis dafür, dass die Jugend sich eine Art von Unverfrorenheit erlauben kann, die bei einem älteren Menschen als ziemlich unhöflich gelten würde.

„Die Frage ist: Warum ist der Großteil der Menschheit so krank? Wir haben die *offenkundigen* Gründe, nämlich die schlechte Ernährung aufgrund von ungesundem Essen und Trinken und das Inhalieren von schädlichem Zigarettenqualm. Aber wir müssen auch erkennen, dass niemand gezwungen wird, einen solchen Müll zu essen, zu trinken oder zu inhalieren. Warum *tun* Menschen das? Diese Frage führt uns erneut zu unserer Beziehung mit uns selbst. Wenn wir eine uns selbst würdigende Beziehung haben, essen, trinken oder inhalieren wir keine Substanzen, die ein langsames Sterben verursachen."

„Langsames Sterben! Das ist ein bisschen heftig, oder?", meint Marsha.

Ich schüttle meinen Kopf. „Keineswegs. Ich bin davon überzeugt, dass der durchschnittliche Mensch – wer immer das auch sein mag – sehr wenig über seine Körperfunktionen weiß und fast keine Verantwortung dafür übernimmt. Das ist unklug. Er ist abhängig vom Gesundheitssystem und den Ärzten, dies für ihn zu tun. Die Schwierigkeit dabei ist, dass die Ärzte oft unter den gleichen Gesundheitsproblemen leiden wie ihre Patienten. Wenn sie ihre eigenen Erkrankungen nicht vermeiden oder heilen können, wie sollen sie das dann für ihre Patienten tun?

Unter den vielen unnützen Statistiken, die veröffentlicht werden, gibt es eine bezüglich der Lebenserwartungen von Menschen in gewissen Berufen. Offenbar gehören die Dirigenten zur Gruppe der langlebigsten Menschen. Ich finde das faszinierend, denn aus meiner metaphysischen Sicht ist der Grund dafür offenkundig. Um ein Orchester zu dirigieren, musst du *voll bewusst* im Augenblick sein. Das ist ungewöhnlich. Du musst derart im Augenblick sein, dass du dir jeder gespielten Note eines jedes Orchestermusikers gewahr bist. Du *lauschst* mit ganzer Aufmerksamkeit. Zuhören führt dich in den Augenblick, Denken wieder heraus … erinnert ihr euch?

Ein Orchesterdirigent, der sich im Augenblick befindet, offenbart der metaphysischen Sicht einen weiteren Faktor: Ein Mensch, der mit der Lebendigkeit des Augenblicks verbunden ist, hat eine andere Beziehung zur linearen Zeit als jemand, der diese Verbindung nie erfährt.

Im normalen Bewusstseinszustand altern wir kollektiv in einer gewissen Geschwindigkeit, wenn auch manche Menschen schneller oder langsamer altern als andere. Aber, je mehr Zeit man bewusst im zeitlosen Augenblick verbringt, umso weniger Einfluss hat der Alterungsfaktor der linearen Zeit. Es scheint, als seien Dirigenten der lebende Beweis dafür! Ihr werdet auch feststellen, dass viele hingebungsvolle Künstler in dieser Gruppe sind, denn während sie tief in die Schöpfungskraft eines Gemäldes eintauchen, lassen auch sie sich bewusst auf den Augenblick ein. Ich vermute, dass das gleiche für Bildhauer gilt und viele andere, die einen großen Teil ihres Lebens mit rein schöpferischen Tätigkeiten verbringen."

„Und welche Berufsgruppe nimmt den letzten Platz auf der Statistik ein?", fragt Marsha.

Ich schmunzle. „Interessanterweise Ärzte, Zahnärzte und Menschen mit Berufen im Gesundheitsbereich. Scheinbar ist das eine riskante Karriere."

„Das ergibt kaum einen Sinn", bemerkt Marsha entrüstet.

Ich lächle. „Für dich vielleicht nicht, aber für mich schon. Lasst uns zurückkehren zu unserem alten Spruch: ‚Energie folgt der Aufmerksamkeit und erschafft.'

Wir wissen alle, dass in einem vollen Wartezimmer beim Arzt eine niedrige Energie herrscht. Keine schlechte Energie, aber eine niedrige aufgrund des Leidens, das von Angst überlagert wird. Je mehr ein Arzt sich auf seine Patienten konzentriert, umso kraftvoller ist ihre energetische Verbindung. Wir wissen auch, dass manche Ärzte sich keineswegs wahrhaft verbinden, sie wollen einem nur etwas verschreiben. Doch die meisten Ärzte kümmern sich um ihre Patienten, und also verbinden sie sich.

Das bedeutet, dass an fünf Tagen in der Woche ihre Energie durch die Verbindung zu ihren Patienten mit niedriger Energie heruntergezogen wird. Sie arbeiten in einem Energiefeld von Schmerz, Wut, Anklage und Leiden. Wie auch die meisten Sanitäter, Schwestern und viele Krankenhausangestellte.

Es scheint fast ungerecht, aber wir leben in einer Gesellschaft, die keine Ahnung von den energetischen Verbindungen hat und wieviel menschliches Leid das kostet.

Dasselbe gilt für den Zahnarzt. Die meisten Menschen fürchten sich noch immer davor, zum Zahnarzt zu gehen, obwohl Zahnbehandlungen heute hundert Mal besser sind, als zu der Zeit, als ich ein Junge war. Nichtsdestotrotz haben Leute oft noch Angst, einen Zahnarzttermin abzumachen. In der Regel gehen sie erst, wenn sie Schmerzen haben.

Ohne dass all dies je erkannt wird, ist diese sich wiederholende energetische Verbindung zur Angst häufig gesundheitsschädlich für den Zahnarzt. Obwohl dies, so möchte ich wiederholen, aufgrund der Fortschritte in sanfter Zahnbehandlung weniger auftritt. Doch alles in allem gedeihen viele im Gesundheitswesen tätige Menschen nicht. Das führt oft zu einem verkürzten Leben wegen der energetischen Belastungen, derer sich fast niemand gewahr zu sein scheint."

Todd nickt. „Ja, ich kenne diese Art Statistiken. Du kannst die Frauen dazu rechnen, die in billigen Friseursalons arbeiten. Dafür werden vor allem die in den Haarpflegeprodukten enthaltenen Chemikalien verantwortlich gemacht. Diese Friseurinnen arbeiten den ganzen Tag unter chemischen Ausdünstungen. Außerdem laden viele Damen, während sie miteinander quatschen, ihre Probleme auf die Friseurin ab.

Aber die Frage, die sich mir stellt, … betrifft *uns*! Wir arbeiten mit den Problemen anderer Menschen. Menschen, die verletzt sind und oft wütend und fordernd. Wir verbinden uns emotional sehr stark mit ihrer Energie. Wird dies also eine negative Wirkung auf unsere Gesundheit haben? Und wenn ja, was können wir dagegen machen?"

Ich nicke. „Hm, ja. Du hast Recht. Ihr arbeitet tatsächlich mit den Ängsten, Verletzungen, der Wut, den Beschuldigungen und dem ganzen negativen Kram anderer Leute. Also, was könnt ihr dagegen tun?

Das *ist* wirklich die Frage – eine weitere Frage der Gesundheit. Ihr drei Kerle seid im Alter von – was? Weit über vierzig? Wie also steht es gegenwärtig um eure Gesundheit? Ich wage zu schätzen, dass sie jedes Jahr etwas schlechter wird, ein Abwärtstrend."

Todd seufzt tief. „Was mich angeht, ja. Jedes Jahr muss ich mich ein bisschen häufiger krankschreiben lassen als im Jahr davor. Nicht viel, aber die Tendenz ist da. Ich vermutete, das sei aufgrund meines Alters. Jetzt scheint es, dass ich falsch liege, wenn ich dich mit deinen achtzig Jahren betrachte." Er schaut zu Bill und Peter. Bill nickt betrübt. „Ja, ich bin fünfundvierzig. Und da du jetzt meine Aufmerksamkeit darauf gelenkt hast, sehe ich, dass ich häufiger wegen Krankheit fehle als früher. Ich war mir dessen bewusst, aber habe mich damit nicht aufgehalten. Ich habe es auch aufs Alter geschoben."

Peter zuckt die Achseln. „Die gleiche Geschichte bei mir." Er sieht mich verzweifelt an. „Ich hoffe, du hast eine Antwort darauf. Was können wir dagegen tun? Ich möchte mich sicher nicht nach einem anderen Job umsehen müssen."

Ich lächle sie an. „Das ist in Ordnung, es gibt einen Weg. Vor ein paar Minuten erwähnte ich das Diktum ‚Energie folgt der Aufmerksamkeit … und verbindet. Dies ist …"

„Jedes Mal, wenn du das sagst, setzt du ein anderes Wort ans Ende", unterbricht Anita. Das letzte Mal war es ‚*erschafft*', jetzt ist es ‚*verbindet*'. Was ist es denn nun?"

Ich muss über sie lachen. „Gut! Du hörst zu! Du erinnerst mich an Cheeky Hobson in *Footrot Flats*[19]. Das war meine Lieblingscomicserie aller Zeiten."

„Ich habe noch nie davon gehört!", sagt Anita.

Glucksend nicke ich. „War vor deiner Zeit. Von Murray Ball erfunden, spielte sie im ländlichen Neuseeland. Es ging um einen Hund und seinen Besitzer, einem Typ namens Wally und seinen Freund Cooch und den Tieren auf der Farm. Cheeky Hobson hieß seine Freundin. War wirklich sehr lustig, wenn man einen landwirtschaftlichen Hintergrund hatte. Es war so lustig, dass sie sogar einen Film daraus gemacht haben. Aber ich schweife ab.

Wohin du denkst, Energie du lenkst, *und* sie verbindet *und* sie erschafft! Okay, ihr kapiert das.

Also, während ihr eurer Beratungstätigkeit nachgeht, fokussiert, schöpft und verbindet ihr. Begreift ihr das? In jedem Augenblick schöpft und verbindet ihr. Allerdings dürft ihr entscheiden, worauf ihr dabei fokussiert.

Wenn ihr euch auf das Problem eures Klienten konzentriert, verbindet ihr euch mit diesem und dessen problematischer emotionaler Energie. Wenn ihr euch hingegen auf die Lösung ausrichtet, verbindet ihr euch mit dieser und daher auch mit den erhebenden und heilsamen Energien, die diese bietet. Muss ich noch hinzufügen, dass die Menschen sich auf das Problem konzentrieren und sich mit einer absteigenden Energie verbinden, statt mit der erhe-

19. „Footrot Flats" war eine Comicreihe des neuseeländischen Cartoonisten Murray Ball und erschien in Zeitungen und später in Büchern in der ganzen Welt von 1976-1999.

benden Energie der Lösung?“

Ich sehe Anita prüfend an. „Begreifst du vollkommen, was ich sage?“

Sie nickt zerknirscht. „Ja, das tue ich, wirklich. Und ich verstehe, *warum* und *wie* das, was du vorschlägst, eine enorme Wirkung haben wird.“

Todd und die anderen nicken begeistert.

„Wenn du dich mit der Energie einer Lösung oder einer versuchten oder gar gescheiterten Lösung verbindest, verbindest du dich immer mit der Energie ihres Potentials. Wenn die Lösung nicht funktioniert hat, dann wird dies gewöhnlich den Weg zu einer *anderen* möglichen Lösung weisen, die vielleicht funktioniert. Dann arbeitest du immer mit einer erhebenden Energie, und das bedeutet, dass du zu einer Krankheit nicht emotional heruntergezogen wirst.

Nicht nur das, denn du wirst viel mehr Freude am Prozess haben, weil du mit einer erhebenden Energie arbeitest. Und wenn dir Freude bereitet, was du tust, wirst du nicht auf die gleiche Weise krank wie durch etwas, das du nicht tun magst. Wir sind die Schöpfer unserer Krankheiten und nicht unsere berufliche Tätigkeit.“

„Ich will ja nicht pingelig sein, aber was ist mit der chemischen Belastung in den Friseursalons? Sicherlich ist es eher dieses Umfeld, die krank macht, und nicht sie selber?“, sagt Marsha leise.

Ich lächle sie an. „Zurück zur Beziehung mit dir selbst. Wenn du dich selbst wirklich LIEBST – und das kommt viel zu selten vor – und dir gute Gesundheit etwas wert ist, würdest du nicht in einem Friseurladen arbeiten, einfach weil dich dein Bewusstsein der Selbst-LIEBE entweder von solcher Arbeit wegführen würde oder deine Fähigkeit verleugnen würde, eine solche Stelle zu kriegen.

Und wenn du Freunde in dieser Branche hast, dann denke bitte nicht, dass ich sie herabsetze, denn das tue ich nicht. Ich sage lediglich, dass dies ein gefährliches Umfeld für eine langfristige Anstellung ist. Das ist wohlbekannt und erwiesen.

Menschen, die verzweifelt nach einem Job suchen oder von solchen Tätigkeiten angezogen werden, missachten solche Bedenken entweder oder denken, dass dies für *sie* nicht zutrifft. Aber das gilt natürlich für alle hochriskanten Arbeiten.

Dasselbe trifft auch aufs Rauchen zu. Wir haben im Allgemeinen die Haltung, dass ein Gesundheitsrisiko für *andere* Menschen besteht, aber nicht für uns … bis es zu spät ist!

Unsere gute Gesundheit ist nicht selbstverständlich. Wenn wir gute Gesundheit wollen, müssen wir sie erschaffen. Das kann niemand für uns tun – und ich meine *niemand*! Nur wir allein sind für unser Wohlergehen verantwortlich.

Die heutige Einstellung ist fast das Gegenteil davon: Das Gesundheitswesen wird sich um uns kümmern. Gewiss kann der Rat von überzeugten Ernährungsberatern einen guten Einfluss auf unsere Gesundheit haben. Aber ironischerweise sind die einzigen Menschen, die ihnen zuhören oder ihre Bücher und Artikel lesen jene, die sich guter Ernährung bereits bewusst sind und sich selbst entsprechend pflegen."

„Ich fühle mich sehr erleichtert durch das, was du sagst. Ich für meinen Teil werde darauf achten, mich auf die Lösungen auszurichten. Natürlich habe ich bisher genau das Gegenteil gemacht. Ich danke dir", sagt Peter mit großer Aufrichtigkeit.

… ACHTUNDZWANZIG …

Gedanken und Gefühle

Die Energie unserer Gedanken und Gefühle sind die schöpferischsten Aspekte unseres Lebens. Unsere Gedanken und Gefühle gehen jeder unserer Taten voraus. Wir neigen dazu, unsere Handlungen im alltäglichen Leben zu tadeln oder zu loben, was logisch ist, doch sind sie nicht mehr als die physische Manifestation der Gedanken und Gefühle, die ihnen unwissentlich vorausgingen.

Michael J. Roads

Die anderen wiederholen seine Worte und danken mir voller Begeisterung.

Todd sieht mich gedankenvoll an. „Ich finde es interessant, dass es bei so vielem, von dem du gesprochen hast, im Grunde immer um unsere eigenen Gedanken und Gefühle geht. Ich vermute, du bezeichnest das als den metaphysischen Aspekt."

Bevor ich antworten kann, kommt Carolyn zu uns aufs Deck. Die Sonne scheint gerade herein und wärmt den Raum angenehm. Ich persönlich mag es, wenn mir warm ist. Kälte und Frösteln sind meine Sache nicht.

Sie schenkt all unseren Gästen ihr warmes, breites und herzliches Lächeln. „Es ist nun später Nachmittag, wenn ihr also bereit seid, nehme ich eure letzten Bestellungen für Tee, Kaffee und mehr von dem Eistee mit Minze auf."

Während sie die verschiedenen Wünsche entgegen nimmt, denke ich über die Tatsache nach, dass die Zeit heute überraschend schnell vergeht. Ich habe mich mit diesen fünf Menschen stärker verbunden, als ich erwartete. Ich fühle eine *tiefe* Zufriedenheit über den Durchbruch des anfangs zögerlichen Peter und die Art, wie die gesamte Gruppe sowohl aufnahmebereit als auch begeistert ist.

Carolyn kehrt in die Küche zurück, und ich fahre fort mit dem, was ich zu Todds Überlegung sagen wollte.

„Ja, Todd, es geht *immer* um den metaphysischen Aspekt. Wie ich ständig sage, ist alles Energie.

Die Energie unserer Gedanken und Gefühle sind die schöpferischsten Aspekte unseres Lebens. Unsere Gedanken und Gefühle gehen jeder unserer Taten voraus. Wir neigen dazu, unsere Handlungen im alltäglichen Leben zu tadeln oder zu loben, was logisch ist, doch sind sie nicht mehr als die physische Manifestation der Gedanken und Gefühle, die ihnen unwissentlich vorausgingen.

Stelle dir einen typischen Tag eines typischen Stadtmenschen vor – wenn es so einen mythischen Menschen gibt! Er steht am Morgen auf und für viele Leute bedeutet dies, den Fernseher einzuschalten, um sich die pausenlosen Nachrichten auf CNN anzusehen oder im Smartphone auf dem Weg zur Arbeit einen Blick darauf zu werfen.

Für mich bedeutet CNN Continuous Negative News – kontinuierliche negative Nachrichten – und ich halte das für eine unkluge Art, den Tag zu beginnen. Manche Menschen schauen sich dieses Zeug nur mit geringem Interesse an, bloß um in der Lage zu sein, über die Tagesnachrichten mit anderen reden zu können. Andere *brauchen* diese Art Informationen, um sich wirklich in großer Sorge oder Betroffenheit über die tägliche Politik und die Ereignisse in der Welt zu verbinden. Und so beginnen die täglichen Verbindungen mit diesen Gefühlen – nicht sehr erbaulich.

Bevor sie überhaupt das Haus verlassen, befinden sich viele Eltern bereits mit einem oder mehreren ihrer modern-allwissenden jugendlichen Sprösslinge im Konflikt. Ein weiteres übliches

Szenario. Nach einem kurzen, aber wütenden und lautstarken Schlagabtausch begeben sich die Eltern zur Arbeit und die Kinder in die Schule. Nun sind beide Seiten auf einer sehr subtilen Ebene emotional aufgewühlt, also ist es sehr unwahrscheinlich, dass dies jemand von ihnen bemerken wird. Nichtsdestotrotz wird dies an ihnen nagen und die Art und Weise beeinflussen, wie sie jeweils ihren Tag gestalten.

Und damit haben wir einen weiteren enorm großen und unerkannten Faktor – jeder von uns erschafft seinen eigenen Tag! An diesem Punkt im Leben meiner mythisch *typischen* Familie haben alle auf eine ziemlich katastrophale, jedoch weit verbreitete Weise ihren Tag begonnen. Jeder ist wegen eines anderen Familienmitglieds leicht verstimmt und gereizt.

Kinder, die mit regelmäßigem lauten Schlagabtausch aufwachsen, verhärten sich emotional, und das wiederum beeinflusst das ganze Leben, das sie noch vor sich haben. Dies sind die prägenden Jahre für Kinder, und die meisten Eltern wissen das auch, aber sind sich dem nicht immer gewahr. Wir sind zu beschäftigt und zu gehetzt, um die Auswirkungen unserer oft voreiligen oder gedankenlosen Worte zu spüren."

Ich lächle sie an. „Seht ihr, wir sind wieder bei der Macht der Worte und ihrem emotionalen Gehalt. Gedanken und Gefühle! Wir alle – und ich schließe mich da selbst mit ein – müssen viel vorsichtiger mit unseren Gedanken und den ihnen folgenden Worten sein, und wir müssen uns des Gefühlswerts, den wir diesen Worten verleihen, bewusster sein. Denn dieser hat eine langfristige Wirkung.

Also gut, unsere mythischen Kinder sind in der Schule und die mythischen Eltern bei der Arbeit, und obwohl eigentlich keiner an den morgendlichen Streit denkt – man ist daran gewöhnt – gibt es eine energetische Wirkung auf ihr Bewusstsein. Und was sich in unserem Bewusstsein befindet, beeinflusst die von diesem Bewusstseinszustand ausgehenden Handlungen.

Die Kinder in der Schule werden weniger aufnahmefähig im Unterricht sein und dafür benotet werden, während die Eltern bei der Arbeit kleine, banale und ärgerliche Fehler entdecken, die sich in ihre Arbeit eingeschlichen haben und ihren Energiefluss beeinträchtigen – wie auch immer sie diesen durch ihre Tätigkeit ausdrücken. Für die Eltern ist eine der Folgen davon Ermüdung. Weitere sind fortwährende Verbitterung, Ärger und Gereiztheit. Nichts davon ist der Effizienz am Arbeitsplatz oder der Leistung zuträglich. Auch wird es die Beziehung zwischen den Eheleuten nicht gerade verbessern, wenn sie dann von der Arbeit nach Hause kommen.

Die Schattenseite dessen ist der Griff zum Whisky oder zur Weinflasche: ‚Nur ein Glas, damit ich runterkommen und mich entspannen kann.' Das funktioniert nicht. Alkohol wird niemals ein emotionales Problem heilen, das jeden Tag aufs Neue erschaffen wird. Nach weiteren zehn Jahren auf diesem Weg sind aus dem einen Glas nun zwei oder drei geworden, um dieselbe Wirkung zu erzielen … und so geht es weiter bergab und führt allzu oft in den Alkoholismus."

Todd schüttelt nachdenklich seinen Kopf. „So habe ich das Alltagsleben noch nie betrachtet. Was ich für Unglück, Unfälle und äußerliche Einflüsse in unserem Leben halte, ist deiner Ansicht nach der metaphysische Aspekt unserer *eigenen* Schöpfung. Warum wissen das nicht alle?" Er lächelt. „Wegen des Timings, richtig?"

Ich grinse. „Ja, aber beim Timing geht es vor allem ums Bewusstsein. Während wir im Bewusstsein wachsen, erschaffen wir unser eigenes Timing. Leider ist auch das Gegenteil wahr. Je reaktiver wir sind und je negativer unsere Gedanken und Gefühle, umso tiefer sinkt unser Bewusstseinszustand und umso mehr werden wir Gefangene unseres zerstörerischen Verhaltens. Wenn ich darüber im nationalen Fernsehen spräche, würde mich jeder intellektuelle Profi, der über irgendein psychologisches Fachwissen verfügt, verspotten und lächerlich machen. Der Intellekt mit seiner Ego-Ver-

bindung ist zu arrogant, um demütig zu sein."
„Wie steht es um die Sonnenseite der Gedanken und Gefühle?", erkundigt sich Marsha.

Ich schmunzle. „Das gefällt mir – und natürlich gibt es eine Sonnenseite – aber nicht bei unserer mythisch *typischen* Familie.

Wir müssten eine genauso mythische, aber *außergewöhnliche* Familie erschaffen. Die Beziehung, die die Eltern zu sich selbst und miteinander haben, wird viel weiter entwickelt sein als gewöhnlich. Sie üben ihre Kommunikationsfähigkeiten aus, indem sie anderen gegenüber rücksichtsvoll sind und auf das Wohlergehen jedes Mitglieds der Familie achten. In dieser Familie ist jeder den anderen gegenüber einfühlsam. Die Eltern schreien ihre Kinder nicht an, selbst wenn ihnen gelegentlich der Sinn danach steht. Sie gehen auf die Kinder ein und besprechen die Probleme ohne Beschuldigungen, ohne Wertungen von richtig oder falsch, sondern bieten schöpferische Vorgehensweisen an, um mit eventuell auftauchenden Fragestellungen umzugehen. Auf diese Weise gehen die Kinder mit dem Gefühl in die Schule, geliebt, geschätzt und wertvoll zu sein. Die Eltern sagen ihnen beinahe täglich, dass sie geliebt werden, und das erzeugt in ihnen ein Gefühl von tiefer, notwendiger emotionaler Sicherheit. In der Schule sind sie in der Lage, sich zu fokussieren und zu konzentrieren und erhalten entsprechend ihren Fähigkeiten gute Noten.

Interessanterweise erzeugen die niedrigeren Emotionen ein Opferbewusstsein, was oft dazu führt, in der Schule schikaniert zu werden. Diese mythisch *außergewöhnliche* Familie hat Kinder, die kein selbsterschaffenes Opferbewusstsein haben, also sind sie keine natürliche Zielscheibe für Kinder aus einer mythisch *typischen* Familie. Ob es uns gefällt oder nicht – Gleiches zieht Gleiches an.

Und das gilt auch für die mythisch außergewöhnlichen Eltern. Bei ihrer Arbeit sind sie bei den meisten Angestellten beliebt, während andere sich vielleicht von ihnen bedroht fühlen.

Merkwürdigerweise wirken die mythisch *typischen* Eltern nicht bedrohlich, aber die mythisch außergewöhnlichen Eltern strahlen eine andere Energie aus. Diese zieht andere Menschen entweder an oder stößt sie ab, je nach deren geistigem und emotionalem Zustand. Sie fühlen sich bedroht, weil sie emotional unsicher sind, und sie fühlen sich angezogen, wenn sie emotional einigermaßen sicher sind."

„Ich würde annehmen, dass die außergewöhnlichen Leute oder Familien keinen sehr großen Freundeskreis haben", meint Marsha scharfsinnig.

Ich nicke. „Und du hättest Recht. Zu viele andere fühlen sich durch sie bedroht, und sie fühlen sich ihrerseits nicht von trivialen Gesprächen oder oberflächlichen Menschen angezogen."

„Wäre das ein Urteil?", fragt Marsha.

Ich schüttle den Kopf. „Nein, an ihren Taten sollt ihr sie erkennen. Gleich und Gleich gesellt sich gern, ganz einfach. Das ist weder schlecht noch falsch – es geschieht naturgemäß. Keiner möchte unter Menschen sein, bei denen er sich unwohl fühlt. Wieder Gedanken und Gefühle in Aktion. Die mythisch typische Familie und die mythisch außergewöhnliche Familie würden natürlicherweise nichts miteinander zu tun haben wollen. Und das ist in Ordnung. Es geschähe wahrscheinlich ohne Urteil, in der gleichen Weise, wie Öl und Wasser sich nicht miteinander vermischen. Ich bin ungeeignet für die Gesellschaft mancher egozentrierten intellektuellen Menschen. Sie sind in vollkommener Weise, wer sie sind, kein Urteil, aber sie möchten genauso wenig mit mir zusammen sein, wie ich mit ihnen. Ist das nicht perfekt?

Vor mehr als zwanzig Jahren pflegte ich Schwierigkeiten mit einigen Frauen bei meinen – damals Retreats genannten – Veranstaltungen zu haben. Damals dachte ich, bei dem Problem ginge es um sie, nicht um mich. Aber weil es mir immer wieder so erging, wurde ich gezwungen, mich tiefer mit mir selbst auseinanderzusetzen.

Zuerst dachte ich, es sei ein intellektuelles Problem, aber das erwies sich schnell als falsch. Allmählich erkannte ich, dass dies

Frauen waren, mit denen ich entweder *keine* emotionale Verbindung oder eine *abstoßende* emotionale Verbindung hatte. Auch sie empfanden mir gegenüber dieselbe Abneigung. Ich muss zugeben, ich war damals noch weit von emotionalem Gleichgewicht entfernt. Wie also konnte ich das lösen?

Was ich dann schließlich tat, funktionierte. Wenn ich eine dieser Frauen am Anfang eines Retreats traf und wir gegenseitig emotionale Abneigung empfanden, zwang ich mich dazu, auf sie zuzugehen, freundlich mit ihr zu sprechen, sie herzlich zu umarmen und auf dem Retreat willkommen zu heißen. Meist gingen sie darauf ein, wenn auch ein bisschen steif und ernst. Ich wusste, dass ich das lösen musste und erwartete nicht, dass sie das täten. Also funktionierte es.

Indem ich mich selbst von meinen negativen emotionalen Verknüpfungen befreite, so befreite ich auch diese Frauen, mit denen ich zu tun hatte. Nur eine oder zwei ließen sich nicht darauf ein, und ich sah sie auch nie wieder. Interessanterweise hatte ich dann innerhalb weniger Jahre nicht mehr diese emotionale Reaktion bei gewissen Frauen. Sie war verschwunden, weil ich mich ihr auf *schöpferische* Weise gestellt hatte!"

„Sehr gut", sagt Marsha. „Die meisten Männer würden einfach den Frauen die Schuld geben und sich keine Mühe machen, daran etwas zu ändern. Du hast Verantwortung übernommen."

Ich nicke. „Danke, ja. Ich übernahm emotionale Verantwortung für die emotionalen Situationen, die unsere gegenseitigen emotionalen Vorurteile erschufen. Und indem ich das tat, löste ich erfreulicherweise meine eigenen unerkannten emotionalen Vorurteile auf."

… NEUNUNDZWANZIG …

Die Metaphysik der Natur

Wenn ich bewusst im Garten bin, kommen mir die Naturgeister nahe, berühren mein Bewusstsein mit ihren Einsichten und ihrer tiefen Weisheit. Wenn ich bewusst bin, verbinden wir uns. Das erweckt in mir tiefes intuitives Wissen und Einsichten, die Teil des universellen ALLSEINS sind. Es ist jedoch ein gegenseitiger Austausch. Von mir empfangen sie eine Würdigung ihrer Gegenwart und Akzeptanz. Das ist ebenfalls eine Verbindung. Innerhalb meines Energiefeldes sind gewisse Aspekte menschlichen Bewusstseins, die ihnen förderlich sind, also wachsen beide Seiten durch den energetischen Austausch.

Michael J. Roads

Ich hole tief Luft. „Also, was habt ihr noch auf eurer Themenliste?"

Alle schauen zu Todd, und Todd sieht mich an. „Es ist nun später Nachmittag, aber wir haben noch etwas Zeit. Worüber würdest du denn gerne sprechen? Ich habe keinen Zweifel, dass es erhellend sein wird?"

Anita mischt sich ein. „Ich persönlich liebe die NATUR. Auch wenn dies nichts mit unserer Arbeit zu tun hat, so wird es mir sicherlich guttun und hoffentlich allen von uns. Wie wäre es mit etwas über die NATUR?"

Ich lächle zufrieden. Das hört sich richtig gut an! Das ist mein Thema! „Wie wäre es mit der Metaphysik der NATUR?" Einhelliges Nicken bei meinem Vorschlag.

„Aber was genau bedeutet das?“, fragt Anita.

„Es bedeutet, dass nichts ganz so ist, wie es scheint. Wir sehen alles aus einer physischen Perspektive und vermuten sofort, dass dies der Wirklichkeit entspricht. Aber wir sind metaphysische Wesen, die in einer größeren metaphysischen Wirklichkeit leben, und so sehen wir nur das physische Spiegelbild der NATUR statt ihre metaphysische Wirklichkeit.“

Anita lächelt schelmisch: „Okay, ich kann über diese Aussage eine Weile grübeln, oder du kannst erklären, was der letzte Teil bedeutet. Denn wie kann die NATUR ein physisches Spiegelbild von etwas sein, dass niemand sehen kann?“

Ich sehe sie streng an. „Kannst du die Knochen in deinem Körper sehen? Nein, kannst du nicht, aber ein Röntgengerät kann das. Nur, weil du nicht über die physische Natur hinausblicken kannst, heißt das nicht, dass das niemandem möglich ist. Im Laufe der Zeiten haben unsere Mystiker, wie auch viele geniale Dichter und Künstler, dies sehen können, und sie haben sich bemüht, es in der ihnen eigenen Weise, sei es durch Kunst, Lyrik oder Prosa, mit anderen zu teilen.

Ich erinnere mich, als ich vor langer Zeit in Tasmanien lebte, dass ich einen Wald besuchte, der für die Papierindustrie abgeholzt worden war. Der zerstörte Wald war ein schändlicher Anblick, eine habgierige Vergewaltigung und Plünderung der Natur.

Ich setzte mich auf einen Baumstumpf und betrachtete die Trostlosigkeit und die Verwüstung durch menschliche Gier. Ich hatte Tränen in den Augen. Doch während ich umherschaute, entzog sich der physische Anblick allmählich meiner Sicht und auf irgendeine Weise sah ich innerlich die größere metaphysische Wirklichkeit. Geschockt stellte ich fest, dass all die Bäume standen, der Wald unberührt und ungestört war. Ich brauchte Jahre, um das zu integrieren, was ich auf diesen beiden Ebenen der Wirklichkeit gesehen hatte: der physischen und der metaphysischen. Es dauerte Jahre, bis ich in das tiefere Verständnis des metaphysischen Aspekts der Natur hineingewachsen war. Ich begriff, dass der Mensch den physischen Ausdruck zerstören kann, aber der metaphysische für uns unerreichbar ist, besonders für ein Bewusstsein der Vergewaltigung und Verwüstung."

Todd sieht mich nachdenklich an. „Einer meiner Klienten hat vor einigen Jahren ein Bein verloren und trägt eine Prothese. Er sagte mir, dass es kurze Phasen gäbe, in denen sie furchtbar jucken würde. Ich lachte und fragte, wie eine Prothese denn jucken könne. Er konnte es nicht erklären, aber bestand darauf, dass es anderen genauso erginge wie ihm."

Ich nicke. „Ja, wir können physisch ein Körperteil verlieren, aber metaphysisch nie. Gewisse Reize wirken auf den metaphysischen Körperteil und drücken sich dann durch den physischen Teil aus. Das Metaphysische geht dem Physischen voraus! Erinnert ihr euch? Trotz des Beinverlusts fühlte er noch immer das metaphysische Jucken. Ich glaube, der Begriff für dieses Phänomen heißt Phantomschmerz."

Ich mache eine ausladende Geste mit meinem rechten Arm, um ihre Blicke auf den Garten zu lenken.

„Alles, was ihr da draußen sehen könnt, gehört zu meinem Garten. Mit den meisten Bereichen arbeite ich, manche lasse ich völlig in Ruhe. Aber was ihr seht, ist ein physischer Garten. Es ist schwer zu akzeptieren oder gar zu erkennen, dass der Garten, den ihr seht, ein physisches Spiegelbild einer größeren metaphysischen Wirklichkeit ist.

In „Alice hinter den Spiegeln"[20] ging Lewis Carrolls Alice durch den Spiegel in eine andere Wirklichkeit. Vor Jahren ging auch ich durch das Spiegelbild oder sollte ich sagen durch die Membran zwischen dem Physischen und dem Metaphysischen in eine größere metaphysische Wirklichkeit. Ich traf kein weißes Kaninchen, keinen verrückten Hutmacher, keine Lachkatze oder Herz-

---

20. Folgeroman zu „Alice Im Wunderland" erschienen 1871

königin[21], keinen von ihnen, aber es offenbarte mir eine Welt der NATURgeister, Baumdevas, Elfen und sonstigen mystischen Wesen in einem NATURREICH, das mir den Atem verschlug."
Anita lacht. „Also glaubst du an Feen und Elfen? Echt jetzt?"

Ich lächle sie an. „Wenn du einem Mädchen in deinem Alter begegnen würdest, das von Geburt an blind ist und ihr einen Palisadenholzbaum in seiner prachtvollen Blüte beschreiben würdest – könntest du erwarten, dass sie dir glaubt. Nimm an, sie wirft dir vor, alles erfunden zu haben. Nimm an, sie sagt, dass es so etwas Erstaunliches, wie du es beschreibst, nicht geben kann. Was würdest du tun? Was würdest du sagen?"

Anita nickt kleinlaut. „Okay, ich habe verstanden. Das erinnert mich an die Geschichte von dem Mann, der sich in der Wildnis verirrte und in das Tal der Blinden gelangte. Er beschrieb ihnen, was das Sehen ist und was es offenbart. In der Nacht, während er schlief, fesselten sie ihn, und in ihrer Liebe und Barmherzigkeit stachen sie ihm die Augen aus in der Hoffnung, ihn dadurch von seinem Wahn zu befreien." Sie schüttelt sich. „Diese Geschichte gruselt mich."

Ich nicke. „Ja, ich kenne sie. Um deine Frage zu beantworten, ja, ich glaube an Feen und Elfen und an Magie und Wunder. Die äußeren Bereiche meines Gartens bleiben ungestört, extra für die NATURgeister."

„Aber warum? Dein ganzer Garten ist umgeben von Buschland und Wald. Reicht das nicht für die NATURgeister? Warum brauchen sie noch etwas von deinem Land?", fragt Anita mit ernstem Blick.

„Eine nachvollziehbare Frage. Sie *brauchen* gar nichts von meinem Garten. Ich tue das, was ich tue, um sie zu würdigen und um sie zu ermutigen, in der Nähe zu sein. Auf diese Weise profitieren wir beide von der Nähe des anderen.

Wenn ich bewusst im Garten bin, kommen mir die Naturgeis-

21. Bekannte Figuren aus „Alice im Wunderland"

ter nahe, berühren mein Bewusstsein mit ihren Einsichten und ihrer tiefen Weisheit. Wenn ich bewusst bin, verbinden wir uns. Das erweckt in mir tiefes intuitives Wissen und Einsichten, die Teil des universellen ALLSEINS sind. Es ist jedoch ein gegenseitiger Austausch. Von mir empfangen sie eine Würdigung ihrer Gegenwart und Akzeptanz. Das ist ebenfalls eine Verbindung. Innerhalb meines Energiefeldes sind gewisse Aspekte menschlichen Bewusstseins, die ihnen förderlich sind, also wachsen beide Seiten durch den energetischen Austausch.

Wenn du auf diesen tieferen Aspekt der NATUR eingestimmt bist, kannst du das zum gegenseitigen Vorteil nutzen. Als wir in dieser Gegend am Anfang der letzten Jahrhundertwende in eine lange Dürreperiode eintraten, wusste ich, dass ich nicht genug Wasser hatte, um die Gartenpflanzen am Leben zu erhalten. Wir haben hier nur Wassertanks, keinen städtischen Wasseranschluss. Wir sammeln das Regenwasser vom Dach und speichern es. Kein Regen heißt kein Wasser. Obwohl ich also etwa zweihunderttausend Liter speichern kann, würde es niemals ausreichen, um einen großen Garten länger zu bewässern.

Jedenfalls, als die Trockenheit begann, ging ich durch meinen Garten und stellte mir einen britischen Winter vor, wo sich in der extremen Kälte und Nässe alle Pflanzen in einem Ruhezustand befinden. Ich zeigte den Pflanzen in meinem Garten dieses innere Bild und teilte ihnen mit, dass wir nun eine Zeit langer Hitze und Trockenheit bekämen. Wenn sie ihre Blätter fallen ließen und in einen Ruhezustand gingen, würden sie überleben. Ich sagte ihnen, wenn sie mehr Energie bräuchten, könnten sie von mir haben, soviel sie wollten, ich hätte genug für uns alle. Dann habe ich scherzend hinzugefügt, dass sie mir die Energie zurückgeben könnten, wenn die Dürreperiode vorüber sei.

Während der ersten beiden Wochen ließen alle meine *immergrünen* Pflanzen ihre Blätter fallen. Außer meinem halben Dutzend Ixora-Stauden, die schließlich verkümmerten und starben. Ganz ehrlich, der ganze Garten sah krank und verwüstet aus. Doch alle anderen Stauden und Büsche überlebten. Sicherlich hatten wir eine Menge kurzer Regenschauer, aber nie genug Wasser, um den Boden zu durchtränken. Diese Dürreperiode dauerte etwa zwanzig Monate.

Als schließlich der tief durchnässende Regen kam, trieben die Pflanzen keine neuen Blätter, sondern brachen alle gleichzeitig in Blüte aus, und die Energie, die buchstäblich aus ihnen herausfloss, war erstaunlich. Ich habe nie gespürt, dass sie von meiner Energie genommen hatten, aber ich habe es deutlich gespürt, als ich sie zurückbekam.
Übrigens haben in unserer Gegend die meisten anderen Gärten etwa siebzig Prozent ihrer nicht einheimischen Pflanzen verloren. Und meine waren fast alle nicht einheimisch."

„Also hast du dies auf einer tiefen Ebene der Kommunikation bewerkstelligt. Ich wusste nicht, dass sowas möglich ist. Ich gärtnere auch gern", sagt Marsha. „Könnte ich unter ähnlichen Umständen das Gleiche tun?"

Ich lächle. „Das hängt allein von dir ab, deiner Offenheit, deinem Bewusstseinszustand, deiner Verbindung zur NATUR und dergleichen. LIEBE gehört dazu. Keine hohlen, leeren und bedeutungslosen *Worte* der Liebe, sondern der wahre *Ausdruck* von LIEBE.

Als ich ein Junge war, kannte ich eine Frau von 92 Jahren, die in einem Reihenhaus mit einem kleinen Garten lebte, der von hohen Backsteinmauern umgeben war. Ihr kleiner Garten war immer schattig, aber voller bunt blühender Pflanzen.

Ich war damals erst zehn Jahre alt, aber in diesem Alter hatte ich bereits eine große Sammlung von Topfpflanzen und Kakteen. Ich kannte meine Pflanzen, einschließlich ihrer lateinischen Namen.

Ich wusste, dass die Pflanzen in ihrem Garten nicht genug Sonne bekamen, um zu blühen, denn, abgesehen von ein paar entsprechend spezialisierten Arten, ist Sonnenlicht der ausschlaggebende Faktor. Das war mir jedes Mal ein Rätsel, wenn ich ihren Garten besuchte.

Dann kam eines Tages die Offenbarung: Während ich sie beobachtete, wie sie ihren winzigen Garten und alle Pflanzen darin anlächelte, *fühlte* ich ihre Verbindung. Ich begriff, *sie war die Sonne* in ihrem Garten.

Dieser Augenblick hatte eine lebensverändernde Wirkung auf mich. In dem Moment wusste ich, dass sich alle Regeln verändern, wenn LIEBE Teil der Gleichung wird. Ohne dass ihr dies bewusst war, schrieb sie ihre eigenen Regeln durch die tiefe LIEBE zu ihren Pflanzen. Das war, was ich *bewusst* zu Beginn der Dürreperiode tat. Es geht immer nur um Energie, also schrieb ich das Skript um!

LIEBE ist nicht physisch. LIEBE *kann* physisch ausgedrückt werden, aber LIEBE ist wahrhaft metaphysisch. Alles auf unserer schönen Welt, das die Ewigkeit überdauert, ist metaphysisch.

Während sehr langer Zeitphasen kommen und gehen die physischen Ausdrucksformen der Natur, aber die metaphysischen sind ewig.

Wir sprechen vom Aussterben von Tier- und Pflanzenarten, aber das ist so ein Unsinn. Das ist das kindliche Geschwafel einer Gattung, die an den Tod und das Ende glaubt. Es gibt keinen Tod. Es gibt kein Ende, genauso wenig, wie es einen Anfang gibt.
Dies sind Spiele, die in der linearen Zeit gespielt werden, wo wir die Werk- und Spielzeuge von Ursache und Wirkung benutzen, von Polarität und Dualität, um mit ihnen bewusst zu wachsen.
Gott erschuf Leben, *nie* den Tod.

Vor Urzeiten erfanden wir die Vorstellung vom Tod. Wir sehen ein totes Tier oder einen toten Menschen, und wir sehen darin den Tod, das Ende. Wir nehmen mit unseren physischen Sinnen nicht wahr, dass das Leben – welches unauslöschlich ist – sich fortsetzt.

Das Leben ist metaphysisch, nicht physisch. Wie ich bereits sagte, ist die NATUR, die wir sehen, der physische Ausdruck des ewigen Lebens. Es ist nicht das Leben selbst. Die NATUR ist die große Lehrmeisterin für jene, die demütig und offen genug sind, dies zu erkennen."

Ich halte inne und überlege, ob ich das erwähnen soll. „Als ich vor Jahren ein Bauer in Tasmanien war, liebte ich meine Herde von etwa hundert Milchkühen wirklich, aber ich hasste es, sie zu melken. Ich hatte keine Ahnung, dass mein Hass energetisch für die Kühe eine starke Belastung war und Unruhe erzeugte. Sie schlugen aus, sie schissen grüne Flüssigkeit, sie waren schwierig und hielten etwas Milch zurück. Und dieses Durcheinander ging zwei bis drei Jahre so.

Eines Tages schlug eine langbeinige friesische Kuh auf dem Weg zum Melkstand aus und trat mich in den Oberschenkel. Das waren echt heftige Schmerzen. Ich stolperte umher, ergriff wütend eine Beinkette und versuchte, die Kuh zu schlagen. (Okay, ich war nicht immer der nette Kerl von heute, das war ein viel früheres Ich!) Und etwas ziemlich Unvorhersehbares geschah. Während ich die Beinkette schwang, wurde sie abgelenkt, verfehlte die Rippen der Kuh, verhakte sich in einem ausschlagenden Huf, wurde aus meiner Hand gerissen, und mit zwei sich heftig beschleunigenden Schwüngen wickelte sie sich um meinen linken Arm. Der Schmerz war ein solch furchtbarer Schock, dass ich beinahe ohnmächtig wurde. Ich musste ein paar Tage pausieren, während meine damalige Frau das Melken übernahm. Das war demütigend, denn im Melkstall war alles ruhig und friedlich, als sie das machte. Sie hatte ein ganz anderes Verhältnis zu den Kühen.

Ich kehrte nach drei Tagen zurück, obwohl es vier Monate dauerte, bis die Schmerzen völlig weg waren. Eine nachhaltige Erinnerung!

Während ich wieder mit der Melkprozedur begann, wurde ich mir eines enormen Wandels in mir bewusst. Als sich die Kette um meinen Arm wickelte, *wusste* ich in diesem schockierenden und schmerzhaften Moment, dass ich der Schöpfer meiner Schmerzen war. Es lag allein an mir. Ich *wusste*, dass die Qual des Melkens *meine* innere Qual war. Ich *wusste* dies auf der Stelle und ohne jeden Zweifel. Und jetzt, bei meiner Rückkehr, molk ich aus einem veränderten Bewusstsein heraus, auch wenn ich das damals noch nicht wusste.

Die Kühe waren ruhig und kooperativ. Es kam keine grüne Scheiße geflogen und keine Kuh schlug aus oder versuchte zu entkommen. Alles war ruhig und leicht. Und so blieb es, bis ich Jahre später mit der Milchwirtschaft aufhörte.

Interessanterweise *wusste* jede einzelne Kuh in der Herde, dass ich mich verändert hatte, und also veränderte sich unsere Beziehung. Doch in meiner Familie und von meinen Freunden bemerkte es kein einziger.

Ich grübelte lange darüber nach. Wie konnten die Kühe dies wissen und die Menschen, die mir nahe waren, nicht? Schließlich begriff ich, dass die Kühe und ich auf dieser Ebene des Bewusstseins energetisch tiefer miteinander verbunden waren als ich mit meinen Freunden. Ob es mir gefiel oder nicht, bis auf wenige Ausnahmen waren meine menschlichen Freundschaften oberflächlicher."

Ich lache. „Ich könnte euch mit solchen Geschichten bis morgen unterhalten. Aber, bitte erinnert euch daran, dass die Tiefen des Bewusstseins in der NATUR nicht geringer sind als in der Menschheit und umgekehrt. Sie sind beide sehr unterschiedlich.

Die Ströme des Bewusstseins von Menschheit und NATUR sind EINS, trotz der Tatsache, dass sie sich unterschiedlich ausdrücken und sich in verschiedene Richtungen bewegen. Und doch gibt es das Paradox, dass in einer größeren Wirklichkeit alle Richtungen EINS sind.

Wenn Menschen um den Reichtum des Potentials in der Verbindung mit der NATUR wüssten und diese bewusste Verbindung herstellten, würden wir alle davon profitieren.

Aber das wird nicht allzu bald geschehen. Wir sind noch zu sehr in die Plünderungs- und Zerstörungsmentalität verstrickt, wie bei der Vergewaltigung der Wälder in aller Welt, den Abschlachtungen von Elefanten, dem Töten der Wale. Und so geht es weiter und weiter mit der allumfassenden Ausbeutung der NATUR auf tausend verschiedene Weisen – und nur zu unserem Schaden. Es ist bedauerlich, dass wir als eine derart unerleuchtete Gattung auf dem Planeten leben, so furchtbar ignorant gegenüber den schädigenden Folgen unserer Taten."

... DREISSIG ...

Unerleuchtet und erleuchtet

Er gibt auf, aber nicht klein bei. Er gibt all die endlosen Versuche auf, all die Überzeugungen, ob es nun möglich ist oder nicht. Er lässt all sein Wollen los, all das spirituelle Wissen. Schließlich gibt er sich dem Zaun hin. Er gibt sich vollkommen und total hin. Seine Augen sind geschlossen, während ihm Tränen über die Wangen strömen. Er hat das Gefühl, dass etwas in ihm reißt, als würden seine Gedärme ohne Schmerzen aus seinem Körper gezogen. Er hat das Gefühl, als ob sein Herz explodiert. Und während er sich dem Zaun hingibt, fühlt er sich, als sinke er tief und tiefer in die Erde. Alles, wonach er strebte, ist weg. Er ist nichts im Nichts und fühlt das Nichts des Nichts. Er ist vollkommen verloren.

Michael J. Roads

Peter starrt mich gedankenvoll an. „Offenbar gibt es einen beachtlichen Unterschied zwischen einem erleuchteten Menschen und einem unerleuchteten. Das verstehe ich. Aber was ich nicht verstehe, ist, worin genau dieser Unterschied besteht? Ich erkenne, dass du erleuchtet bist und dass du das Leben auf eine ganz andere Weise wahrnimmst, aber *warum* siehst du es anders? Was hat sich verändert? Das bereitet mir Kopfzerbrechen."

„Nachvollziehbar. Hmm, wie soll ich das erklären? Würdest du als gebildeter Mann versuchen, einem Jungen im Kindergarten Pythagoras beizubringen? Wahrscheinlich nicht. Ohne dich in irgendeiner Weise herabsetzen zu wollen, ist es dennoch das, was du von mir forderst. Es ist jedoch keine unmögliche Frage, jedenfalls nicht, wenn ich mir dichterische Freiheiten dabei nehme.

Lass uns sagen, ein Junge im Kindergartenalter wächst auf und ist darauf programmiert, nach Erfolg zu streben. Er wird zum Mann und beginnt, sein Seelenpotential anzuzapfen. Er fühlt innerlich, wie hohl ‚erfolgreich sein' ist. Sein Vater ist erfolgreich. Als Kind hat ihn dies beeindruckt, als Erwachsener sieht er die Schwächen darin.

Und während sein Sinn dafür wächst, sich selbst zu erforschen, kommt das Leben dieser sich natürlich entwickelnden inneren Nachforschung entgegen. Er liest neue Literatur über das Leben und dann immer mehr Bücher über Spiritualität. Entweder entfacht dies ein Feuer in ihm oder nicht – abhängig vom Timing! Wenn dies geschieht, dann wird er einen anderen Weg als die Massen gehen. Seinen Eltern mag dies nicht gefallen, aber er ist entschlossen, *sein* Leben zu leben, nicht ihres oder ihre Erwartungen an sein Leben.

Vielleicht wird er sich auf diesem neuen und doch sehr alten Weg verirren, vielleicht auch sich selbst entdecken. Doch dies ist der Pfad, der zum *inneren Neuen* führt, der Pfad, der Türen öffnet, die andere Menschen kaum je wahrnehmen. Und während er durch diese Türen geht, entfernt er sich immer mehr von seinen Mitmenschen. Er erschafft diese Entfernung nicht, doch er wird durch die Entfernung neu erschaffen. Auf diesem Weg wird er spirituelles Wissen erwerben, denn dies ist von allen spirituellen Wegen der geläufigste. Vielleicht verliert er sich in seinem spirituellen Wissen – viele tun das –, vielleicht begreift er auch, was Khalil Gibran meinte, als er schrieb: ‚*Doch was ist Wissen – ein bloßer Schatten des wortlosen Wissens?*'.

Vielleicht wird er begreifen, dass es darum geht, das Leben zu leben, statt nur zu wissen, was das Leben ist. Der Tag wird kommen, an dem er erkennt, dass er, wie die meisten Menschen, eigentlich wie ein Huhn im Hühnerhof lebt. Der Hühnerhof ist riesig, so groß wie die Welt, und der Mann begreift, dass der Zaun, der die Hühner, bzw. die Menschheit umschließt, hoch, stabil und – oh Schock und Horror – unsichtbar ist. Aber er kann ihn sehen! Er versucht, anderen den Zaun zu zeigen, und er muss erkennen, dass sie ihn nicht sehen können. Dies erschüttert ihn zutiefst.

Allmählich begreift er, dass er den Zaun sehen kann, weil er durch die Verbindung mit der Zirbeldrüse von seinem SELBST aus blickt, während andere Leute durch ihre Augen schauen. Er spricht mit ihnen darüber, doch vergebens. Verzweifelt bietet er Seminare dazu an, wie man den Zaun sehen kann, der die Menschheit umschließt, aber man spottet und lacht über ihn. Er ist ratlos und weiß nicht, wie er sich selbst oder anderen Menschen helfen kann.

Die Zeit vergeht und er begreift, dass es den Menschen gleichgültig ist, dass sie eingeschlossen sind, einfach weil sie es nicht *spüren.* Er ist eingeschlossen, weil er es spürt und erfährt. Sie nicht. Was für ein Paradox. Was kann er tun? Ah, ja, er muss dem riesigen eingezäunten Hühnerhof entfliehen.

Er meditiert. Er praktiziert fortgeschrittene Yogapositionen. Er liest ununterbrochen spirituelle Literatur. Aber all dies scheint so langsam zu gehen und er wird älter.

Unterwegs hat er sich verliebt und geheiratet, aber jetzt ist er allein. Seine Frau war eine normale Frau, die die normalen fraulichen Dinge im Leben wollte. In Freundschaft trennten sie sich und ließen sich scheiden. Er ist nun ein rechter Einzelgänger, denn nur wenige Menschen verstehen das tiefe und heillose Verlangen, das ihn antreibt.

Eines Tages erkennt er, dass der Zaun, so groß er auch ist, ihm immer näher gekommen ist – oder ist er immer näher an den Zaun gerückt? Er begreift, dass das keine Rolle spielt. Während er den Zaun anstarrt, sieht er ein klitzekleines Loch in seiner Struktur. Er zieht ein Taschenmesser hervor und versucht, dieses winzige Loch zu vergrößern, aber sobald er das Messer benutzt, ist das Loch verschwunden und die Struktur vollkommen geschlossen. Er probiert alle möglichen Arten von Werkzeugen aus, doch das Ergebnis ist immer dasselbe.

Schließlich, nachdem er einige Jahre lang versucht hat, das winzige Loch zu vergrößern, gibt er auf. Er sitzt da und starrt geduldig auf das winzige Loch. Nun nähert er sich diesem mit seinem Bewusstsein, nicht um zu verstehen, sondern um sich zu verbinden. Er verbindet sich bewusst mit dem riesigen Zaun. Im Laufe einer langen Zeit erkennt er, dass der Zaun keine eigentliche Struktur hat. Er starrt das kleine Loch darin an und verbindet sich mit ihm.

Weitere Jahre vergehen und eines Tages gerät er in eine innere Krise. Er ist in Schwierigkeiten. Er hat dem Leben erlaubt, an ihm vorbeizulaufen. Er ist krank. Er ist geschwächt. Er hat Schmerzen. Er entschließt sich aufzugeben. Es ist nicht möglich, durch den Zaun zu kommen. Vielleicht ist er verrückt oder komplett im Wahn. Vielleicht sind nicht die anderen Menschen Gefangene, sondern er, gefangen in seinen Wahnvorstellungen. Er gibt seine Suche auf.

Zwanzig Jahre sind vergangen, und er ist in diesem Moment genauso gefangen wie eh und je. Er denkt an all die vielen Bücher, die er gelesen hat, all das spirituelle Wissen, das er sich angeeignet hat … was hat es ihm genützt? Absolut gar nichts. Während er vor dem Zaun sitzt, hat nichts davon auch nur die geringste Wirkung. Das gesamte Wissen in seinem Kopf kann das Loch nicht einen Bruchteil größer machen.

Schließlich stößt er einen tiefen Seufzer aus. Er gibt auf, aber nicht klein bei. Er gibt all die endlosen Versuche auf, all die Überzeugungen, ob es nun möglich ist oder nicht. Er lässt all sein Wollen los, all das spirituelle Wissen. Schließlich gibt er sich dem Zaun hin. Er gibt sich vollkommen und total hin. Seine Augen sind geschlossen, während ihm Tränen über die Wangen strömen. Er hat das Gefühl, dass etwas in ihm reißt, als würden seine Gedärme ohne Schmerzen aus seinem Leib gezogen. Er hat das Gefühl, als ob sein Herz explodiert. Und während er sich dem Zaun hingibt, fühlt er sich, als sinke er tief und tiefer in die Erde. Alles, wonach er strebte, ist weg. Er ist nichts im Nichts und fühlt das Nichts des Nichts. Er ist vollkommen verloren.

Zeitlose Zeit vergeht – er öffnet die Augen.

Da ist kein Zaun. Er schaut sich mit zusammengekniffenen Augen um, aber da ist kein Zaun. Er stellt fest, dass er nun auf seinen Füßen steht, kein Schmerz, keine Krankheit, keine Schwäche. Ein Licht leuchtet auf und in ihn hinein. Er hat das Gefühl, als würde er in den Armen der LIEBE gehalten. Er lächelt. Er sieht etwas, dass der Sicht gewöhnlicher Menschen nicht zugänglich ist. Eine Welt von atemberaubender Schönheit. Unglaubliche, außergewöhnliche Schönheit.

Eine Frau und ein Mann, die er kennt, gehen an ihm vorbei und sehen ihn mitleidig an. Aber sie sind eher Bekannte als Freunde, und so werden keine Worte zwischen ihnen gewechselt, doch er ist geschockt. Die Gesichter des Paares sind verzerrt, und so war es die meiste Zeit ihres Lebens. In der Stille seiner Gedanken hielt er sie für ein hässliches Paar und schämte sich für diese Gedanken. Doch als er sie nun betrachtet, ist er erstaunt, ihre Schönheit zu sehen. Physisch sind ihre Gesichter dieselben, doch sie sind wahrhaft schön. Er begreift, dass es der Betrachter ist, der die Schönheit erschafft. Es gibt nichts, das nicht schön ist, wenn das Bewusstsein von Schönheit mit dem eigenen inneren Bewusstsein verschmolzen ist.

Und so beginnt er, sich ans Leben anzupassen. Er hat das Timing erfahren, die WAHRHEIT. Er lacht. Er *ist* die WAHRHEIT, doch hat er ewig danach gesucht. Er *ist* Schönheit, doch er sah sie nur in Blumen und hübschen Mädchen. Er *war* der Zaun, doch er sah diesen außerhalb seines Selbst. Nur indem er sich hingab, hörte er schließlich auf, diesen Zaun zu erschaffen.

Was für ein Paradox. Er, die ganze Menschheit erschaffen den Zaun, doch hindurchgehen zu wollen, hält dessen Existenz aufrecht. Er sieht und weiß nun, dass die Welt vollkommen ist. Alle sind am perfekten Platz im perfekten Moment, um ihre höchst perfekte Lektion zu lernen.

Der Kriminelle, der seine Hinrichtung erwartet, erfährt dabei die Unsterblichkeit des Lebens – erneut. Die Milliardäre mit ihren gigantischen Reichtümern erfahren die Nutzlosigkeit materieller Anhaftung – erneut! Die kranken und hungernden Massen der Länder in der Dritten Welt lernen, dass Armutsdenken ein Armutsleben erschafft – erneut! Die Alten und Kranken lernen, dass Alter und Krankheit nicht miteinander einhergehen müssen – erneut! All die Tausende, die in jedem Augenblick sterben, erfahren, dass sie gar in der Blüte des Lebens in der Illusion gestorben sind – erneut!

Sie lernen, dass der Tod die Schwelle zum Leben ist, genau wie die Geburt die Schwelle zum Tod – erneut! All die Menschen, die verloren sind in ihrem selbsterschaffenen Stumpfsinn, lernen, dass dies ihnen nicht dient – erneut. Und so geht es weiter und weiter.

Der Mann erfährt Erleuchtung. Er lächelt, als er erkennt, dass es einfach bedeutet „im-Licht-zu-sein“ (engl. Enlightenment = in-light-it-meant). Die meisten Lichter der Menschheit sind Kerzen im Dunkeln, und weil das Licht so unheimlich flackert, erzeugt es mehr Angst. Der Mann hat zur Angst keine Beziehung mehr. Er ist unsterblich, so wie die ganze Menschheit.

Er lebt nicht länger mit Aktion und Reaktion. Er erlaubt dem Leben, sich durch ihn auszudrücken, denn er ist das Leben und dessen Ausdruck. Die große Last der Sorgen und Ängste ist verschwunden, zusammen mit all seiner Kritik und der Verurteilung seiner selbst und der Welt.

Er ist von Frieden erfüllt. Er schmunzelt, denn er weiß, dass Frieden eine Erfahrung ist, die niemals verstanden werden kann, denn der verschlossene Verstand kann ihn niemals erfahren! Er lebt in einer größeren Wirklichkeit, und er ist sich der Belastung durch Begrenzungen und Erwartungen, die den gewöhnlichen Menschen auf seiner ewigen Reise ins Leben begleiten, bewusster denn je.

Die Illusionen, in denen so viele Menschen leben, machen ihn traurig. Er ist sich bewusst, dass seine Beziehung zu sich selbst einen großen Wandel erfahren hat, einen so umfassenden Wandel, dass er seine Beziehung zur ganzen Welt ändert. Er ist sich nun seiner selbst als SELBST gewahr, dem ewigen Wesen – sowie auch des Selbst, der sterblichen Identität. Sie sind EINS, doch leben die Menschen ihr Leben mit der Vorstellung von ihrer Sterblichkeit, statt mit der größeren Ausrichtung auf ihre Unsterblichkeit.

Und so gerät er in sein erstes Dilemma. Die Welt ist vollkommen, und ein jeder ist am perfekten Platz im Leben, einem Platz, den er selbst erschaffen hat. Er fühlt, dass er der Menschheit gerne helfen möchte, aber erkennt auch, dass die meisten Menschen keine Ahnung haben, dass sie der Hilfe bedürfen. Er zögert. Soll er der Welt seine neuen Erkenntnisse anbieten oder nicht? Er verbringt Wochen damit, dieses neue Dilemma zu erforschen.

Eines Tages betrachtet er die Schönheit einer Blüte in seinem Garten. Er ist von Staunen erfüllt, denn obwohl es jedes Jahr die gleiche Blüte an der gleichen Pflanze ist, ist sie *niemals* dieselbe. Es ist eine *neue* Blüte mit einer *neuen* Energie. Die Natur ergeht sich nicht im Gleichsein, das ist eine menschliche Beschäftigung. Er LIEBT alle Blüten.

Und während er die Blüte ansieht, kommt ihm in den Sinn, dass alle Blüten der Welt jedes Jahr bestäubt werden müssen, sonst würde es im Laufe einer gewissen Zeit keine Blüten mehr geben. Und auch das wäre vollkommen perfekt.

Aber in seiner LIEBE zu den Blüten sieht er deutlich den Ausweg aus seinem Dilemma. So wie diese sich entfalten und öffnen, wird er die menschlichen Blüten mit Freude, Wahrheit und Schönheit bestäuben, mit bedingungsloser LIEBE und LICHT. Er wird dies in ihrem eigenen perfekten Timing tun, denn die Wahl wird immer die ihre sein."

Ich lächle die Gruppe an, während sie mir gebannt lauschen.

„Das Ende … vom Anfang."

Schlusswort

Nachdem jeder jeden umarmt und von Herzen seine Wertschätzung zum Ausdruck gebracht hat, ist mit dem Widerhall in meinen Ohren von ‚Wir sehen uns auf dem nächsten Intensivseminar wieder', das Haus jetzt auf einmal leer und still. Ich sinniere darüber, wie mir ein jeder von ihnen ans Herz gewachsen ist. Peter mit seiner anfänglichen Feindseligkeit hatte beim Abschied Tränen in den Augen. Todd, der sich von Anfang an leichter tat, und auch Bill waren zutiefst bewegt. Bewegt im Sinne von verändert. Marsha ist der Meinung, dass nun ihr *wirkliches* Leben beginnt und Anita … ich schmunzle, sie schwor, dass sie in ein paar Wochen wiederkäme. Sie ist total begeistert von Carolyn und mir und möchte mehr Zeit mit uns verbringen. Ich lächle. Wir werden sehen!

Ich gehe hinüber zum Buchregal im Wohnzimmer und ziehe mit Muße ein Exemplar des Buchs ‚*Der Prophet*' von Khalil Gibran heraus. Während ich es halte, schlagen sich die Seiten mit seinen Worten über die LIEBE auf. Ich lese sie erneut und atme den Wohlgeruch ihrer WAHRHEIT ein. Und wieder ergründe ich das Wunder, dass zwar der Gebrauch von Worten und Stil gealtert und überholt sein mag, die darin enthaltene Weisheit jedoch so frisch ist wie im Augenblick ihrer Geburt.

Während ich dies lese, beschließe ich, den Abschluss eines schönen Tages mit seiner WAHRHEIT zu würdigen. Und nichts könnte angemessener sein als seine Worte über die LIEBE. Ich habe die LIEBE so oft in der Weise erfahren, wie er sie beschreibt, denn so wie sie mich gekrönt hat, hat sie mich auch gekreuzigt, und LIEBE steuert ganz gewiss den Lauf meines Lebens. Ich habe wahrlich nichts davon erwartet, aber LIEBE ist eine ewig wandelnde Dynamik, kein passiver Kuss, der nur ein kurzer einmaliger Augenblick im Leben ist.

Sprich uns von der Liebe

Und er hob sein Haupt und blickte auf das Volk, und eine Stille fiel über sie. Und er sprach mit großer Stimme:
Wenn die Liebe euch ruft, so folget ihr.
Ob ihre Wege auch hart sind und steil. Und so ihre Flügel euch decken, so gebet euch hin.
Ob ihr verborgenes Schwert euch auch Wunden schlage.
Und glaubet ihr, so sie zu euch spricht.
Ob auch ihre Stimme eure Träume auseinanderjage, wie der Nordwind die Gärten verwüstet.
Denn wie die Liebe euch krönt, so wird sie euch kreuzigen. Und wie sie euch wachsen läßt, so wird sie euch zurückschneiden.
Wie sie sich erhebt zu eurer Höhe und liebkost eure zartesten Zweige, die in der Sonne zittern, so wird sie herabsteigen zu euren Wurzeln, die sich in die Erde klammern und ihren Halt erschüttern.
Wie Kornähren sammelt sie euch.
Sie drischt euch, daß ihr nackend werdet,
Sie siebt euch, daß ihr frei werdet von euren Schalen.
Sie malt euch weiß.
Sie knetet euch biegsam; und dann weiht sie euch ihrem Feuer, daß ihr werdet in diesem Wissen zu einem Bruchstück vom Herzen des Lebens.
Doch wenn ihr in eurer Furcht nur der Liebe Frieden suchet und der Liebe Lust, so wäre es besser, ihr bedecktet eure Blöße und wichet von der Tenne der Liebe
in die Welt ohne Jahreszeiten, wo ihr lachen werdet, doch nicht all euer Lachen, und weinen, doch nicht all eure Tränen.
Nur sich selbst gibt die Liebe und nimmt nur von sich selber.
Die Liebe besitzt nicht, noch will sie besessen werden, denn Liebe genügt der Liebe.

Wenn ihr liebet, so sollt ihr nicht sagen: Gott ist in meinem Herzen; sondern: „Ich bin im Herzen Gottes.“
Und denket nicht, dass ihr könnet richten den Lauf der Liebe, denn Liebe, wenn sie euch würdig erfindet, richtet euren Lauf.
Liebe hat kein anderes Verlangen als nur: sich selbst zu erfüllen.
Doch so ihr liebet und dennoch müsset Verlangen haben, so sei es dies:
Zu schmelzen und zu sein, wie fließendes Wasser, das singet ein Lied der Nacht.
Zu wissen um das Weh allzu großer Zärtlichkeit. Verwundet zu werden durch euer eigenes Verstehen der Liebe;
Und zu bluten, willig und mit Freuden.
Des frühen Morgens zu erwachen mit beschwingtem Herzen und Dank zu geben für einen neuen Tag der Liebe.
Des Mittags zu ruhen und zu überdenken den Rausch der Liebe.
Heimzukehren am Abend voll Dankbarkeit.
Und dann zu schlafen, ein Gebet für den Geliebten in eurem Herzen und einen Lobgesang auf euren Lippen.

Khalil Gibran

Quellennachweis der Zitate von Khalil Gibran:

Alle aus: *Der Prophet*, zitiert nach der Übersetzung von Georg-Eduard Freiherr von Stietencron, erstmals erschienen 1925 in: Das große Khalil-Gibran-Lesebuch, Wilhelm Heyne Verlag München, 2. Auflage München 2002, Seiten 331–398.

Kapitel 3: Was es bedeutet, Mensch zu sein
Zitat aus der Passage: „Lebe wohl, du Volk von Ophalese …" Seiten 396 und 398.

Kapitel 4: Bedingungslose Liebe
Zitat aus der Passage: „Dann sagte Almitra: sprich uns von der Liebe …" Seite 338.

Kapitel 5: Wissen und Verstehen
Zitat aus der Passage: „Und ein Mann sagte: Sprich uns von der Selbsterkenntnis." Seite 369

Kapitel 7: Geben und Erhalten
Zitat aus der Passage: „Dann sagte ein reicher Mann: Sprich uns vom Geben." Seiten 343 und 344

Kapitel 8: Die Zeit
Zitat aus der Passage: „Und ein Astronom sprach: Und die Zeit, Meister?" Seite 374

Kapitel 10: Arbeit und Arbeiten
Zitat aus der Passage: „Dann sagte ein Pflüger: Sprich uns von der Arbeit." Seite 348

Kapitel 13: Über die Ehe
Zitat aus der Passage: „Und wieder sprach Almitra und sagte: Und wie ist es mit der Ehe, Meister?“ Seite: 340

Kapitel 15: Verbrechen und Strafe
Zitat aus der Passage: „Dann trat einer der Richter der Stadt vor und sagte: Sprich uns von Verbrechen und Strafe.“ Seiten 359 ff

Kapitel 20: Gebet und Religion
Zitat aus der Passage: „Dann sagte eine Priesterin: Sprich uns vom Beten.“ Seite 377

Kapitel 23: Über Schmerz und Leiden
Zitat aus der Passage: „Und ein Weib redete und sagte: Sprich uns vom Schmerz.“ Seite 368

Schlusswort:
Zitat der Passage: „Da sagte Almitra: sprich uns von der Liebe.“ Seiten 337-339.

Michael Roads:

Ein gewöhnlicher Mensch auf einer außergewöhnlichen Reise . . .

Michael Roads, geb. 1937 als Bauernsohn in Cambridgeshire, England. Schon im frühen Alter entdeckte er, dass er die natürliche Fähigkeit hatte, über Zeit und Raum hinweg zu reisen, und eine tiefe Verbindung mit der Natur besaß.

Seit seiner spirituellen Erleuchtung im Alter von 49 Jahren hat Michael 19 Bücher über seine Erfahrungen und Erforschungen alternativer Realitäten und Dimensionen geschrieben. Seine Schwerpunkte und Lehren basieren auf Bedingungsloser Liebe und emotionaler Balance.

2016 ist sein 25. Jahr des Reisens. Auf fünf Kontinenten präsentiert Michael inspirierende und lebensverändernde 5-Tages-Intensiv-Seminare in einer klaren, überzeugenden, humorvollen und sachlichen Weise, so dass viele Teilnehmer erstaunliche Veränderungen im Bewusstsein erleben.

Michael, ein bodenständiger Mystiker, verwebt seine Fülle von Lebenserfahrungen mit außerordentlichen Einsichten und Einblicken – Wege, die uns helfen, unsere eigene tiefe spirituelle Beziehung mit der Natur und dem Selbst zu erfahren.

Er hat das Bewusstsein und die Fähigkeit, Menschen zu befähigen, Verständnis für die wahre Natur der Wirklichkeit zu gewinnen und unterstützt sie in ihrem spirituellen Erwachen hin zu ihrem göttlichen Potenzial.

www.michaelroads.de

Folgen Sie mir auf Facebook: https://www.facebook.com/MichaelRoadsDeutschland/?fref=ts

Elisabeth Karsten

Meine Begegnung mit Michael begann mit Pan. Für ein eigenes Buchprojektrecherchierte ich diese außerordentlich spannende mythologische Figur, und eine Freundin meinte, wenn ich Pan begegnen wolle, müsste ich die Bücher von Michael Roads lesen.

Mit Begeisterung las ich dann innerhalb von drei Monaten alles, was bis März 2011 auf Englisch erschienen war. Anschließend schrieb ich dem „phantastischen Bewusstseins-Kolumbus“ einen entzückten Brief. Als Antwort bekam ich eine Einladung von seiner Frau Carolyn zu einem ihrer Seminare - ich wählte eines in England. Damit nahm eine charmante Herzensverbindung zu den beiden ihren Anfang.

Zurück in Berlin freundete ich mich außerdem mit den deutschen Organisatoren an und sprang ein paar Jahre für den Seminar-Übersetzer ein, der zwischenzeitlich Vater geworden und nicht mehr ganz so flexibel war.

Währenddessen wuchs neben meiner Begeisterung für Michaels Wesen und Werk auch meine Freundschaft zu ihm und seiner wunderbaren Frau, und so war es naheliegend, dass ich bei vielen Textübersetzungen und besonders auch bei den beiden jüngsten Büchern auf Deutsch meine Kompetenz mit einfließen ließ. Zum einen bin ich fast zweisprachig aufgewachsen, zum anderen bin ich selbst Autorin und weiß um die Herausforderung, die darin liegt, einen Gedanken in mehr als einer Sprache möglichst kristallin zum Ausdruck zu bringen. Darüber hinaus teilen Michael und ich einen ähnlichen Sinn für Humor und die Faszination für alles, was über den bisher üblichen menschlichen Horizont hinausgeht – in jene Regionen, wo wir Phantasie und Vertrauen brauchen, um Erfahrungen zu machen, die den Schöpfer in uns zum bewussten und mutigen Leben erwecken.

Dem gebe ich stets – auf meine eigene Weise – in meinem Leben und in meinen Berufen als Autorin, Übersetzerin und Lebensberaterin Ausdruck, so gut ich kann.

Ach ja, und das Projekt, für das ich Pan recherchierte … befindet sich gerade in seiner Entstehung: Es wird mein nächster Roman!

Weitere Informationen über mich:
Webseite: www.elisabeth-karsten.de
Blog: www.goetterderbalance.de

Cornelia Krättli

Es gibt keinen Zufall. Auch nicht, als mir vor Jahren ein Buch in die Hand fiel mit dem Titel „Im Reich des Pan, Reisen ins Herz der Natur", der Autor Michael Roads – noch nie gehört.

Bis dahin hatte ich schon einiges an spiritueller Literatur gelesen, verschiedene Seminare besucht, neue „Techniken" kennengelernt – wie man es eben so macht, wenn man irgendwie auf der Suche ist. Meine beruflichen Tätigkeiten und Ausbildungen gestalteten sich ähnlich, von der Tontechnikerin am Theater zur Physiklaborantin hin zur fremdsprachlichen Korrespondentin und Sekretärin einer Kulturorganisation, bis ich schließlich dort landete, wo ich eigentlich schon immer hinwollte, als Sängerin und Lehrerin für Sologesang, Atem- und Sprechtechnik. Aber auch dies „würzte" ich anfangs noch mit Bereichen wie Klangtherapie und Musikkinesiologie. Das klingt vielleicht etwas atemlos und das war es wohl auch, schließlich gründete ich unterwegs noch eine Familie.

Jedoch bei all den äußeren Gegebenheiten gab es eine innere Konstante, die mich immer begleitet hat, die Liebe zur Natur. Und nun hielt ich da dieses Buch mit dem äußerst anziehenden Titel in der Hand. Es faszinierte mich von Anfang an, weckte aber auch einige Widerstände in mir – was für ein komischer Kauz, aber den wollte ich kennenlernen.

Und so begegnete ich Michael und seiner liebevollen Frau Carolyn bei einem seiner jährlichen Besuche in der Schweiz zunächst bei seinem Abendvortrag und dann bei einigen Intensivseminaren der folgenden Jahre, unternahm mit ihm die Reisen in die metaphysische Wirklichkeit von Mensch und Natur und erfuhr, was es bedeutet, Liebe zu wählen.

Ich war „zu Hause" angekommen. Alles ergab einen Zusammenhang, alle sogenannten Umwege, Abzweigungen, Stolperer auf meiner Suche gehörten und gehören zum roten Faden in meinem Leben – alles macht Sinn und ist richtig so, wie es ist. Für die Erkenntnis dieser inneren Wahrheit bin ich Michael unendlich dankbar. Und wie er oft sagt: Es ist alles ganz einfach, aber es ist nicht so leicht.

Ja, das Leben in seiner größeren Wirklichkeit ist klar und einfach, aber es ist nicht immer leicht, sich dessen in unserer vernetzten, immer komplizierter werdenden Welt bewusst zu bleiben. Aber dieses Bewusstsein hat mir große innere Klarheit und Gelassenheit geschenkt.

Mit meiner heutigen Tätigkeit konzentriere ich mich hauptsächlich auf die menschliche Stimme und ihre vielfältigen Ausdrucksmöglichkeiten, ob gesungen, gesprochen oder geschrieben.

Und so bin ich froh, hier einen kleinen Beitrag geleistet zu haben, indem dieses Buch auch deutschsprachigen Leserinnen und Lesern bereichernde und faszinierende Einblicke in die größere Wirklichkeit des modernen Mystikers Michael Roads geben kann.

Webseite: www.klangliege.ch

Wandern zwischen den Welten

Ich staune oft über die schiere Vielfalt und Fülle des Lebens, die so weit über den normalen menschlichen Bezugsrahmen hinaus geht. Wie ein Goldfisch in seiner Glasschale leben wir in unseren persönlichen Realitäten eingeschlossen. Hinter unseren vielen persönlichen physischen Realitäten liegt die Weite der größeren metaphysischen Realität. Im Laufe meines Lebens habe ich gelernt, dass es möglich ist, mich mit meinem metaphysischen Lichtkörper in dieser größeren Realität zu bewegen.

Ich wandere . . . zwischen . . . den Welten.

In diesem Buch besuche ich die Galaxie, in der wir körperlich leben und mit welcher wir lediglich eine Fernbeziehung führen. Ich kann Ihnen versichern, wir sind nicht allein.

Ich begebe mich metaphysisch in ein schwarzes Loch und erlebe dort eine Erfahrung, die meine kühnsten Träume übertrifft. Ich begegne einem galaktischen Wesen, das eine Galaxie in sich selbst ist, und ich begegne einem alten Freund aus Urzeiten. Ich reise mit ihm zu seiner unglaublichen Heimatwelt, eine Welt, die enorm ist, während sie stetig wächst und sich verfeinert.

Ich hebe meine Kommunikation mit der Natur auf eine höhere, reifere Ebene, und ich tauche tiefer in die Tiefen des Bewusstseins der Natur ein. Ich schaffe eine erstaunliche Verbindung zu Max, meinem eigenen Elementarkörper Elementar. Wir alle haben einen!

Ich vollziehe zusammen mit mehreren großen Meistern eine Licht-Liebe-Heilung in Europa.

Dieses Buch ist gefüllt mit einzigartigen Einblicken in Bereiche und Realitäten jenseits aller Vorstellungskraft. Meine erstaunliche, bewusstseinserweiternde Reise in den dynamischen, lebenden Organismus, welchen wir unsere Sonne nennen, ist nur ein solches Anzeichen für das wunderbare Universum, in dem wir leben.

Die Galaxie ist dynamisch lebendig!

Buchinformationen:

ISBN: 978-3-95781-042-7
Seiten: 304
Preis: 14,90 €
E-Book: 9,90

Einsichten eines modernen Mystikers

Recht selten ist die Weisheit eines spirituell erleuchteten Mannes so genau und in einem so handlichen Format zusammengefasst. Das Buch ermöglicht Zugang zu tiefen Einsichten, die aus dem Herzen kommen.

Indem du dieses Buch Tag-für-Tag nutzt, kannst du tatsächlich im Bewusstsein wachsen. Das ist keine leichtfertige Behauptung. Dieses Buch bietet einen Prozess bewussten inneren Wachstums, indem du einfach jeden Tagesabschnitt liest und diesen als tägliche Ausrichtung für deine Aufmerksamkeit nutzt.

Dies wird dir ermöglichen, die Illusionen des Lebens zu durchdringen, indem du dich bewusst mit der WAHRHEIT verbindest. Und WAHRHEIT, ob sie nun bereits verwirklicht ist oder nicht, ist die eigentliche Grundlage deines Wesens.

Buchinformationen:

ISBN: 978-3-95781-050-2
Seiten: 304
Preis: 19,90 €
E-Book: 9,99

Die geheime Welt der Natur betreten

Der Besitzernte Bestsellerautor von „Mit der Natur reden“ und „Im Reich des Pan“ Michael J. Roads mit seinem neuesten Werk: „Die geheime Welt der Naturhand“

Dies ist das Buch, das ich vor langer Zeit so gerne besitze. Es gab mir mir viel Kummer, Zweifel und Verwirrung erspart. „Die geheime Welt der Naturverträglichkeit“. Das macht das Buch zu einem brillanten und ständigen Führer, wie du die Reiche des Wundersamen fähig kannst. Wir sind keine geheimen von einer:: sind sind metaphysische Wesen! Nichts heißt unsere Natur mehr, als auch wirklich in andere Dinge der Realität zu reisen. Jede Nacht reisen wir im Traum in den Astralwelten. Doch können wir dies sterben tun tun, wenn wir wach und bewusst sind. Die NATUR ist unser Zuhause. Nicht die gehört NATUR, die wir um uns herum sehen, aber die verborgene, geheime Welt der NATUR: die metaphysische Welt. Nach der Lektüre dieses Buches wird du fähig sein,

„Ich habe alle von Michaels Unfähigkeit mit absoluter Faszination gelesen und dieses Buch geleseniff sie alle. Ich LIEBE Michaels Schreibstil, der meine Aufmerksamkeit total fesselt. Es ist, als ob ich das Privileg erfahre, Privatunterricht in meinem eigenen Wohnraum zu erhalten. Finden finden ich in jedem Buch, das ich

vertrainge, zwei oder drei Juwelen. Aber ich finde weit mehr in jedem Kapitel seine neuen Bücher. Zu erkennen, dass die NATUR und wir EINS sind, ist der Verlust für unser Leben auf dem Planeten. In diesem Buch wird uns Michael die Schlüssel zu dieser Verbindung und viel mehr gegeben. „Die geheime Welt der Natur ist“ ist Pflichtlektüre für jeden Menschen, der sich nach diesem Gefühl der Einheit sehnt.
Linda Tellington-Jones, PhD, Begründerin der Tellington TTouch-Methode. Autorin von 21 Lehren in 15 Sprachen, ua Tellington-Training für Pferde, das große Lehr- und Praxisbuch

„Michael reichert sein schriftliches Vermächtnis der Kommunikation von Herz zu Herz mit der ganzen Natur an. Er erkennen seine persönlichen Erfahrungen der Vereinigung zusammen mit seinen Einsichten zur Reise der Seele und ihrer eigenen Lebenszeiten. Du wirst erfahren, wie man sich bewusst zu hören und hinschaut, die Stille hinter allen Gestalten erlebt und die persönliche Realität unserer religiösen Abhängigen Systeme und Illusionen und die die Rechte, die gemeistert werden, um im Verlust mit der Kontinuität des Lebens zu leben. Ein Schatz! “
Penelope Smith, Tierkommunikationsexpertin, Autorin von „Gespräche mit Tieren“ Praxisbuch Tierkommunikation

Buchinformationen:

ISBN: 978-3-95781-070-0
Seiten: 275
Preis: 16,90 €
E-Book: 9,99